洛卡 LOCA

其實我們，一直都在路上

林煌彬——著

人，是注定要來受苦的
終其一生皆如此
至於盈滿神性的甘甜
其實，一直都蘊藏在信念的深處

CONTENTS

推薦序

你在意的是結果，還是過程？

◎何献瑞

當資訊的傳遞搭上了無線網路與行動裝置後，旅行的方式與心態改變了許多。

以我自己的經驗，過去的旅行，二十年前，甚至十年前，我有時會像隻無頭蒼蠅，就算手裡拿著印好的地圖，也還是會在景區迷路，找不到想去的地方。有時抵達一個新地方，我會在車站裡喝著咖啡，不動聲色觀察環境與其他的旅行者在做些什麼，然後迅速做出當下最有利的判斷：跟隨，或者不跟隨。又有時，我像是個情報員，在青年旅社裡，和人攀談交換著實用的資訊與經驗，只為決定接下來該往哪裡去。

但現在的旅行，我覺得自己有更多時候，像是蜜蜂或是螞蟻，不斷地敲打的鍵盤，利用網路與其他人交換或尋找資訊。在閒來無事的片刻空檔，拿出手機與親友傳訊息聊天，或看看其他人目前的動態，或分享自己的所見，上傳一張自己正在旅行中的照片！

雖然仍是一個人的旅行，但孤獨的時間少了。取代孤獨的，是一種與世界仍維持聯繫的熟悉感。

提供這熟悉感的，正是手機與網路，或者說是科技。

身為一個中文旅遊資訊網站的創辦人，二十年來，我不斷的在旅行者與自助旅行網站經營者的角色間轉換。我不能否認科技帶給了旅行便利與安全，但也必須承認，如今的旅行者，希望透過旅行所獲得的，冒險、獨立、自我認識，拓展眼界的意圖，雖然字面上與過去無太大差異，但實際上已有根本性的不同。

一代人難理解另一代人。這句話，隨著年紀與經歷，更有不同的體會。

由於經營旅遊網站的緣故，認識LOCA超過十年，當年就聽過剛結束三年旅行回來的他，分享過這段精采刺激的旅行的部分內容，比方：

在印度因為一時輕信或貪心，讓自己陷入的困境。

在澳洲憑著決心與毅力，終於得到的景觀餐廳工作機會。

在歐洲利用歐鐵票，連續一個月夜宿火車上的旅行。

在紐約遇到的持槍打劫……

如今回頭再看這些已經付梓成書的故事們，多了時間上的距離後，精采的部分仍是精采，但對一些當時未能察覺的細節，也有了一些不同體會。

其實，無論是旅行或者人生，每個當下的決定，都影響著未來。而，促成每個人做出不同決定的原因，都是當時的心境。所以要說心境，影響當下與未來，也並不為過。

有人因為不滿現況，而想要突破。

有人因為心中有一份更好的未來，而努力追求。

有人因為想要被他人或自我肯定，而改變自己。

有人因為想探索未知的自己，刻意去嘗試過去未曾有過的經驗。

但在這些原因之前，或許我們可以先自問：

是什麼樣的過去，造就了現在的我。

我的價值觀，是有多少是完全出於自我，又有多少是因為遵循（或反抗）社會價值而來？

在這個數十億人的星球上，不同的歷史文化，不同的社會環境，不同的自然條件，造成了不同群體間的差異。想要透過旅行來認識這個世界的我們，是以什麼樣的心境來在面對每一個存在於自己與別人間差異？

這實在是一個大哉問，連我也無法好好回答。

但我相信，對自己與他人人性的體察，和想像力的運用，是回答這個問題的鑰匙。

過去的臺灣，以考試成績作為錄取標準的升學制度並不鼓勵我們進行這方面的探求。一次聯考的成績，決定或影響了多少如我一般懵懂少年的未來。

或許，有人會認為：

「在每所學校的名額有限的情況下，競爭是理所當然的。」

的確，大多數的時候，競爭是必然的。但是在義務教育的過程中，要求每個人以運動競賽的方式競爭，一次定勝負，所要付出的代價，不只是必然有人的努力得不到預期回報，更可能造成個人甚至整個社會的單一化價值觀。

而受其影響的我，或者我們，為未來的人生裡，又得花費多少的心力才能察覺這些根深蒂固的觀念，並做出改變？

我想說的是：

很高興看到LOCA這本穿插著豐富旅行經驗與自我對話的作品終於出版。

相信每個讀完這本書的朋友都能獲得些許啟發，為自己的旅行與人生走出一條自己的道路。

只有越來越多的人願意獨立思考，有勇氣去實踐，並分享自己的所得，這個社會才會更多元，更能接納每一種不同的聲音，尊重每個人的差異性。

相信，世界也會因此而更值得期待。

祝福LOCA，也祝福每位與這本書有緣的讀者。

背包客棧 站長

小眼睛先生

2019.11.11

（本文作者何献瑞，為小說家，出版有《任意門俱樂部》、《線索》、《跳吧》等書。同時以背包客棧站長小眼睛先生的身分為人熟知。）

自序

我想，還是跳舞吧！

凌晨二點，大汗淋漓的我，雙手用力推開一道近四米高的黑色大門，在身後的一片幽暗裡，四處流竄著五顏六色的雷射光束，那些充滿未來感的光亮，乍看百般絢麗，可當照射在人們的臉上時，卻總是透顯出無窮盡的空洞虛無，彷彿就要讓人失了靈魂似的。

走出位於臺北新生南路地下室的電子音樂舞廳，我一邊爬樓梯上樓，雙手一邊將背心下襬的衣角拉起，快速抹去仍在臉上的汗水，並走進隔壁的便利商店，才剛喝完一罐豆漿，就碰到未曾真實見過面的社群網友，由於彼此皆是電子音樂的愛好者，於是我們站在店內聊了一會兒。

「在你身後看著你跳舞，彷彿見到狂喜的『出神狀態』（Trance），與其說那是舞蹈，倒不如說是在『修行』或許會更為貼切。」

「確實，對我來說每一次的身體律動，都是一種儀式、一種鍛鍊、一種修行。」

儘管嚴格來說自己並未真正學過舞，但就在經過那一場長達三年的旅行後，的確在某些情境氛圍的催化下，只要聽到特定的音頻旋律，我就會不自覺地進入狂喜狀態，肢體更會開始隨著之起舞。

許多時候自己的律動，其實並無特別想要表達的想法，或許所謂的「跳舞」，只是一種即時能量移轉的動態反應，是一連串將能量具象化的過程，身體單純地聽到接收，經由大腦產生感知後接著發生作動，再將該音頻以動態的形式展現出來。

音樂的種類多如繁星，族繁不及備載，無論是自己從前常聽的古典交響樂、爵士樂、節奏藍調、新世紀音樂、搖滾樂、重金屬樂、流行樂，一直到現在的最愛「電子音樂」——一種充滿遼闊想像的音樂。

音樂的種類並無好壞之分，只是蘊含其中的情緒有所不同，快的節奏讓人亢奮、焦躁、憤怒；慢的節奏使人舒緩、放鬆、平靜。藉由不同的音頻來散播「喜」、釋放「怒」、抒發「哀」、表達「樂」，進而回歸至無塵無染的「愛」與「本心」。

話說回來，自從二〇〇九年回到臺灣後，自己便開始全心投入到旅行的書寫，平時沒有寫日記習慣的我，當時僅能憑藉著三年前所拍攝的照片來作回想，再從零星的文字和記憶片段裡，努力將長達三年的旅行故事還原拼湊，而在這時空交錯的書寫過程中，自己似乎又經歷了一場永生難忘的旅行，一次超越時空限制，且深入自我人生的奇幻之旅。

至於這一份書稿的初版，其實是在二〇一一年二月完成的，前後經過共十五個月的密集撰寫，當時也同步發表在自己的部落格上，至於現在的這一份書稿，則是在二〇一三年四月才重新啟動的編修寫作計畫，之後有過二次的大幅修改與編排，期間共歷經四十一個月的努力，直至二〇一六年九月才完成的第三版。

在前前後後長達五十六個月，共四年又八個月的寫作日子裡，對於自幼就不擅長文字的人來說，可真是一種無比的折磨，沒有一天是不煎熬痛苦的，若沒有「電子音樂」的陪伴——是的，陪伴我寫作的音樂，正是每一分鐘速度超過一百三十拍的傳思電子樂（Trance），以及數不盡的深夜，獨自在地下舞池裡的狂跳抒發，自己可能早就已經發瘋。

或許，這也能夠代替眾人解答，為何在舞池中的自己，總是跳得如此出神瘋狂，三不五時更會有人向我走來，詢問要到哪裡才能買到毒品，或是問我究竟是嗑了什麼，藥效怎能如此強大？當然自己並無使用任何藥物，有時甚至連酒精還都沒下肚。但或許用四年又八個月的時間，來強逼自己去做既不擅長卻又痛恨的事情，真的會啟動某種瘋狂因子吧！而這個強迫自己的動力又是什麼呢？或許等各位讀者讀完全書後，再來向您細說分明。

生命就像一條河流，有時湍急，有時靜謐，卻總是不停向前，你無法逃避跳過，更絕無可能回頭，即使途中偶有分岔，但終會昇華回到同一個天空。而「音樂」就是我的生命之水，唯有在那之中，自己才能感到全然的自由，以及盈滿慈悲的愛，縱然漂流在無常的生命之河裡，難免得要遭遇到無數次的悲歡離合，或是感受到許許多多的喜怒哀樂，但只要心中仍有一篇充滿愛的自由樂章，我就能夠將自己的生命，流轉得如水一般灑脫、一般自在。

對於昔日所有做過的抉擇，甚或那些旁人所謂的運命安排，縱然內心也早已了無悔恨，可在這之中，唯有決定踏上旅途，才是自己做過最為明智的一項決定。

一直以來，總是盼望能夠寫盡心中欲說之話，但對於不擅文字的我，又怎能要求自己做到？

我想，還是跳舞吧！

在迷離的旋律裡，闔上雙眼，靜默不語，
漫遊在內心深邃的迷幻裡，
順著律動，我們奮力旋轉躍動，從此不再抑鬱，
因為在那之中，沒有別人，
只有最真的自己。

感謝，過去的一切、現在的當下，以及未知的未來，謹以此書，獻給我的父母、所有我愛的人與所有愛我的人，以及世上的芸芸眾生，也祝福每一個生命，終將找到命運裡的自由之處，並出神地遨遊其中。

攝影／董澄民

楔子

書桌上立了一盞小燈，透出一片朦朧幽光，細如竹筷的兩根支架，和手肘前臂一樣長，上頭覆著一層淡褐色的鏽，底座的塑膠殼面，是我最愛的顏色——湛藍，側面貼著一張透明貼紙，上面印著「╳╳有限公司敬贈」的字樣，至於前面的字是何時消失，早已不得而知，就連「有限」的「有」字，也僅剩下了一半。

坐在斗室小窗旁，我總是關上房內所有的燈，留下一盞昏黃，供我在深夜裡敲打文字。這裡是我和自己的戰場、我的書房，或者精確地說，那是一個臨靠窗戶，約莫半坪大小，可以容下一對桌椅的空間。

白色的內簾半捲，外邊的格狀紗窗年初才剛刷洗乾淨。

我在臺北市中心的八德路四段，租了一間有著異常格局的小套房，內含一間個人衛浴，還有一條略比肩寬的長廊，連結兩個空間，一大一小，大的當作起居、寢睡之用，小的就是書房用途，難以置信地，這些全擠在一個，不到五坪的空間裡。

已有三個寒暑，住在這裡的我，不斷地反芻記憶，記述過往的淚與笑，以及無盡的相遇和別離，在這裡的每一天，都是令人掙扎煎熬的，而這所有的一切，都和一個故事有關。

現在，我就要和你們說這一個故事，一個有關「信念」的故事。

故事裡的一切，在不同的平行時空裡，他們都曾真實的存在過，就算一切看似幻夢，自己也曾滿懷希望地獨自進入，呼吸在那摸不著的虛無裡。

書寫旅行的人很多，旅行的人更多，套一句自己常說的話：「人生就是一場旅行，其實我們，一直都在路上。」

那一場旅行，改變了我的一生，或者應該說，是一場教我了解人生意義的旅行，冥冥中所遭遇到的一切考驗，都是要我知曉「天命」，以及「愛」和「勇氣」，而人們所謂的「信念」，其實就是上述三項的總和，或許你會問我，為何如此篤定？

因為這答案，是我經歷過無數次的生死交關，所交換得來的。

1. 開羅鬧市中的回憶

二〇〇八年二月 埃及 開羅

「今早起床，窗外下著雪，我奔向陽臺，赤腳在那兒跳舞。受白雪覆蓋的莫斯科真美，我還沒開始想念埃及的陽光，卻開始想念你了。

T」

貼在地上的兩道晨曦，打自從那一扇陋窗斜射進來後，雖不停減縮，卻也漸次明亮；一張木椅缺了一隻腳，受人遺棄地被置放在牆角的它，彷彿正在向世人認錯一般，卑微地垂下了頭，傾靠在油漆剝落的牆壁邊上。

這裡的人們都被包圍了，正被一團敲打鍵盤的聲音圍剿著。仰身而起，我才剛完成最後一封電子郵件的收發，準備離開。

門旁的收銀台，坐著一位穿西裝，有著油亮短髮、五官立體的中年男子，從來到這裡開始算起，不多不少恰足兩小時，小心翼翼地，我從皮夾裡抽出幾張殘破不堪，油印著古代法老王模樣的紙幣，遞給了他，自己這才走出門外。

穿過髒亂樓梯，刻意避開迎面而來的好奇眼神，走出這一棟幾近頹圮的大廈。

正午太陽，一掃清晨迷濛的霧氣，祂大肆照耀、盡力熱情，直至傍晚才和這裡短暫分離，前往下一處地。那些照耀和熱情雖看似永恆，但你我卻都再清楚也不過，這表徵上的一切，終究是會停止的。

走到一個車水馬龍的路口，中央有一個圓環，上方矗立著一具人形銅像，金屬表面的顏色和周圍的欄杆都是相似的墨綠，銅像下方的基臺上，刻有五行阿拉伯文，而我卻一個字也認不得。

圓環欄杆邊上，靠停著一輛黑白相間的重型機車，站在一旁的一位員警，他頭戴安全帽，身著黑色制服，直挺挺地看著不停越過的車流，和他相背而站的另一位員警，同樣身著制式的黑色制服，頭上卻是戴著一頂扁軟的貝雷帽，有些年紀的他如同尋常人們一般，受盡日復一日的辛勞奴役，在那一雙充滿滄桑的眼神裡，不停透出自己對於人生的妥協和無奈。

「叭叭～叭～」另一頭的馬路上有一輛車子，想要搶著轉進圓環的車流裡，老員警這才回過神來，朝向站在路口的另外二位年輕員警示意，並抬起右手，在空中揮指了一下，他們便緩慢地朝向那一輛車子走去，老員警只是盯著那一輛車子猛瞧，一動也不動。

此時，街上小店已紛紛開張，在這一座住有一千多萬人的城市裡，隨處找一隅坐下，我都能輕易地消磨上一天；然而現在，自己卻因一個不知去向的背包，焦頭爛額地四處奔波。

走在春日豔陽下，我突然止住腳步，並抬頭仰望想起那一天，在沙漠裡和T的相遇。

2. 撒哈拉沙漠的魔力

二〇〇八年一月　埃及　西華綠洲

我一身疲態地走下大巴，八小時的夜車實在折騰，清晨六點的西華綠洲（Siwa Oasis），似乎還在沉睡。

「噹噹～噹噹～」一頭小毛驢，低著頭在對街吃草。

來到一間旅館門口，看到門未上鎖，我才將它輕輕推開。

「請問，有人在嗎？」怕吵醒其他房客，我只使上中等音量。

等了一會兒，無人回應，便逕自走上頂樓。

盞盞街燈閃爍著微渺的光亮，使得蕭瑟如藤蔓一般地爬滿腳下，就在不遠的前方，忽然這一切都讓一環黑暗給吞噬殆盡，就在綠洲和沙漠的交界之處。

此時遠方的天空，終於開始明亮。

打了一個哈欠，我決定下樓，恰巧撞見櫃檯人員，便和他要了一個房間。

走進房間，閉眼躺下，旋即進入夢鄉——那一個比沙漠，更為遼闊的世界。

「噹噹~噹噹~」街上驢車發出不停的聲響，我睡眼惺忪地，赤著腳走下床來將窗打開，原來綠洲早已開始忙碌，這才趕緊套上布鞋，下樓探險一番。

走至街上，手持一張簡易地圖，那是方才和旅館老闆要來的，上面畫有可愛圖案，看起來就像一張孩童的藏寶圖，讓人不由得會心一笑，或許這一片綠洲，就是沙漠中最珍貴的寶藏吧！

循著地圖，穿過窄巷，沿途遇上的婦女，全身罩著傳統的穆斯林黑紗，僅僅露出一雙又一雙的迷人深邃。來到克麗奧佩特拉泉[1]，一個又一個孩子，紛紛跳進水池玩耍，氣泡自水底不斷浮起冒出。

我好奇地走近，並在一旁的餐廳找到一個空位坐下，正打算獨自品嘗這一刻裡的閒暇。一位身材瘦高的黑人，來到我的身旁，「你一個人來？」他隨意向我搭話，他有著一頭短鬈的黑髮，戴著一付深棕色的眼鏡。

「你好，我是耶瑟（Yasser）。」他伸出右手，和我握手。

「嘿，耶瑟！我發現那裡有遺跡，我們一起過去看看，好不好？」一位西方白人走了過來，除了頭上戴的那頂白色毛帽以外，他全身黑色打扮，右邊的肩上還揹掛著一台黑色的單眼相機，「嗨！你好，我是比爾（Bill）。」他也伸手向我示好。

「你們好，我是洛卡（Loca），我一個人來，正在對這一座水池產生好奇中。」

「哈哈！我們也在這裡觀察有好一陣子了。」

「比爾、耶瑟，我先過去遺跡那邊囉！」一位金髮女子，身著吉普賽風格的寬鬆衣物，臉上展露出興奮無比的表情，就像一位小女孩發現新奇事物一般，她一腳跨上腳踏車，迅速駛離。

「這女人可真特別。」我的直覺說。

「洛卡！歡迎你一起加入我們的綠洲探險隊。」比爾回頭說完後，他們便朝向停在前方的兩輛腳踏車奔去。

比爾總是手持相機四處拍攝，他是一位來自美國的藝術家，在埃及兼任英文教師，同時賺取旅費來旅行。和比爾形影不離的耶瑟，是一位埃及技工，住在埃及第二大城亞歷山卓，喜愛旅遊，認識比爾後便和他一起旅行。

至於，剛剛一閃而過的女人——塔蒂安娜（Tatiana），來自俄羅斯的她，在莫斯科做一些短期的兼職工作，每隔一段時間就得出來旅行一下。在來埃及之前，她曾一人在印度旅行半年，總是散發出漂蕩不羈的氣息。

「你們快過來！」塔蒂安娜站在一個石壁上的洞口，朝我們奮力揮手。

不一會兒，大夥爬上石壁，鑽進洞穴。「你們聽！」她從袋子裡取出一只我從未見過的樂器——印度口簧琴（Morchang），橫放在一抹淡紅的唇上，發出的聲響又短又促，在洞裡不斷徘徊盪漾，孤孤迴迴。

塔蒂安娜是一位難以捉摸的人，她總是有著讓人詫異的話語或舉動，和站一旁忙著拍照的比爾，或只是佇在遠處觀看的耶瑟大相逕庭。

「聽說，沙漠中有一股神祕的力量。」塔蒂安娜靠我耳邊輕聲地說，當時的我並不以為意。我們進入撒哈拉沙漠時，已近黃昏，吉普車馳騁在黃澄澄的沙漠上。

「我們可以，坐到車頂上看夕陽嗎？」塔蒂安娜扯開喉嚨，大聲地對司機說。風，自窗外不停湧入，將她一絲絲的金色細髮吹得翩然起舞，就像一場盛大的舞會。

「如果妳敢，就上去吧！」司機帶著詼諧的口吻回答，並慢慢地將車停下。

「洛卡，走，我們一起上去！」塔蒂安娜帶著天真的笑容，轉過頭來對我說。或許是自己的好勝心，以及悲哀的男性尊嚴使然，我竟也就這樣下了車，隨她坐上那一個毫無防護裝置的車頂。

緊接著，車行的速度不減反增，或許司機的男性尊嚴，也因為她的大膽，而被強烈地喚起了吧！

迎面而來的沙漠之風，將塔蒂安娜的一頭金髮吹得更加瘋狂跳躍、自由不羈。一輪耀眼的落日，更將無垠的金黃灑在前方滾滾的細沙上，伴著她嘴角的那一抹天真無邪的微笑，遠方的那一輪溫煦，才緩慢地墜沒在一片遼闊的沙海裡。

晚餐過後，大夥窩在沙漠營帳前，圍著營火取暖。

塔蒂安娜突然起身，頭也不回地朝向黑暗走去。

「塔蒂……」我迅速起身，正想前去告誡她要小心。比爾抽著水煙，揮手做了一個隨她去吧的手勢；或許比爾和耶瑟，早已習慣她的瘋狂。

我慢慢坐下，內心思考著，倘若每人都能對自己的行為負責，那麼或許，他人也無權干涉。

圍著營火取暖的我們，彼此談論的話題，似乎也隨著焰火的消逝，而逐漸殆盡。

過了有好一陣子，塔蒂安娜仍未歸來。

「你也去吧！」一個來自心底的聲音，這次想要走入沙漠的人是自己，可是心中卻充滿恐懼，害怕自己會在沒有盡頭的闇黑裡迷失，畏怯失去所有的一切。

「只要保持同一方向，就沒問題。」一句自我勉勵的話語，乍現心中。

隨著腳下的步伐前進，我越走越深；漸漸的，聲音、光影都消失了……

走在黑暗的沙漠裡，不用十分鐘，就足以讓你永遠消失。

起先為我映照前方的月兒，這時也讓雲給遮住，我不安地停下腳步，再令自己閉上雙眼，盤腿坐下。我試著融進沙漠，用心和祂對話。

此時微風捲起細沙飄拂而來，原來所有的不安，都是源自「孤寂」，來自於害怕面對自己一個人的孤獨，或許迷失在沙漠裡的人們，就是讓這一股力量，給消磨殆盡的吧！

蘇菲舞[2]的意象，在我腦中乍隱乍現，隨著花彩舞裙的迴旋轉動，一種自我抽離的瞑眩，不停襲來，讓人漂浮在一片虛空裡，就在即將失控的邊緣，我趕緊止住幻象，拉回現實。

沙漠之中，真有一股神祕的力量。

隔日清晨，走在稍露曙光的一片沙海裡，我挺直身子站著，朝著沙丘發獃，看著它們隨風飄移。沙紋，一條條搖曳擺動著；從地平線升起的旭日，如此不真實地，給這一片荒蕪添上充滿希望的金黃。

我抓起一把細沙，任其飄散四方，再展開雙手，擁抱不斷穿越而過的風，浸淫在一片似幻如夢之中，這時雖然還是獨自一人，可卻絲毫沒有不安，或許感到幸福就能產生一股力量，來和孤寂相互抗衡。

1 克麗奧佩特拉泉：傳說埃及豔后曾在這裡洗過澡。
2 蘇菲舞：Sufi whirling，又稱旋轉舞，源於伊斯蘭教的蘇菲主義，修行者藉由旋轉舞蹈，來接觸該教的真主阿拉。

3. 起點——國際環境保育志工

二〇〇六年十二月　澳洲　麥格理港

「哇！我們竟然同年同月生，而且生日還只差一天！」珊德拉（Sandra）興高采烈地跑來和我說，猶如發現天大的祕密。

珊德拉，她是一名來自德國的背包客，同我一樣未滿二十四歲，都是來澳洲做環境保育志工，相較於她的青春洋溢，自己則顯得靜默許多，可那並不代表我是一位無趣之人，因為有時候自己的瘋狂，確實也教他們感到嘖嘖稱奇。

記得那時的自己，才剛抵達澳洲不過兩、三天，同時也是，我那毫無預期三年旅行中的第一年，至於為何，自己會從二〇〇六年開始旅行，其實都是源自於一次考砸的英文測驗。

至今，在我回顧自己人生歷程時，不難發現，每一個眾人看來的失敗抑或危機，對我來說，卻都是更為接近自己的轉機，甚至還是引領自己，步上懷有使命道路的契機。

之後，我便稱那一切為「天命」——天所注定的運命及使命。

為了加強英文能力，獨自來到澳洲，和大多數人不同的我，並未選擇語言學校或寄宿家庭來落腳，反倒是選擇了擔任澳洲環境保育志工[1]。

在當志工的一個月裡，我住在麥格理港（Port Macquarie），一個澳洲東部的小鎮，位於雪梨北方四百公里。

我在志工宿舍，認識到來自世界各地的背包客，他們分別有義大利、蘇格蘭、英國、德國、日本、韓國，以及許多澳洲當地的環境保育工作者，同時也了解到，澳洲人是如何與大自然共處的。

「你要從這裡剪掉，然後趕快噴上除草劑。」莎莉拿著一把園藝剪刀，將那株植物自莖部切除，再迅速拿出一瓶液體，朝斷口處噴灑。

莎莉是保育組織的員工，同時也是我們的團長，剛才剪除的是一株綠色灌木植物，頂端開著一小球的黃花，嬌豔動人，惹人愛憐。

「這樣，它不就死了嗎？」我一臉疑惑地發問。

「是啊，我們來這裡的目的，就是要除去這一種植物——馬櫻丹。」她推了一下臉上的太陽眼鏡，頂上的豔陽有些令人發暈。

「我們不是要來保育生態的嗎？那麼為何要殺死這些植物？」我總是懷有好奇，而且還愛打破沙鍋問到底。

「馬櫻丹源自美洲，是屬於一種外來植物，果實和莖葉都含有毒性，經常造成畜牧動物的誤食，再由於它的侵略性、排他性強，以及旺盛的繁殖力，均對澳洲的原生物種帶來危害。」她緩緩向我解釋。

聽完莎莉的解說，我才初次了解到生態保育，並非僅是保育某一類的物種，而是要保育一整個生態系裡的多樣性，維持相互之間的平衡，避免趨向單一化。

人高馬大的我，手持長剪，負責砍剪這些「可惡」的強勢入侵者——馬櫻丹，珊德拉則負責接著噴灑除草劑的工作。我們合作無間地搭配著，殺得好不愉快。

在懷有信念的殺戮中，著實具有一種讓人發洩的療癒作用，可卻又不禁令人想問：或許在澳洲，馬櫻丹是危害當地生態的侵略物種；但反觀人類，是不是也是一種危害地球生態的侵略物種，或許比起馬櫻丹，我們人類才是最應該被除去的「可惡」物種。

在志工的生活中，我們日出而作，多是到周邊車程一小時以內的森林，或是到自然保護區工作，當然有時也會遠行，到較遠的地區進行保育計畫，每天工作時數以不超過四小時為限，除非特定計畫，否則都在傍晚以前就已歇息，剩下的就是大夥的自由時間。

「若要釣大魚，首先一定要有好的魚餌。」菲爾右手拿著一支金屬唧筒，左手提一個水桶，我們往潮間帶的方向走去。

「菲爾，你右手拿的是什麼？」那是我從沒見過的玩意兒，看來就像一支打氣筒。

「你說這個？」他舉高右手，把東西橫在面前說道：「這是抽餌筒（Bait Pump），是一個很棒的東西，我一會兒秀給你看。」他精神百倍，躍躍欲試。

菲爾也是保育組織的員工，三十二歲的他，愛好登山、露營、釣魚、衝浪……等戶外運動，而且還是兩個孩子的父親，每天幾乎都一起工作的我們，有時下班他還會帶我在小鎮裡四處走逛，或是一同運動。

菲爾將那一支金屬唧筒舉起，插進潮間帶的沙土裡，抽了一管含水的沙土，再從不鏽鋼管裡把沙推出來。

「你看，這是丫比蝦[2]！」一隻小蝦，從那一坨推出的沙堆裡冒出頭來，就像剛睡醒一樣。

「我們等會是否能夠釣得到魚，都得靠這群小傢夥呢！」反覆地，他又抽出幾管沙土，抓了幾隻丫比蝦，放進水桶裡。

「這種器具，和這種小蝦，我倒還真是第一次見到。」窩在水桶邊，我看著桶裡又游又爬的丫比蝦，牠們的外型就像是迷你版的小龍蝦。隨後，我自個兒也試抽了幾管，還親自抓上幾隻小蝦。

「要這樣把餌勾在釣鉤上，」他抓起一隻丫比蝦，將鉤針從尾端刺入，小蝦不斷扭動，針一直前進到牠的頭部才停止，小蝦的螯和尾部仍持續擺動，只是比較緩了一些，「來，你也試試。」菲爾拿出另外一支釣竿給我。

「從尾端……慢慢地……一直到頭部。」有樣學樣地，我也很快就把魚餌鉤好。

「來，接著，就是拋竿。」他從左側拋出釣線，讓它在空中劃出一道優美的弧形。釣魚需要耐心，同樣地學習語文也是如此。

從那一道弧線裡，我看到自己各方面的成長，在這裡提升英文能力，不再只是為了要去應付考試，反倒成為一種生活技能。由於志工成員分別來自不同的環境背景，大家一起生活交流，或是一起工作，小小的宿舍，就像一個微型的地球村，是這裡給我上了國際觀的第一堂課，或許也是因為這裡，給我播下了後來浪跡天涯的旅行種子。

「班，如果你有來德國，一定要來海德堡找我。」珊德拉轉過頭來，微笑地對著我說。

那一晚，眾人幫我和珊德拉二人，慶祝了彼此的二十四歲生日。

至於英文名字「班」（Ben），是自己兒時英文才藝班的老師幫我取的，當然她的長相我也早已不復記憶。

儘管如此，「班」這一個英文名字，還是讓我沿用了十多年，就在我和珊德拉一起慶祝完我們的二十四歲生日後，我決定為自己取一個新的名字，象徵一個全然的新生，好用來迎接未來的挑戰，並自我砥礪一番。

於是「洛卡」（Loca）誕生了，這一個怪異的名字並非翻字典得來的，而是從「高個子」這一個閩南語字辭直接音譯過來，因為從小我就個兒頭高大，便常得此稱呼，向來人們的名字都是從英文直譯中文，而我則是獨創了一個，從閩南語讀音「洛卡」直譯而來的英文名字。

1 澳洲環境保育志工（Conservation Volunteers Australia）：一個澳洲的非營利組織，致力於澳洲境內的環境保育工作，同時也接受國際志工的申請。

2 丫比蝦（Yabby）：分為淡水、海水兩種，外觀貌似小龍蝦（Crayfish），但體型僅有兩至三指節長，常被當作魚餌使用，尤其是在澳洲東部。

4. 相信自己，我可以！

二〇〇七年三月　澳洲　伯斯

來到伯斯已經一段時間，我為了節省開銷，便住在全伯斯最便宜的青年旅館Cheviot Lodge，既然是最便宜的，衛生條件可想而知。而且住這裡的人，除了貪圖便宜的房價以外，還有一個每天早上不容錯過的奇景。

「咚咚～咚咚～快快快！」一群人朝向廚房奔去。

早上八點，廚房人滿為患，都是為了限時、限量的免費早餐而來，說是早餐，不過就是白吐司、奶油、果醬、糖、茶包，以及一瓶讓大夥均分的牛奶。

或許，你會覺得這樣的早餐過於窮酸，但對於省錢的旅人來說，這已足夠讓眾人飽食一餐。哪怕是前天睡得再晚的人，也會刻意早起去拿個兩、三片吐司先行收起，之後才兩眼朦朧、嘴角滿足地躺回床上繼續補眠。

先啃、後吞、再塞，眾人恨不得將自己的肚皮剖開，把整條吐司直接塞入，如果你和人說這裡是救濟站，一定有人會信，因為我就是那一個需要被救濟的人。

眾人的開「啃」速度實在驚人，過沒多久，我已塞食了十四片吐司。這一頓旅館的免費早餐，自己總是一餐當兩頓吃，若再找不著工作，這種苦日子不知還得再過多久。

沒錯，歡樂時光總是讓你連做夢都會笑；然而，找不著工作和即將斷炊的現實，卻是殘酷的，之前所發送出去的履歷至今仍無回應，身上的手機也總是隨身攜帶，深怕漏接任何一通能給人帶來曙光的電話。

「您好，有什麼我能為你效勞的？」

「請……請……請問，你們現在有沒有缺人？」

「你是來找工作的吧！有帶履歷來嗎？」

「有有有！這是我的履歷。」

「沒問題，我再幫你轉交給我們的店經理。」

「麻煩你了，謝謝，掰掰。」看著手上不斷犧牲的履歷，心可真不好受，這些可是我平日省下飯錢去印來的呀！早已踏遍市區內的工作仲介，看來今天又是另一個獨自站在街上的日子，望著熙攘的街景發獃，除了挨家挨店地找，似乎還真別無他法。

天氣酷熱，我在速食店飢餓傑克買了一支只要十元臺幣的霜淇淋，走回大街，我一邊吃一邊走，手上霜淇淋的透心涼，可真讓人感到全身酥麻涼爽。霎時，數道冷峻目光從旁掠過，難道，難道連我這僅存的最後歡愉，都還有人在旁覬覦著要和我爭奪？

廣場上的「五銅人」一字排開，阻擋住我的去路。抬起頭來，杵在眼前的是一棟高樓——聖馬丁高樓（St Martins Tower），佇立在旁的招牌寫著「C Restaurant ——在三十三樓的高空，置身在三百六十度的伯斯美景裡。」

我舔著霜淇淋，心想從樓上看下來一定很美。再看看腳下的人字拖，雙手捏捏自己的臉，決定厚臉皮上去問工作。

隨著電梯裡發亮按鈕的攀升，我默唸先前備好的開場白，告訴自己別緊張，只要能上去看到一眼美景都算賺到，找工作只是其次，別太在意。

「There is nothing to lose!（反正自己，也沒有什麼好失去的了！）」我常用這句話來自我消除壓力。

「噹～」

電梯門打開，映入眼簾的是美輪美奐的高雅擺設，接待人員迅速前來招呼，她的眉角動了一下，八成和自己腳下的人字拖有關。有些羞赧的自己，嘴巴就像機關槍一樣，嗐啦嗐啦地，毫無秩序地胡亂掃射一番，直到自己手上的履歷在遞交出去時，嘴上那挺機槍這才像繳了械一樣，再也吐不出半個子來，為了避免尷尬，自己只能趕緊遁回電梯。

「呼！」電梯門一關上，我大口喘了一口氣。

「剛剛我講了什麼？」

「不知道！」

「有看到窗外的景色嗎？」

「沒有！」慌慌張張的自己，只能在電梯裡自問自答。

隔了幾日，我用青年旅館內的電話，撥了一通電話回臺灣家中。

「媽，是我啦！」

「兒子啊，有好一陣子沒聽到你的聲音了，最近過得怎樣？工作找到了嗎？」

「媽，我很好，沒有什麼特別的事，所以就沒打給妳了。工作不是很好找，不過我還在努力。」

「唉，如果工作真的不好找，就當作去澳洲走走看看也不錯啊！錢不夠的話，要跟爸媽說，不要苦了自己，知道嗎？」

「嗯，我知道，你們不用擔心啦！」

掛上話筒，我獃坐在電話旁，一個人孤零零的，久久不發一語。

我知道自己不會讓他們知道，他們的兒子為了省飯錢每天只吃兩餐，早上都吃吐司塗奶油，每天都用雙腳走路省車錢，更不會讓他們給我寄錢，因為能得到家裡的認同和支持，我也早已滿足。

一通電話，讓我感受到來自遠方家中的溫暖。

親愛的父母，謝謝你們，不要擔心孩子受苦，只要相信你們的孩子，就足夠了。這時突然湧起的一陣巨浪，打在堅硬無比的心石上，激起的浪花璀璨落下，給自己填滿了勇氣。

「明天，又是一個嶄新的開始！」

就這樣，從那通電話之後，我又重回街上尋找工作，一連又試了好幾天，但仍無進展。「洛卡，你就別撐了。」早餐時，一位坐在我身旁的背包客，向我說道：「趕快去中國城裡，找一個廚房助手的工作來做吧！」

嘴裡塞著吐司，我微笑不答，因為自己來澳洲最重要的目的，並非開闊眼界，也不是要來賺錢，純粹只是要來增強自己的英文能力，而這一負氣的決定，只是因為一個準備已久，最後卻考砸的商用英文測驗。

也因如此，我要在全英文的環境裡工作，不到最後關頭，絕不踏進中國城裡找工作，這是我對自己的要求和期許。

背包一拿，朝嘴裡塞進第十四片吐司，闊步邁出旅館，走在寬大又整潔的人行道上，繼續搜尋工作。用這種掃街方式已經一個多月了，為何毫無成效？中間一定有哪一個環節沒有掌握好。

我輕輕闔上雙眼，仔細回想。

終於理出頭緒的我，心想如果直接詢問店裡有實權的人，或許機會可以大一些。所謂「擒賊先擒王」，找工作或許也是如此吧！

我趕緊又再挑了幾間餐廳，進去詢問。

無意間，再次來到熟悉的「五銅人」旁，當然我指的是，那五座人形銅像的裝置藝術。

「怎麼不再去C Restaurant問問看？就算找不到工作，也得再上去試試才行。」

「再說，你上次都還沒享受到伯斯的風景就逃跑下來，真是笑死人了！」

我相當擅長利用反話的方式來自我激勵。

於是，我走進大樓，踏進記憶猶存的同一臺電梯，熟悉的一切，唯一不同的是，這次多了一份豁達，那是一種只能意會無法言傳的感受，就像我和你說失戀很痛，如果你沒真正去愛過，你又怎能體會那一種痛徹心腑的痛。

「噹噹～」電梯門緩緩打開。

「午安，您今天好嗎？」

「還不錯啊，妳呢？」

「我很好，謝謝您，請問有什麼可以為您效勞？」

「實際上，我是來找工作的，而且上星期我已留過履歷了。」

「是喔！如果是這樣的話，當有任何機會，我們會再打電話和您聯絡的。」

「嗯，這我了解，但如果可以的話，可否讓我見一下你們的店經理？」

「好的，請您稍待一會，幫您詢問一下。」

好不容易，櫃檯的接待人員離開了，內心也舒緩下來，我便在電梯附近隨意走走，這才發現這間旋轉餐廳是圓環形狀的，就像甜甜圈一樣。

「真高級！竟然連鋼琴都有。」我對著一架黑色鋼琴，發獃了一會兒，旁邊架著一支麥克風，還有一座譜架。

一位中年男子，有著些微中廣的身材，西裝筆挺地朝我走來，他面帶微笑。

「嗨！你好，我是安德魯，我是這裡的總經理。」他微笑和我握手。我的直覺告訴我，我喜歡這個人。

「你好，我是洛卡，很榮幸認識你。」

「所以洛卡，你在找哪一方面的工作？有任何的工作經驗嗎？」

「老實說，我沒有任何服務業的相關經驗，當然，我更不會為了得到工作，而說謊欺瞞你，但很確定的是，我做事非常非常認真，如果你願意教我的話，我也很樂於學習，什麼工作我都能做。」眼神堅定，我充滿自信地說。

「嗯……」他眉角上揚，有些懷疑，「那如果是洗碗的工作呢？你介意嗎？」

「當然不介意！」

「那好，你跟我走。」

我們走在環狀的圓廊上，「鏘！」他迅速將一扇黑色厚門拉開，貼在上方的牌子印有「非工作人員，勿入！」的字樣，緊接著是一道窄長的樓梯，又陡又斜。儘管踏在階梯上的步伐相當謹慎，但我體內的血液，早已開始加溫。

「喀喀喀喀～咖咖咖咖～」從廚房裡傳出的切菜聲，毫無間斷。我們順著那一陣聲響，一路向上，隱隱約約地一股高湯的香氣，挑逗刺激著自己的味蕾，那一份香氣極富層次，有著大骨湯的濃稠肉味，但仍不時溢出一陣又一陣的蔬菜清香。

穿過轉角，「啵啵啵啵～」水蒸氣從鍋爐裡不停洩出，四周參雜著嘻笑和咒罵聲，我們身旁經過幾位年輕學徒，他們身穿白色的廚師服。

「小子，你好。」其中的一位，隨意和我打了一聲招呼。

「嗨，你好。」我有些拘謹地回應。這裡是可以容納三百人餐廳裡的中央廚房。

安德魯和一位大鬍子聊了起來。他們彷彿是在洽談一場交易似的，兩雙打量人的眼神，不時朝我這裡上下瞟看，「這麼神祕，該不會是要把我拖去賣了吧！」我心裡自嘲著。

「嘿小子，我是二廚拉瑞。」大鬍子單獨走來。

「你好，我是洛卡。」我們彼此握手問好。

「洛卡，你有帶履歷在身上吧？」

「當然，來，這是我的履歷。」

「因為今天主廚達倫休假，如果你把履歷留在這裡，我會轉交給他，到時我們再打電話給你。」

「拉瑞，如果你不介意的話，可否讓我明天來找主廚？」不願一直等待的我，決定採取主動攻勢。

「因為很多地方都要我留履歷，但就是沒有人給我打過電話。拜託，我已經等電話等到怕了，請你相信我，我真的是一位工作很努力的人，如果做不好的話，你不付我工資都沒關係，我真的就只需要一個機會。」

「一個來向你證明的機會。」我的語氣堅定，眼神不卑不亢地看著拉瑞。

「嗯……」拉瑞低頭思索，「很好，這個星期六晚上六點來試工，希望你做的就像你說的一樣好。」

●

星期六，下午五點二十分，我有些緊張，卻又異常興奮地走出青年旅館，門口的包沃爾街（Bulwer St.）和尋常一樣安靜，正前方的ME Bank體育場空蕩蕩的，一個人也沒有。

我右轉沿著人行道走，在第一個小圓環處，順著左邊的布里斯本街（Brisbane St.）繼續前行，左邊經過一家海鷗石油（Gull Petroleum），一圈醒目的豔紅線條，將海藍色的「Gull」四字，圈圍在鵝白色的橢圓招牌上，這一家成立三十餘年的企業，背後也有一個白手起家的打拚故事。

前行不到三百公尺的街口，右手邊是一家所費不貲的餐廳酒吧，一棟融合新舊元素的軍綠色建築，二層樓半的方正外觀，矗立在這路口，就像是一堵高牆或碉堡，壁上刻印著「Brisbane Hotel」，酒吧的對街，是一塊雅緻的小足球場，青綠色的草皮被修裁得整整齊齊，像極了一列又一列，正在匍匐前進的野戰部隊。

我快速越過路口的交通號誌，左轉博福特街（Beaufort St.），一直走到和商人街

（Monger St.）的相交路口，右邊有四棟紅磚洋房，樓高三層，擁有中古世紀的歐式風格，其中一間庭院裡的植栽，不僅爬滿了女兒牆，還攀上二樓陽臺的木製欄杆，門口的樹，甚至還高過三樓的煙囪；至於左邊，則是幾棟低矮的現代公寓和商家。

向著遠方的摩天高樓，我繼續堅定直行，隨著一路上的景物置換，心中原有的緊張也逐漸緩解，約莫五百公尺後，右邊是昔日殖民時代的伯斯監獄，用來處決或禁錮囚犯之用，如今卻成了一座展示文化的西澳博物館（WA Museum），高聳的外牆牢不可破，固若金湯。

我打算繼續直行接上巴拉克街（Barrack St.），過了威靈頓街（Wellington St.），也算正式進入伯斯的市區中心，在這十字路口的左前方，有一間名為TAKA的日式快餐館，初來乍到、經濟尚未吃緊的背包客們，總會來這點上一碗丼飯，快速飽食一餐。

盯著不遠處的摩天高樓，我持續沿著巴拉克街前行，並依序經過穆雷街（Murray St.）、海伊街（Hay St.），以及擁有哥德式拱廊的伯斯市鎮廳。

市鎮廳的尖塔上方，有一個從四方都能見著的鐘樓，墨黑的指針在青藍色的鐘盤上，標示著時間：下午五點四十五分。

很快的，我右轉聖喬治街（St Georges Terrace），越過西太平洋銀行，來到聖馬丁高樓（St Martins Tower），抬頭仰望頂樓上的「AAPT」四字時，我深吸了一大口氣。

「加油加油！」我探了一下手上的錶——下午五點五十分。

「今晚，是我在澳洲的第一次試工機會，」我握著拳頭，再次自我勉勵，「真的得要好好把握才行。」跨出步伐，我大步地走進大樓。

「你得趕快過去，拿那個鍋子來刷，廚師們等一下就要用了。」艾力克斯（Alex）言語急迫卻又不失溫和，他身材瘦高，額頭上垂下一撮金髮，遮了他的左眼。

「好！」我快速回應，並奔向鍋爐。

艾力克斯是我今晚的工作夥伴之一，他是澳洲人，喜歡歷史和閱讀小說；除此之外，還有在對面工作的法國背包客法蘭西斯（Francis），和一位非洲裔的單親媽媽安貝卡（Ambeca）。

我們是廚房助手（Kitchen Hand），工作內容可分為兩小隊，一隊主要負責「狂刷」各式大小鍋具，以及烘烤鐵盤；另一隊則是使用大型洗碗機，清洗客人餐後的碗盤、餐具。狂刷小隊是大家最不想要的工作，新人一定都得要先從這裡開始。

轉開水龍頭，淌下的熱水注滿水槽，儘管手上的橡皮手套又粗又厚，可是燙人的水溫仍舊灼燒著我的雙手，手抓菜瓜布，低頭就是狂刮猛刷一整晚，汗水不斷地從額頭奔洩流下。

六個小時的流轉，快得異常驚人。

「嘿，洛卡！」拉瑞對我眨眨眼，「你今晚做得很好，我們下週同一時間見。」他嘴裡哼著歌，愉悅地離開廚房。此時，已是午夜十二點半，我的腰和背劇痛無比，彷若是要分家似的。

我失神地望著水槽發獃，這才發現，眼前水槽的深度竟然可以塞進一個大人，人高馬大的我，自然腰得彎得比任何人都還要低。儘管身體再疲憊不堪，但內心卻是欣喜無比的，因為這是我在澳洲的第一份工作，而這一切，都是靠我自己掙來的。

當天夜裡，我睡得比誰都還要沉。

●

「滴滴滴～滴滴滴～」我迅速按掉床邊的手機鬧鐘，還瞥了一眼手機螢幕，下午五點半。我用雙手握住床沿的手把，正準備下床，突然一陣痠痛，兩手之間的指節，又緊又痠，不過是一個小小的握拳動作，卻不容易。

在C Restaurant 工作也有兩星期了，為了上班方便，自己還特地搬進市區中心，距離餐廳徒步十分鐘內的青年旅館，至於剛才的疼痛，每次只要睡醒，這一症狀就會出現，哪怕只是小憩十幾分鐘也是如此。

微微地張開手指、握合，我又反覆做了幾次，可一旦想起C Restaurant的廚房，就毫無心情再去多加理會這些疼痛，只能趕緊換上工作服，迅速上工去，因為那些布滿髒污的成堆鍋盤，可是不會等人，更無可能對我手下留情。

「噹！」一聲清脆的聲響，自牆角傳來，我猛地抬頭一瞥，丟下手中的鐵盤，朝向牆角奔去，鐵盤沉入水槽，陷溺在一片白色的泡沫裡，載沉載浮，毫無生氣地。

老實說，廚房就像戰場，儘管自己沒真上過戰場，但若有人曾在廚房裡工作過的，相信都能體會這一個比喻，雖然他們大多也沒真上過戰場。

餐廳裡有二個廚房，位於三十四樓的中央廚房，主要負責甜點製作、後勤補給，以及各項的清潔工作；另一個位於三十三樓和顧客同一樓層的廚房，則是掌管前菜和主餐的烹飪。用餐時刻，多數廚師都在三十三樓的廚房裡奮鬥，兩個廚房之間，有一個小型的封閉電梯，用來運送所需之物。

至於剛才的聲響，就是這一架電梯發出的聲音，一旦此聲一響，眾助手們就得火速清空電梯裡的一切，骯髒的要洗，乾淨的要放上廚架，而我也早已將那聲響，嵌入成為下意識動作中的反射指令，總是第一個趕至電梯門前的人。

從一開始聽不懂廚師們的要求，直到最後已經可以預先備好他們所需的各式器具，我那如同機械般的反應和效率，更是技驚四座，令人感到好奇。

「洛卡，走！我們下去清掃三十三樓的廚房。」安貝卡轉過頭來，向著我說。

「好，我先去拿水桶和拖把。」我轉向牆角，朝著水桶走去，那裡面插著一支拖把。

「噹！」我們坐著廚房裡的另一架載貨電梯，來到三十三樓。

窗外市區裡的暈黃街燈，發散出一圈一圈的柔和，浪漫無比的伯斯夜景就在腳下，宛如一場光之晚宴；縈繞耳際的是輕柔的鋼琴旋律，這一刻裡的柔情，著實將我緊緊擁抱著。

「就是這裡！」望著眼前的景致，我不由得開始自言自語，「我一定要成為這裡的外場服務生，穿著帥氣的黑色制服站在這裡，衣服還要別上打印著自己名字的個人名牌。」我半閉著眼，陷進旋律，徜徉在無盡的想像裡。

廚房工作，從每天晚上五、六點開始，結束時幾乎都已是深夜一、兩點，我不敢想像過這種日子一年，更何況艾力克斯和安貝卡，二人都已快屆滿二年，他們認真敬業，艾力克斯大概是我見過最認真勤奮的西方人，那一種埋頭苦幹的樣子，和一逮到機會就摸魚的法蘭西斯，真是諷刺的對比。

今天生意較差，還不到晚上十二點就已經收工，照慣例我來到櫃檯打卡，準備下班，今晚負責櫃檯的是副理——玫（May）。

玫，身型嬌小，有著一身黑黝的膚色，東南亞裔的外型，說得一口流利的英文，但卻難掩其厚重的南洋口音，雖看似同我一樣，都是離鄉背井出來打拚的異鄉人，但她做事總是咄咄逼人，讓人感到不易親近。

「嗨！玫，今晚一切都順利嗎？」來到櫃檯前，我主動和他問好。

「普普通通囉，你勒？」她草率回應，一直低頭看著電腦。

「我喔，還不錯啊，謝謝妳的關心。」我微笑答道，「對了，我是想問問看，現在外場有缺人嗎？」

「你的意思是？」這時她的視線終於離開電腦，「替你自己問的？」她挑著眉，滿是疑惑地看著我。

「是啊！我是想說，」我摸了一下頭，有些不好意思地，「如果有機會的話，想要試試。」

「你有任何外場服務的經驗嗎？」她反問我，眼神有些不屑。

「老實說，沒有耶！」我誠實回答，一向如此。

「沒經驗！很好，虧你還敢問，我想你也知道，這是一間什麼等級的餐廳吧！如果沒有經驗的話，外場的工作你就『別再妄想』了！」她眼神盡是輕蔑。

「嗯……」眼神垂了下來，我就像是一隻戰敗的公雞，「這聽起來，似乎很合理。」只能落寞地答道。

●

往後數日，「別．再．妄．想！」四個字，一直在我腦中不斷迴盪，久久無法消散。

站在水槽前，我看了一眼堆在地上的待洗鍋盤，足足有半個人的高度，再回到手裡拿的鐵盤，那一個幾近全黑，有著油垢的烘烤鐵盤，就在這個時候，對面的法蘭西斯竟然還在摸魚，突然一股力量湧上心頭，令我發了狂似地使勁猛刷。

「我不服啦！」我獨自在心中大喊著。

「別再妄想是不是？老子就繼續妄想給妳看！」我將憤怒，轉為前進的力量，「而且我一定要做到。」眼看手上的鐵盤，那一片因陳年頑垢而髒黑的鐵盤，就快要被刷成可以反光的鏡子。

「只要有心，點石絕對可以成金。」我再一次自勉自勵，打從心裡相信自己所一直相信的。

右手刷著刷著，腰又開始痛了起來，貼黏在背上的衣服也早已濕透；一波又一波的水槽熱氣，向我無情地襲來，滿是灼熱；順勢抬起手臂的我，再一次地將頭上撲簌簌流下的汗水擦去。

「你就只有，這麼一丁點能耐嗎？」

「如果是這樣，滾回家去吧！」向來好勝的自己，總是不願輕易屈服，每每意志消沉時，就會利用自我斥責，好來鞭策自己前進。

其實平常的自己，除了將手上的鐵盤刷得閃亮以外，更會利用下班之餘，抓住任何與外場同事的聊天機會，一方面可以提升自己的語文能力，此外也能打好人際關係，因為我知道，與其低聲下氣去求人，倒不如靠自己去努力創造機會，還來得踏實一些。

「洛卡，今天辛苦了。」主廚達倫，一邊脫去白色的廚師服，一邊對我說。

「您也辛苦了。」我轉過頭去，微笑地回應，再立即回到手上的鍋子，繼續刷洗。

廚師們，一個接著一個離去，偌大的中央廚房，就只剩下我和安貝卡。

「洛卡，我們準備來刷地板吧！」安貝卡提著拖把對我說，她才剛打掃完樓下三十三樓的廚房。

「沒問題，我來裝水。」我裝了幾桶水，再將清潔劑倒進桶裡攪拌，白色泡沫順著水中的漩渦冒出，越來越多。

接著我將那幾桶混有清潔劑的水，潑向廚房的各個角落，我們拿起長柄的鬃刷，在地上猛刷，再用裝滿清水的水桶，一一沖洗廚房的各個角落，最後才用刮水器，將地板上的積水刮除乾淨。

「大功告成！」安貝卡嘆了一口氣，神情有些疲憊。

「安貝卡，妳先走吧，今天的垃圾不多，我自己一個人去倒就好。」我走到後面，將軍綠色的直立式垃圾桶推了出來。

「洛卡謝謝，你總是這麼貼心。」

「別和我客氣了，妳趕緊回家照顧孩子吧！」

「噹！」載貨電梯的門打開，我將垃圾桶推了進去。

倒完垃圾後，我從地下室的停車場走出來，右轉沿著聖喬治街走，並反射性地探了一下手錶～凌晨一點半。

即將入冬的伯斯，寒風總在夜裡肆無忌憚地流竄著，一位身穿大衣的路人，他拉起衣領，搓一搓手，朝手心吐了一口氣，再穿過馬路走至對街，街上一輛車也沒有，蕭蕭瑟瑟。零星走過的路人，見著了身穿一件短袖上衣的我，他們都直打哆嗦，可我卻絲毫不覺得冷，因為自己才剛離開有如烤箱一般的廚房。

約莫二百五十公尺後，我在威廉街（William St.）右轉，恰巧越過一輛正在清洗路面的清潔車，車子前方的二個強力刷毛，在地上快速迴旋，下方的吸塵器具轟隆隆地，將所有見得著的髒污一併吞噬，只留下二條濕潤的乾淨。

依序經過海伊街、穆雷街，這周圍的舊大樓，或是擁有殖民時代風格的建築，不是被拆除夷平，就是讓鷹架給包圍著，據說是在建造新的商辦大樓，或是進行老屋改造。

很快的，我在威靈頓街左轉，這一小角的房子，也才剛拆除完畢。這幾年西澳的礦業蓬勃發展，不僅拉高伯斯的生活物價，同時也加快了都市更新的速度，天知道，過個幾年後回來，自己還能不能認得出來這裡。

剛轉過來，走還不到一百公尺，就回到我在市中心的住所——環球背包客棧（Globe Backpackers），走進共用的開放式廚房，我從大冰箱裡，拿出一大瓶事先用水兌成的碧綠飲料，倒了滿滿一杯，一口喝下，薄荷味的嗆涼刺激，迅速衝擊腦門，隨後我又倒了一杯，走至隔壁間的電視沙發區，隨意找一隅坐下，望著螢幕，啜飲手中的一杯碧綠。

就這樣又消磨半小時後，自己這才心甘情願地快速梳洗，回到十四人房的寢室，躺進屬於自己的一隅，結束這日復一日中的一日。

●

「怎樣，做得還習慣嗎？」文森（Vincent）用著一貫的溫柔口吻問我。

「還不錯啊！」我一邊刷著鍋子，一邊抬頭和他閒聊，「可如果有外場的工作機會，我倒是比較想要嘗試看看。」我努力維持微笑，儘管臉上的汗水不曾停止滴下。

「是喔！最近好像有幾個人要離開，」對於我的回答，文森顯得有些訝異，「你可以去問問，說不定，他們會讓你試試也不一定。」但他仍熱心地給我建議。文森是一位馬來西亞裔的澳洲公民，也是餐廳裡極富經驗的服務生。

當我聽到外場有人要離職時，耳朵馬上尖了起來，打算下班後，趕緊去詢問餐廳經理柯斯蒂（Kirsty），她是店內三大龍頭之一，專司外場服務人員的調度和訓練，經驗老道，已在服務業打滾多年。

「柯斯蒂，我聽文森說，最近餐廳好像有缺服務生？」我剛簽完班表後，認真地問。

「是啊，最近我們的人力比較吃緊。」她不假思索地答道。

「柯斯蒂，不知妳是否願意，給我一次機會？」我特意拉了一下上衣的下襬，整了一下自己的儀容，「或許妳還記得，我之前和妳提過，如果能有機會，我很希望可以到前檯幫忙。」我的眼神充滿自信，嘴角微微地笑著。

「嗯～」她看著我，若有所思地點幾下，「好，有關這件事情，我再來和主廚討論一下。」

據我所知，C Restaurant從未聘請過亞洲的男性背包客來擔任外場的服務工作，尤其對於一家高級餐廳來說，聘請一位毫無經驗的服務生，這絕對是一個相當大的賭注，但事隔幾日後，柯斯蒂卻還是給了我一次機會，我想這些日子以來，自己的勤奮認真、快速的學習能力，以及強烈的企圖心，絕對可以解釋這一切。

因為至今，我已詢問過主管們，至少五次。

「嗨，安貝卡、艾力克斯。」我的上半身，穿著黑底鑲白線條的制服，下半身是筆挺的西裝褲，褲腰上繫著一條合身的皮帶，腳上穿的皮鞋還黑得發亮。

「洛卡！」安貝卡、艾力克斯見著了我，大聲驚呼。

「現在才上午十點多，你怎麼來了？你不是都做晚班的嗎？」安貝卡訝異地問了一串，「而且你的服裝？」她的表情仍充滿著疑惑。

「安貝卡，我今天是來前檯幫忙的。」對於他們的驚訝反應，我暗自竊喜。

「你剪頭髮啦？」艾力克斯瞪大了眼，朝我猛瞧。

「是啊，柯斯蒂說我之前的長髮，有些雜亂，所以我就把它們剪掉了。」我舉起右手摸了一下頭，感到有些不好意思。

「所以你以後，不和我們一起刷地板、洗盤子啦？」安貝卡語帶俏皮地問我，她坐在一張小板凳上削著馬鈴薯，前方是一個白色塑膠桶，桶裡的水，淹過了裡面的馬鈴薯。

「安貝卡我答應妳，只要在工作之餘，如有需要，我還是會過來幫忙的。」我信誓旦旦地，向他們給予自己言出必行的承諾。

「哈哈，洛卡，我鬧你玩的啦，希望你在前檯工作順利喔！」她很滿意我的回答，開心地對著我笑。

「好了，二位夥伴們，我得上工去了。」我收拾了一下笑鬧的氣氛，正經地說。

「洛卡，要加油喔！」他們二位異口同聲地對我說，充滿同袍間的革命情誼。

「沒有問題！」我也向他們二位，行了一個軍人的單手敬禮，精神抖擻地。

走出三十四樓的中央廚房，我探了一下手錶——上午十一點，今天是我在外場的第一次上班，同時也是服務生的測試訓練，午餐時刻來客量較少，經驗老道的柯斯蒂，總會利用這個時段來訓練新人，並觀察其表現。

「洛卡，過來這裡，」柯斯蒂，向我做了一個招呼的手勢，要我過去。「我先帶你熟悉一下環境。」

「嗨，史帝夫，這是新人洛卡。」柯斯蒂把我帶到酒吧前，吧檯裡站著一位華人面孔的年輕男性，小平頭、眼神銳利，相當有精神。

「嗨，洛卡。」乾淨俐落地，史帝夫伸出右手和我問好。史帝夫（Steve）和我年紀相仿，約莫二十來歲，他是澳洲華裔第二代，在澳洲土生土長，為人親切隨和，他在餐廳裡不僅要負責酒飲的製作，同時也要兼任吧檯的管理。

「史帝夫，我需要和你借一個托盤，和一些酒瓶和酒杯，來幫洛卡特訓一下。」柯斯蒂迅速切回正事。

「那有什麼問題，妳要多少就有多少。」他迅速地，拿出一個深黑色的圓形托盤，約莫二張半的A４紙大小，放在吧檯上。

接著他打開冰箱，取出三支小瓶玻璃罐裝的啤酒，放在黑色的圓形托盤上，有Victoria

Bitter、XXXX Gold、Tooheys New，都是一些常見的澳洲啤酒；然後再從上方的架上和下方的籃子裡，分別拿出幾只葡萄酒杯、雞尾酒杯、啤酒杯、汽水杯，最後又從一旁取了一些自來水，朝空的酒杯裡注上六、七分滿的水。

「你先試試，端起這一個托盤。」柯斯蒂站在一旁，雙手交叉放在胸前，對我挑了一下眉。

「好。」躍躍欲試地，我用雙手拿起托盤，將盤中的一切一次拿起，並轉至柯斯蒂的面前，杯裡的水，左右晃了一下，但沒溢出。

「你放回檯子上，用單手試試。」柯斯蒂一邊說，一邊從原本雙手交叉的姿態，拔拉出了她的左手，「在我們這裡服務客人，托盤是不允許這樣子拿的。」她翻出左手掌心，向上升提了一下和我示意，接著又叉回胸前。

「好的。」我謹慎地，將托盤放回檯上，接著翻出自己的右手掌心，靠近托盤。

「等等！」柯斯蒂又突然將雙手從胸前的位置拔了出來，「你是慣用右手，還是左手？」她一邊翻起右手和左手的掌心，一邊問我。

「我是右撇子。」我伸出右手回應。

「那麼或許，你用左手來端盤子會比較穩。」柯斯蒂回答得一副經驗老道，而她確實也是如此。

「好的，我試試。」翼翼小心地，我用右手將托盤向外推移，並抬起左手掌心至前方準備，動作有些僵硬地緩慢端起盤底，杯裡的水，雜亂地晃動，似乎沒有止停的跡象。

「你把盤子放下，我示範一次給你看。」柯斯蒂伸出右手，在吧檯上拍了二下，示意要我放下。

「好，妳等等。」我就好像是一位，被人在手裡綁上定時炸彈的人，儘管心中很想將它除去，但若動作太大，炸彈就會引爆，這一種糾結的自我矛盾，強烈壓迫著腦中的每一根脆弱神經，於是我趕緊深深地吸了一大口氣，再伸出右手去抓住托盤的邊緣，穩住狀況，最後才將托盤，以及上面所裝盛的各式酒杯，慢慢地放下。

「呼！」當我的雙手，完整離開托盤時，猶如炸彈被人拆除一般，我這才放心的吐了一口氣。

「洛卡，你注意看。」柯斯蒂，不假思索地伸出左手，剎那間就將托盤端舉在空中，杯裡的水，只有在離開檯面的瞬間晃了一下，接著就回歸平穩，她的動作俐落，沒有絲毫猶豫或扭捏，我站在一旁，滿臉吃驚地點點頭，向她表達敬佩之意。

「沒關係，這你之後再慢慢練習，一開始，可以先拿少一點沒關係。」柯斯蒂迅速地，將托盤放回吧檯，「來，我帶你去找凱倫。」接著她領我前往廚房，我們沿著旋轉餐廳的環狀迴廊走，圓弧狀的落地窗外，盡是一片明亮。

「凱倫，相信妳之前，也有在廚房裡見過洛卡。」柯斯蒂把我帶到一位女生面前，她一頭烏黑亮麗的秀髮，嬌小可愛，活力充沛，「今天是洛卡第一次在前檯工作，就麻煩妳告訴他，該如何把這一項工作做好。」

「柯斯蒂，沒有問題，我會盡我所能的幫助他。」凱倫（Karen）有些敬畏地點頭回應，柯斯蒂這才放心離去。

凱倫，她是送菜組（Runner）的組長，一位正值二十年華的澳洲女生，有著拉丁裔的外表和熱情，擔任送菜工作已經一年半。經由凱倫的解說，我這才了解到，原來一間餐廳外場的主要服務人員，可以細分為服務生（Waiter/Waitress）、調酒師（Bartender）、咖啡師（Barista）和送菜員（Runner）。

服務生，主要是負責點餐和客人應對的職務，就像公司裡的業務員，必須直接面對顧客，取悅客人是其職責，更是以讓客人臭臉進來，笑臉出去為終極挑戰目標。在C Restaurant，負責替客人點餐的每一位服務生，都隨身配有掌上型電腦，隨時隨地都能替客人即時點餐，透過無線通訊的傳輸，將依餐點的屬性來分別派送出去，同一時間餐廳裡的各個單位，皆會收到屬於各自負責的訂單，例如：前、主菜的訂單會傳送到三十三樓的廚房，餐後甜點的訂單，則是傳至三十四樓的中央廚房，各式飲品的訂單就會傳到酒吧。

調酒師負責各式調酒；咖啡師調製沖泡各種咖啡，這兩位的特性，倒有點像是業務兼工程師，在前檯的服務工作裡，有時得要面對顧客聆聽需求，但多數則是待在幕後，製作出優良的酒飲產品來滿足客人。

至於送菜員就是「送菜」，顧名思義就是當餐點烹飪完成後，由送菜員遞送至客人面前。通常在高級餐廳，送菜員是所有新手的必經之路，藉此以熟悉餐桌的配置區塊、座位號碼，以及餐點飲料的名稱及內容，再來就是訓練其拿盤子，以及端送飲料的熟練和穩定度。

「洛卡，你一次拿三個盤子看看。」凱倫指著檯子上的一疊盤子，每一張盤子都有一張

Ａ４紙的大小，互相堆疊起來，看起就像是在一片鐵灰色的大地上，隆起的一座白色高原。

「什麼，一次要拿三個盤子！」我表情僵硬，一臉吃驚的樣子，「不是只有兩隻手，是要怎麼一次拿三個？」對於我這完全沒經驗的菜鳥，可真有一個斗大的問號浮在空中。

「讓我來示範給你看。」凱倫，信心十足地回答。

她迅速踮起腳尖，用右手從那一疊的上頭，拿起一張盤子，將左手掌心向上，翹起大、小拇指，看來好似一只爪子，她首先將第一張盤子，擺放在左手食指、中指、無名指的上方，用大、小拇指的外側抵住盤子邊緣，接著將左手手腕弓起，猶如一只顛倒的挖土機怪手，再從檯上拿了第二張盤子，迅速放在大、小拇指的內側，和前臂之間，最後才用右手，從檯子上拿下最後的一張盤子，前後時間花不到三秒。

「喏，就是這樣。」她一派輕鬆地看著我，「而且，你還要拿得穩才行。」她手拿三張盤子，兩腳忽然開始跳動起來，拿著盤子的雙手，也一起跟著擺動，她俏皮地嘸著嘴，甚至還在原地轉了兩圈，我還情不自禁地為她拍起手來。

「好了，耍寶結束，換你也試一試。」

「好，我來試試看。」我陸續拿了三張盤子，依樣畫葫蘆，並沒想像中困難，但若要拿得又平又穩，確實還需練習，但其實最令自己擔心的，還是剛才在酒吧前的托盤練習。

「嗯，還不錯嘛。」凱倫對我點了一下頭，表示肯定，「接下來，我帶你熟悉一下環境，因為你得熟背餐廳裡的各種代號，以及送餐時，我們會使用的桌號和座位順序。」我們一黑一白，一高一矮地走出廚房。

正午的光芒恣意地灑進窗內，將位於三十三樓的餐廳照得乾淨明亮，儘管節氣已快入冬，伯斯的白日豔陽依舊熱情，更將窗外的一切，照得金光灼爍、輝輝煌煌的。

●

「注意聽好，我會依序念出桌號、座號、菜名。」凱倫手上拿著一張白色的小紙條，謹慎地唸：「73桌，一號：七分熟的炭燒和牛、三號：花椰菜義式燉飯、七號：手工義式麵疙瘩。」

「好，」我依照顛倒的次序，將三盤餐點拿在手上，最後重複一次桌號和座號：「73桌，一是七分熟的炭燒和牛、三是花椰菜義式燉飯、七是手工義式麵疙瘩。」我點了三下頭，向凱倫示意餐點在我手上的位置，同時也好幫助自己記憶。

「對，洛卡加油！」凱倫向我點了一下頭，表示鼓勵。

「73桌，」我一邊走在迴廊上，一邊尋找桌號，「一是七分熟的炭燒和牛、三是花椰菜義式燉飯、七是手工義式麵疙瘩。」同時還在默背座位順序，以及三個陌生的英文菜名。

「原來是在宴會區啊！」對於區域還不熟悉的我，找了一會，終於找到正確的桌次。前方的長型方桌上，男男女女共有十位，他們衣著正式，似乎是同一家公司的員工，正在進行午餐聚會，他們談得有說有笑。

「女士，這是您點的七分熟的炭燒和牛。」我將餐點，自一號客人的右後方送上，並向她重複菜名，「先生，這是您的花椰菜義式燉飯，小姐，這是您的手工義式麵疙瘩，敬請享用。」我相繼地，將餐點送給後面的三號和七號客人，隨後又來了幾位送菜員，他們整齊劃一地上菜，俐落地將其他人的餐點同時送齊，動作迅速，卻又不失禮節。

「洛卡，酒吧那邊需要你的幫忙。」凱倫走過來，朝酒吧方向和我使了一個眼色。

「我立刻過去。」我對她點頭微笑，並快速步向酒吧。

「嗨，柯斯蒂。」恰巧在走廊上遇見柯斯蒂，我稍微慢下腳步，有禮地和她打了一聲招呼，她僅點頭和我回禮。

「快，這一盤飲料，趕快送到23號桌。」史帝夫一見我來，就快速推了一盤飲料給我，「這二杯紅酒需要注意，第一杯是二號客人的Merlot，第二杯是三號客人的Shiraz。」托盤上立有二杯葡萄酒杯，在高腳的玻璃杯裡，裝盛著相似的醇郁暗紅。

「至於其他的飲料，都印在這張便條上了，你自己看吧！」他火速說完後，朝我遞出一張白色的酒飲訂單，我趕緊從他手上取走那一小張的便條後，他便迅速轉過身去，處理其他的酒飲製作。

「第一杯是二號的Merlot，第二杯是三號的Shiraz。」我瞪大了眼，只能猛盯著手上的酒飲訂單，再去仔細核對酒飲，除了二杯紅酒以外，還有一瓶Victoria Bitter、一瓶XXXX Gold、一杯可樂、一杯雪碧。

「23號桌，第一杯是二號的Merlot，第二杯是三號的Shiraz。」有些不安地，我左手端舉著盤子，右手握著白色便條，一面尋找桌子，一面默記。

最為讓人驚恐的，還不是端著托盤行走，而是當你一邊端飲料給客人時，不但必須口頭告知該飲料的品名，同時端著托盤的那一隻手，還得立即位移托盤底下的重心，否則整盤飲料就會應聲倒地，應該沒人想在這個時候，去挑戰牛頓的那一顆蘋果，是否會依然落下。

口中不斷複誦各區桌號，以及努力記下座位的編排順序，看來零失誤的午餐試煉，就要順利過關，這也讓我開始寬下心來。

在小歇兩小時後，緊接著晚餐試煉，立即展開。

「洛卡，這些酒和飲料，拿去92號桌，謝謝。」史帝夫站在吧檯裡，從一台黑色的列印機器上，撕下一張白色便條，我將左手托在盤底，小心端起那一整盤的酒飲，右手自他手上接下便條，立即拿至眼前，仔細詳閱一番。

「92、92、92～」我重複背誦著桌號，戰戰兢兢地端著托盤從酒吧離開，再以廚房為中心向前繞行。

「怪了！怎麼這麼遠？幾乎都要繞完一圈了！」我有些慌張地，開始左顧右盼。

「70、80、90，原來是沙發區啊！」我一邊走，一邊將脖子朝右轉了三十度來確認桌次，「都得怪自己繞錯方向，才會繞了這麼一大圈。」

「下次出發時，一定得要好好搞清楚方向才行，」我心裡忐忑不安，暗自嘀咕著，「不然耽誤客人的飲料，可就不好了。」

「趕緊將酒端給客人吧！」寬下心來，我又自言自語，「他們一定等很久了。」同時還卸下了謹慎，隨即將身體向右旋轉七十度，神采奕奕地加大步幅，面帶微笑。

「碰～碰碰！」身材高大的我，竟沒注意到右腳尖前，在兩張沙發之間，竟擺著一張低矮的黑桌，尤其處在昏暗的燈光下，我竟將那當成是一條窄道來通過。

一個踉蹌，位於前方的右腳先撞到桌角，接著左腳順勢抬起，跨越而過，猶如一位跳越跨欄失敗的田徑選手，人向前傾；此時，托盤上的酒杯也一一噴射起飛，朝向無垠的遠方，全速前進。

我眼角的餘光，快速閃過右腳、左腳、托盤、酒杯，甚至是，杯裡飛濺而出的液體，這一連串的動作，似乎正在慢速格放中，緩慢到超乎現實，因為每一個細節，自己都看得一清二楚，就像在看自己過去的人生一樣，眼看大錯即將鑄成，可自己卻無力挽回，只能眼睜睜地任其發生。

是的，牛頓的運動定律和萬有引力定律，都是真的。

「鏘喨～鏘喨～」高分貝的玻璃破脆聲，接二連三地，給客人帶來了一陣驚嚇，不少狐疑目光，迅速向我這裡投射過來，有那麼一秒，我的腦袋是一片空白，只能一個人孤零零地，獃站在原地，就像被人釘在十字架上，一動也不動。

「對不起，對不起。」當我回過神來後，趕緊先向前方受到驚嚇的客人道歉，並慌張地蹲下收拾破碎，遁入虛無的自我結界裡，就在此時，四、五位同事也迅速趕來，一起幫忙收拾。

「真是抱歉，對您造成的驚嚇，我僅代表本餐廳向您致歉。」柯斯蒂，越過正在收拾殘局的我們，鎮定地和客人道歉。「至於您剛才點的飲料，已在重新製作，麻煩請再稍待一下。」

「沒關係，我們不急，我們不急，慢慢來就好。」一位體型精壯的金髮男子，將厚實的手臂搭在他一旁的女伴肩上，一邊安撫她，一邊回應柯斯蒂。

通常，在第一天犯下這種大錯的人，柯斯蒂最後必定奉上一句「珍重再見」，意思是：請你一定要珍重，因為我們，再也不會相見。

凱倫見我一人蹲在地上，如同一隻無頭蒼蠅般地，正在赤手收拾那些散落一地的銳利破碎，她便蹲了下來，在我耳邊貼心地說：「洛卡，你先回廚房吧，這裡交給我們就好。」

我別過頭去望了她一秒，眼神有些獃滯，她在我的肩上拍了一下，凱倫的溫柔體貼，瞬間把我從暗黑的虛無裡拉了回來。

「好的，好的。」我仍有些失魂地回應，身體也有如接到指令一樣，緩緩起身朝向廚房走去，眼神空空洞洞地。

在走回廚房的路上，自己的頭腦才開始恢復運轉。遇到困難，一向選擇坦誠面對的我，立馬走進廚房回到工作崗位上，等待下一次的送菜任務，廚房裡的沸沸揚揚，迅速使我冷靜下來。

過沒多久，柯斯蒂繃著臉走進廚房，站在門邊，向我冷眼檢視一番。

「柯斯蒂，真是抱歉，給您添麻煩了。」我主動走至門旁，向她點頭賠不是，我的眼神依舊不卑不亢，幾乎毫無夾雜其他情緒。

「……」柯斯蒂靜默不語，直盯著我瞧，那是一種，彷彿能夠切除一切虛假的表面，將人們心底的軟弱，看得透澈的一種銳利。

道完歉後，我又和他人一樣，迅速回到等待出菜的隊列裡，柯斯蒂仍站在門旁，文風不動。

「或許，今晚是我在前檯工作的第一晚，同時也是最後一晚。」我在對列裡，孤獨卻又蘊含力量地，不停給自己打氣：「過去的事，已無法重來，選擇向前看吧！」

「距離今晚結束，還有五小時，就讓自己，為最後的這五小時奮鬥吧！」無論情形多糟，我總能隨遇而安地自我勉勵，再次奮力向前，因為哪怕要我躺下，也要將我的自尊留下。

「好，接下來是31桌，」凱倫瞥了我一眼，體貼地放慢了一下語氣：「一號是炭燒章魚沙拉、三號是山羊起司凝乳、四號是開心果雞肉捲。」

「31桌，」我眼神堅定地看著她，又重複了一次：「一號是炭燒章魚沙拉、三號是山羊起司凝乳、四號是開心果雞肉捲。」我和凱倫點了一下頭確認無誤後，旋即出發。

由於這是一間旋轉餐廳，因此所有的餐桌，都會以位於中央的廚房為圓心，每九十分鐘旋轉一圈，也因如此，要成為C Restaurant的合格送菜員，首要之務便是要能弄清自身的所在方位，尤其在這麼一間講求氣氛的高級餐廳裡，所有的魯莽毛躁，或是一切擾亂祥和的動作，都是不被允許的。

走出廚房後，我停了一秒，冷靜地確認完前方的桌次以及自身所處的位置後，便立即出發，並將餐點準確地送至客人面前，在接下來的五個小時裡，我的表現沉穩，完美零失誤。餐廳打烊後，各區的工作人員仍在忙著收拾打掃，我將最後一桌的髒污處理完後，便隨眾人走至櫃檯。

「柯斯蒂！」當我看到柯斯蒂正在櫃檯時，便從人群中走了出來，心胸坦蕩地對著她說：「有關今晚稍早的事情，我深感抱歉，真的給您添麻煩了。」其實自己也很清楚這種失誤，在一間高級餐廳裡是不容發生的，於是我深深地吸了一口氣，準備接受判決。

「你可真該慶幸，那些潑灑出來的酒飲，並未濺到客人身上。」柯斯蒂將頭抬了起來，眼神銳利，表情嚴肅地對著我說。

「真的非常抱歉。」不知該如何接話的我，只能再次向她誠摯道歉。

「明早，十點見。」她說完後，點了一下頭，給了我一個肯定的微笑。

●

「洛卡，這是35桌的Complimentary appetizer（迎賓開胃菜）。」凱倫指著廚房檯子上的一張盤子，盤中擺有三個袖珍的起士塔，在塔餅的上方，散有零星幾塊的燻鮭魚片，以及一小葉的菠菜。

「Complimentary appetizer?」我站在凱倫面前，手裡拿著原子筆，滿臉疑惑地對著她說：「等等，這兩個單字要怎麼拼啊？」我要求她逐字地拼給我聽，並立即抄寫在便條紙上，英文不甚流利的我，口袋裡總是塞滿了這種紙條。

紙條上，有著密密麻麻的英文單字，例如：菜名、飲料名、煮法……等等，好讓自己在忘記時，能隨身有個提醒依據，另一方面，也好利用空檔時，再拿出來默背一番，例如走路、上廁所或吃飯的時間，都是不容放過的零碎時間。

比起周圍經驗豐富的同事，我所需要學習的地方還很多，儘管自己在服務的專業，或是在對於英語的掌握上，仍有許多進步空間，但這些日子以來，我的成長和蛻變卻是眾人有目共睹的，況且再也沒有什麼，能比眼前這些靠自己努力掙來的一切，更能讓人感到踏實的。

站在旋轉餐廳的窗邊，我將指腹輕輕貼著玻璃，視線投向遠方，白天晴空下的伯斯真是美麗，恬靜的天鵝河、造型醒目的Burswood賭場、西澳州立圖書館、伯斯中央火車站，還有遠處的福里曼圖（Fremantle）和羅特奈斯特島（Rottnest Island）。

「洛卡，你還不去休息一下，」柯斯蒂走過我身旁，面帶微笑地對著我說：「等會兒晚上，可有得你忙了。」

「我剛才發現，這裡還有幾張盤子還沒收，我再整理一下，就去小休了。」我說完後，瞥了一下手上的錶，下午三點十分。

我總喜歡，挑別人不喜歡做的事來做，路挑難路走，擔挑重擔挑，沒有怨言，一有機會就多幫同事的忙，有時下班後，甚至自己還會不支薪地，跑去廚房幫忙收拾，只望大家都能早點回家休息。

在主管和同事面前，我逐漸已成為一位不可或缺的前檯服務人員，這同時也奠定了自己在服務業的工作基礎，以及日後在澳洲尋找工作的利基點。

「今晚這裡，有一個大型的晚宴要舉辦。」小休回來，柯斯蒂正在進行今晚的行前例會，我們圍著她形成一個半圓，好方便她對眾人布達事項，「凱倫，等等妳帶幾個人，去幫忙完成宴會區的布置。」

「好的，沒有問題。」凱倫踮了一下腳尖，信誓旦旦地回答。

「剩餘的人，請回到崗位上，再次確認各自區域的整潔。」柯斯蒂充滿威嚴地，對著眾人說，「如沒問題，就各自解散，上工去吧！」

「洛卡，你去櫥櫃拿一些餐具和餐巾，到宴會區找我。」散會後，凱倫轉過頭來和我說。

「沒問題，我現在就去拿，隨後就到。」說完後，我立即朝向廚房走去，這時窗外的天空，逐漸從金黃翻成橘紅，烈日也化作一輪溫煦，緩緩地消失在天際。

「餐巾先放著，我來教你怎麼擺放餐具。」凱倫看到我後，立即伸手示意要我過去，我雙手抬著一個，有著數個凹槽的塑膠殼子，裡頭大小不一的金屬刀叉裝了半滿，上面還放有一綑白潔的餐巾。

「剛才我已將這一桌的盤子，都擺放完成了。」凱倫指著前方桌上的圓盤，每一個座位前，都有一個大的陶瓷餐盤置中，以及一個小的麵包盤在左邊。

「現在我們要擺放刀叉，首先我們面對中間的餐盤，越接近中間餐盤的地方，我們先放用來食用主餐的切肉刀叉，切肉刀在餐盤右側，刀口朝內，主餐叉子放在餐盤左側，缺口朝上。」凱倫從我手上的殼盒裡，拿走一副較大的刀叉，俐落地擺至桌上，灰灰亮亮的金屬表面，好似一小片霧面的銀鏡。

「接著就是前菜的刀叉，依序剛才的方法，擺放在距離餐盤，更遠一些的外側，最後在左邊的麵包盤上，擺上一把奶油刀。」她接續拿了一副較小的刀叉，以及一把圓弧形的薄刀，依序放在桌上。

「讓我試試吧！」我迫不及待地，向凱倫使了一個眼色，躍躍欲試。

「這桌就先交給你負責，我等等回來，再教你別的。」她又踮踮腳尖，對我點點頭，眼神充滿信任。

「沒有問題。」我自信地回應她，並謹慎小心地，將原本拿在手上的凹形塑膠殼盒，放置在一旁的空桌上。

我用左手呈拿著一面餐巾，右手溫柔地從塑膠殼盒裡，拿出一整把的主餐切肉刀，依序放在各餐盤的右方內側，刀口朝內。

此時身旁的弧面落地窗外，嬌嬈的伯斯夜容，恰巧正在拉開序幕，在一片長黑的夜空下，街燈盞盞的暈黃，整齊劃一地敞開，從遠方的高處朝這望來，這一間位於高空的旋轉餐廳，猶如一輪懸在夜上的金色皇冠。

我一面擺放餐具，一面回想起曾在這裡見過的溫馨，以及那些盈在人們臉上的笑容。

一對來此共譜戀曲的年輕佳偶，他們在沙發區坐下，充滿熱情地擁抱彼此，計畫著屬於他們二人的未來；一對攜著兒女，來此慶祝佳節的夫妻，他們一面恩威並濟地教導孩子，一面仍情深地望著對方；一對年過七旬的銀髮夫妻，坐在靠窗的位子，他們牽起彼此的手，再將彼此柔情的眼神，迷濛地投向玻璃窗外的夜色，回憶細數著，彼此一起走過的歲月。

我來到玻璃窗旁的最後一個位子，並將最後的一支前菜叉子，放在餐盤的左方外側，尖銳的叉口向上，金屬前柄的凹曲處，發散出微亮的光芒，在我後方的琴師，忽然奏起了一曲的曼妙，我不自覺閉上雙眼，享受著屬於這一刻裡的平靜。

數日後下了一場大雨，等雨停後，我又站在同樣的玻璃落地窗旁，經過雨水的洗淨，午後的伯斯顯得格外清透，細微的水氣懸浮在空氣裡，不願蒸散離去，於是便幻化成了一道彩虹，那一輪美麗就落在窗旁，離我相當近，宛如一伸出手，就能觸碰得到。

從來沒有這麼靠近過彩虹的我，內心實在興奮！

我將頭低了下來，彷若看到眼前的彩虹，正映射在自己的胸前那一個印有「LOCA」的名牌上面，此時一股莫名的激動打自心底湧起，快速奔竄全身。

因為那是一道，屬於我自己的彩虹。

5. 塔蒂安娜和她說的故事

二〇〇八年二月 埃及 巴哈利亞綠洲

「你不夠愛你自己！」塔蒂安娜忽然地，這樣對我說，她的眼裡溢滿溫柔。

「……」靜默不語，我一臉驚訝地看著她，淚水直在目眶裡打轉，咕嚕嚕地，幾乎就要流淌而出。

這趟旅行一直以來，我都是獨自一人的，此刻難得有人相伴，自己總會提出話題來打破沉默，於是剛才我才正興奮說完，二〇〇六年時自己在澳洲的奮鬥故事；然而，從她嘴裡說出的一句乍然之語，竟然使得自己激動不已，因為那是深藏在我心底，一句將靈魂箍禁的咒語。

在那一刻裡，我倆僅是默默地相互看著，不再多語，第一次感受到另外一個生命，如此強烈地，觸碰到自己的靈魂深處。早已習慣孤獨的靈魂，信風再次敲響心鈴，如果她再年輕十歲，或許我會愛上她吧！

又也許，一個不夠愛自己的人，也總是會找到藉口或理由，好以用來挑剔愛情。

此時窗外的沙漠，已受黑夜覆蓋，我和塔蒂安娜坐在巴士上，持續朝向巴哈利亞綠洲前進。

「你和母親的感情好嗎？」塔蒂安娜打破沉默，忽然問我。

「嗯，該怎麼說呢，」我伸出右手，搓了幾下自己的額頭，試著要將心中的矛盾說出：「應該可以說是，一種既愛又怨的情感吧！」

「其實我們母子感情，應該算是不錯的，至少在家中，我和母親算是最有話聊的。」我侃侃地，接著說了下去：「但有一件孩提往事，一直讓我印象很深。」

當時自己不過十三、四歲，還在就讀國中，某日放學後回到家中，我有些不悅地走進廚房。

「為什麼我和弟弟升上國中後，妳就不再為我們慶祝生日了？」我站在母親的後方，忿忿地對著她說，人高馬大的我，足足高了她一整顆頭。

「拜託，生你們的那天，也是我的受難日耶！」她一邊炒菜，一邊回我，「生產很痛的，應該是你們要來感謝我才對，怎麼會是反過來，要我幫你們慶祝呢？」

「喔……」聽到她的回答後，我獃立在原地，陷入超齡的思考。

在我的孩提時代，母親總是有辦法回我的話，而一向愛鬥嘴的我們，也總是要爭辯誰說的有理才行。

婦女生產的痛，身為男兒身的我，自然沒法親自體驗，但從小就天性悲憫的自己，倒也能夠嘗試著去想像，方才母親所談及的生產苦痛，畢竟人們，對於見著比自己痛苦的人，總是能夠對自己原有的苦痛，稍加釋懷一些，儘管當時年幼的自己，也不過是想要有一個受人關心的生日罷了。

於是此後，我再也不和父母提及自己要過生日的需求，因為那在我家，一直都只是一張在日曆上等待被撕去的日期，除此之外毫無其他意義，而這也養成自己沒有特別慶祝生日的習慣，而當時的那一份或是之後的缺少，以及母子二人長久以來的爭辯，或許也變成了日後我對母親，心中總是有著那麼一種既深愛，卻又反抗的情感。

「其實在自然分娩的過程中，折騰的不啻是母親。」塔蒂安娜聽我說完後，她立即答道。「孩子為了要順利從產道出來，必須承受相當大的壓力擠壓在其頭部及身軀，那是非常痛苦難熬的，並不比母親來得好受；然而，那一份痛苦感受，會深潛在人的底層記憶裡，內化為憐憫之心，往後遭遇到某些情景時，便會喚起這一份痛苦記憶，進而產生感同身受的同理情感。」

「除此之外，母親當時的感受，也會如實傳遞到孩子的潛意識裡，」塔蒂安娜，侃侃地述說：「若是母親感到生產是很痛苦的，甚至在過程中有不想繼續生產的念頭；母子相連，孩子反而會產生出，一種對其母親莫名的虧欠感。」令人訝異地，同為女性的塔蒂安娜，並無一味地替家母辯解，反倒說出了另外一番，發人省思的想法。

「這論點，你是從何得知的？」對於剛才她說的那一番話，我深感興趣地反問她。

「大概是在印度吧，我在那裡待過半年，去了幾個，佛陀曾經講道的地方。」她抖抖肩，語氣輕鬆地說。

「原來是印度啊，那確實是一個充滿奇幻深邃，同時又發人省思的國家。」我將頭探往窗外的暗黑，若有所思地回答。

經過數小時的跋涉，巴士終於抵達巴哈利亞綠洲，我倆下了車，走在昏黃的街上，腳下沒有柏油或水泥，處處都是泥土黃沙，我抬頭仰望了一下熠熠發亮的星空。

「對於因果輪迴，妳有什麼想法？」我像是從點點繁星的夜空裡，抓了一些什麼想法下來似地，轉頭詢問塔蒂安娜。

「因果輪迴與心念，其實是密不可分的，」她思索了一會後對我說：「讓我用兩個故事，來向你說明。」

「從前，有一位正在修行的學生，他總是完美地達到導師的要求，有一天導師故意刁難他，要求他殺滿一千人，那麼他便可以升天成佛。

「這位學生二話不說，立刻展開大屠殺；然而，他並不知道殺人是不對的行為，就在他只差殺最後一個人，就要湊滿一千人時，他的母親來到他的面前，早已殺昏了頭的他，眼看白亮亮的刀口，就要落在母親的脖子上了，而他也將因為觸犯佛教裡的五逆[1]，永遠無法成佛。突然，佛陀前來顯像開釋，剎那間他才領悟到，自己之前的行為是不對的，他的母親，也才因而逃過一劫。

「他開始修行，試圖洗滌從前犯下的罪行，儘管如此，他的內心還是不得安寧，因為那些受害者的哀嚎，總是不斷地在他耳邊響起，揮之不去，失去親人的民眾更是無法諒解，於是只要見著了他的身影，便紛紛拿起石頭將他砸得頭破血流。

「有一天，他經過一戶正在分娩的人家時，裡面的產婦因為生產不順，而大聲苦喊，聽聞此聲的他便生起了憐憫發願之心，並同時悟道修成阿羅漢[2]。

「這是第一個故事。」塔蒂安娜看了我一眼，緊接著，她又說了另外一個故事。

「一位做了很多好事的大善人，某天看到一位婦人毒死一棵菩提樹[3]，自從那一天起，大善人沒有一天不是在憎恨這一位婦人的，終其一生皆如此，大善人死後不但沒有成為菩薩，反倒輪迴成為一條陰險的毒蛇。」塔蒂安娜邊走邊說，雙腳踏起的黃土，在離地不遠的低空飄蕩，再漫無目的地散下。

「第二個故事我倒是能理解，但第一個故事就不大明白了。」我充滿疑惑，一臉不解地問：「為什麼在他殺這麼多人之後，最後竟然，還能悟道成為阿羅漢？」

「這麼說好了，在非感罪惡的情況下殺害某人，此因果並不會進入下一輪迴。用因果輪迴的觀點來解釋，當下會和某人有所瓜葛，那是前世或從前所種下來的因，才會有這世當下的果，若能看破此點，便能解苦超脫。」她說完後，望了我一下，她的臉上有著一抹淺笑，我們不再多語。

在這寂靜綠洲的夜裡，我們找了一間乾淨的旅館下榻，我躺在床上，反覆思索著塔蒂安娜稍早和我分享的故事，不知覺地步入夢鄉，靜靜地就像進入沙漠一般，隨著金黃色的沙一起飄蕩，一起輪迴。

或許，前世的我們也有所交集，才會在此相遇且同行吧！

「阿拉阿喀巴，阿拉阿喀巴[4]……」天未亮，在冷凜凜的空氣裡，從巷口宣禮塔[5]傳來陣陣的晨禱聲，我的眼皮，微微地開闔了一下，然後再次翻身入睡。

「窟啌～碰～」一股腦地跌下了床，這時我才睡眼惺忪地，兩腳踩在地板上，一隻手搭著床沿，使勁地將自己的身子抬起。

「這是什麼玩意兒？」拉起那一塊中間凹陷的床墊，我彎腰查看。

在那床墊底下，竟是一個鏤空的床架，僅用四塊木板充當支撐，人在床上翻動時，底下的木板也會隨之移動，其中部分床墊，更會因為失去支撐而下陷，難怪自己這幾晚都睡不好，住在一晚不過二美金的廉價青年旅館Sultan Hotel[6]，說真格的，你也不好再多挑剔些什麼。

「調整」一下木板間距，輕輕放下床墊後，我才小心地坐回床上，仔細環顧四周。這是一間有著六張單人床的房間，一束白光，從微開的窗扉透射進來，斜傾流洩至小桌旁，桌上一片雜亂，大氣乾燥，窗外早已充斥著早市攤販的叫賣聲，以及車輛行經而過的喧囂，原來埃及從那一段晨禱聲開始，就已經天亮。

我們從巴哈利亞綠洲回來後，塔蒂安娜就回俄國了，和她離別也有個把星期了，有時自己還是會想起她的眼神，以及她在沙漠裡，曾經對我說過的故事。

「下樓，找點吃的吧！」我向自己說，隨即起身梳洗一番。

每次下樓，這一棟建築的破舊都令我感到詫異，尤其是裡頭，竟能暗藏數間旅館，幾乎全開羅最低廉的住宿，都聚在這了；自從丟了背包後，我就只能凡事勤儉，更何況這裡還有著數不完的奇人妙事，想到這，我又會心笑了一下。

「喵～喵～」數隻惹人憐愛的幼貓，躲在牆角的木板下。在伊斯蘭教世界中，時常可以看到重視自身清潔的貓咪，再加上貓咪也曾受到伊斯蘭教先知聖賢們的喜愛，所以人們更會主動去餵養街上的流浪動物，但其實對我而言只要是小隻的動物都很可愛，看著飢腸轆轆的牠們，心想：「等等買些東西，來餵餵牠們吧！」

走出大樓，右邊是一間現烤現做的埃及披薩店，總是門庭若市，自己偶爾會去買幾張薄餅（Fiteer），上面撒點糖粉倒也不錯吃；前方一字排開的蔬果攤，我會和他們買些便宜的水果，或是青菜來做晚餐。

轉向左邊，一個立食攤就在轉角，很是繁忙；一個簍狀的鍋爐不斷冒出熱氣，深怕鍋底燒焦的夥計，手持長柄鍋杓，不停攪拌著。

清早，我總會來到這裡填飽肚子，不會阿拉伯語的我，一開始總得要比手畫腳，才能得到一份和旁人相同的餐點；久而久之，老闆也都明瞭，我這一位來自臺灣的小夥子要點些什麼。

忙著收錢和發號司令的老闆，一個抬頭的眼神代表：「小子，你來啦！」一個比比那裡的手勢代表：「那裡有空位。」這一來一往，如同心電感應般的默契，毋需言語，人和人之間，卻也能夠相互了解。

「Salaam[7]」，最後我總是微笑地，這麼對著他說。

隨後他向我遞來一盤蠶豆泥（Fuul），上面鋪有番茄切丁，和一顆切片的水煮蛋，以及一根青蔥、一盤醃漬醬菜，還有數塊埃及大餅（Eish），嗜愛重口味的我，和他多要了一些鹽巴和胡椒，灑在豆泥上頭，大餅撕成數塊，沾上豆泥，塞進口中。

「喀滋～」我的右手拿起一根翠綠的青蔥，大咬一口，嗆辣的辛味直衝腦門，再用指尖捏起一條醃漬的辣椒，放入嘴中，享受這一刻在感官上的衝擊刺激。

雖然在這一角落裡，沒有刀叉和所謂的文明用餐禮儀；可是，我卻活得像一位當地人，至少此刻，我是這麼認為的。

吃完早餐後，我走進一間茶館，座椅上躺臥著一個個的慵懶身軀，不約而同地，他們的手中都握著水煙管，那是一條如水蛇一般的長管；他們用嘴咬住蛇頭，前方的爐頂，冒出裊裊白煙，壺瓶裡的水，咕嚕咕嚕地響個不停，他們的臉頰，也都因為使力吸氣而凹陷，如同骷髏一般。

接續著，一團一團的白霧，被吹吐在迷濛的空中，逐漸消散……

1 五逆：在佛教裡，有五件事是所有惡業裡最重的，今世無法彌補的——殺母、殺父、殺阿羅漢、出佛身血、破和合僧。

2 阿羅漢：佛教中，修行者的最高果位，脱離輪迴，協助佛和菩薩普救世人。

3 菩提樹：佛陀，在該樹下悟道並因此成佛。

4 阿拉阿喀巴（Allah Akbar）：伊斯蘭教裡的大讚辭，意為「真主至大」。

5 宣禮塔：又稱拜樓、尖塔、光塔，係清真寺常有的建築，用以召喚信眾禮拜，早期用火把照明，後期由專人呼叫，現代採用擴音器。

6 Sultan Hotel：位於開羅的青年旅館，二〇〇八年時，一晚房價約二美金。

7 Salaam：阿拉伯語的「平安」之意，為中東地區見面問候語。

6. 粉紅城市的驚險之旅

二〇〇七年十二月　印度　齋浦爾

一座雄偉白塔，乍現霧中，就像一位蒙上面紗的女人，令人充滿遐想。

一段蒙兀兒帝國的傳奇故事，藏在大理石的堅白裡，那是國王沙・賈汗和皇后姬蔓・芭奴的情與愛。泰姬瑪哈，被世人譽為「完美建築」，動員工匠兩萬餘名，他們來自世界各地，共花費二十二年才建造完成。

「傳聞，在陵寢完成後，所有的工匠都被砍去雙手，以免工藝再現。」一名皮膚黝黑的印度導遊，他戴著名牌墨鏡正面對著一群外國遊客，講述著有關前方那一座白塔的歷史軼事。

「如果是真的，那就太可惜了！」站在他們身後，我獨自走開，並惋惜地說著。陵寢浩大，遊客川流不息；我一人，在一片純白裡恣意漫遊，最後朝向角落走去，盤腿坐在一隅安靜裡。

印度，一個融合四千五百年歷史和文化的國度，擁有世界第二多的人口總數——十二・五億，印地語（Hindi）、英語雖是官方語言，卻有多達二十二種，預定可為官方使用的語言，以及兩千種方言。

雖以印度教為主，但卻同時也是佛教、錫克教、耆那教的發源之處，更是目前世界上擁有第三多伊斯蘭教徒的國家，其宗教複雜度和多元性，均超乎常人所能理解的範圍。在律法中，種姓制度的階級概念，儘管已經明令廢除，但在尋常的社會體制裡，仍然左右著多數人的一生；因此在經濟起飛之後，這個國家的貧富差距，開始極速擴大，崩裂失衡。

我走回大門口，坐上一輛全白小車，「先生，你覺得泰姬瑪哈陵漂亮嗎？」印地一邊問我，一面將鑰匙插入孔中，啟動白色小車的引擎。

「還不錯，但聽裡面的導遊說，所有的工匠在陵寢建完之後，都被砍去雙手，這是真的嗎？」我坐在前座，不解地問。印地沒有回答，只是精明地探了一下後照鏡，踩下油門，路上持續不斷的喇叭聲，再次嘈雜地，將我們漩入淹沒在無盡的車流裡。

印地，十九歲，有著一頭鬈髮，兩道濃眉，取名和印度文（Hindi）相同拼法的名字——印地，他英文流利，雖然有些油嘴滑舌，但多數時候做人還算實在，在一陣陰錯陽差之下，成了我在印度的專屬司機。

「先生，粉紅城市[1]快到囉！」我睜開眼，不知究竟已在路上睡了多久。

車窗外面，照映在天空上的餘暉，也僅剩一抹淺紅。

「先生，這間旅館，就是我們今晚要下榻的地方。」他慢慢踩下煞車、迴轉，再將車停妥。

我爬上樓，走進一間昏暗的房間裡，讓背包從肩上卸下，以防翻覆，隨後我便令它倚著身旁的木桌，之後才緩緩坐上床去。一架電扇，搖搖欲墜地掛在上方；一扇木板門，不僅單薄，而且殘破不堪，讓人不禁懷疑，它是否真能抵抗，那些無法預知的外來蠻暴。

「你好，你從哪來的？」我下樓走進街上的網咖，「是日本，還是韓國呀？」剛坐下不久，一名印度人就過來和我搭訕，他有著一身棕黑的皮膚，身高約莫一百七，瘦瘦弱弱地。

「都不是，我從臺灣來的。」我一邊按下電腦前的開機鍵，一面轉頭不經意地回他。

「哇！」他瞪大了眼，滿臉驚訝地說：「我很少見到，從臺灣來的背包客耶！」

「好吧，至少你今天見到了一位。」我有些尷尬地回了他一句，還給他一個俏皮的微笑。

「但聽你說英文的口音，不太像是從臺灣來的，」聽我說完後，他的表情有些疑惑地說：「還是你在美國長大，或是在那裡留過學？」

「喔，我曾在澳洲工作過一年，或許和那有關吧！」我不做他想地誠實回答，殊不知這一句毫無戒心的回答，正令自己，逐漸陷入一個莫大的危險裡。

「對嘛，那可能就是了，」他的眉宇動了一下，似乎獲取到了什麼想法，「對了，我是阿度，很高興認識你。」他伸出孱弱的右手，要和我握手。

「你好，我是洛卡。」我一邊說，一邊和他握手，隨後我們又不著邊際地，瞎聊了一會兒。

「洛卡，我的朋友今晚有辦一場派對，」就在談話即將結束前，他一副赤心熱腸地向我邀請：「有位住在網咖後面的瑞士背包客麥克（Mike）也會參加，如果你有興趣的話，也歡迎一起來喔！」

人在外地，參加一個初識朋友的邀約，可以很危險，同樣地，也可能會有令人難忘的意外驚喜。

在答應完阿度的邀約後，我迅速返回旅館，對於這一次的邀約，心中其實有所警戒，卻又難以抗拒心中那一個對於未知的好奇，於是我進了房間後，趕緊將木門拉上，迅速卸下身上的值錢財物，打算將所有錢財都存放在房間裡。

就在這時，我望了一下眼前的木門。誠如我之前所說的，那是一扇殘破不堪的木板，倘若我只是將錢財放在這房裡，並不會讓人安心多少；於是我將方才所卸之物，用塑膠袋分裝，再分藏在床墊內裡、書桌後面、衣櫃上方。

「要錢沒有，賤命一條啦！」我走出門去，對於自己如此大膽的行徑，只能自我壯膽，但其實心想，如果等會沒看到阿度說的那一位瑞士背包客，我就趕緊伺機逃走。

「嗨，洛卡！」阿度站在網咖前，一手倚著他後方的半面破牆，一手和我問好。

「麥克呢？」我左顧右盼，故作鎮定地問他：「我怎沒見到，你說的那一位瑞士人？」

「來，請跟我來。」他一派輕鬆地，朝我招了一下手，便轉過身去，朝網咖裡走去，我跟在他的後方，中間還穿過一個小庭院。

「麥克，我是阿度。」他在一扇門前停下，敲了一下房門。

「咳咳～門沒鎖。」從門裡傳來了幾聲咳嗽出來，以及一個低沉的嗓音。

「麥克，這位是洛卡，他等一下也要和我們一起過去。」阿度將我介紹給麥克認識，此刻的麥克正臥躺在床邊，他嘴上叼著一根菸草，沉浸在吞雲吐霧的歡愉裡。

我見他沒有回應，便試著打破僵局，先走了向前，並伸出手去要和他問好：「你好，我是洛卡。」

「嗯，你好。」這時麥克才慵懶地弓起了身，和我搭話並握手，但態度仍然有些高傲，感覺不易親近。

「麥克、洛卡，車大概快來了，我們走吧！」阿度和我倆招了一下手，要我們準備出發。

果不其然，才剛走出網咖不久，一輛白色轎車就開了過來，那是一輛，當時在印度相當罕見的日系進口轎車，我們三人全都上了車，阿度坐進前座，我和麥克則是相繼坐到後座。

我們在巷弄間，快速穿梭，街燈也愈漸寥落，車子正在駛離市區，除了幾句漫不經心的對話，車內飽受一片靜默籠罩。麥克挨著窗，抽了一口菸，他向窗外的黑夜吐出一圈白霧，再任其恣意飄離，沒有禁錮。

「我們現在要去哪？」隱著心中的不安，我維持尋常口氣，探問坐在前座的阿度。

「去XX，就快到了。」他指向前方的黑暗，並回了一個未知的地名。

車子突然右轉駛入荒地，行駛在崎嶇顛簸的田埂上，我們正受車外的一團漆黑圍剿，只能依靠單薄月光，以及聚在前方的兩束車燈前行，那是一條，看似沒有盡頭的夜路。

隨後穿過田野，開進一個小區，這裡就像一座廢墟，此時車子停下，停在一個工地門口。

「下車吧！我們到了。」阿度回頭向我們說，他手指向對街，「就在那一棟公寓裡。」那是一棟尚未建完的五層樓房，鋼筋外露，毫無生氣。

麥克打開後座車門，他走下了車，在抽完另一口菸後，便毫不猶豫地朝向那一片死寂走去，雖然我的內心有些猶豫慌張，但眼看此時已是騎虎難下，我竟也就這麼地跟了上去。

「就在頂樓。」阿度似乎看出我的不安，他領在前頭，一面回頭對我說，可是麥克卻異常鎮定，盡顧著抽菸。

「或許，他曾來過吧！」我在心中獨自忖度著。

樓梯沒有扶手，我們一行人循著月光貼著牆壁，一步一步向上走，我的心依舊忐忑，仍是不安，但最終還是抵達樓梯的盡頭，這一棟建築的頂層。

阿度將門推開，一片銀白色的月光灑在眼前，地上鋪著一席上等喀什米爾羊毛地毯，在那一幅絢麗斑爛上坐著四、五個人，他們一片歡笑，其中有幾位是來自歐洲的背包客，在看到他們的西方面孔後，我這才稍微鬆下警戒。

幾杯蘭姆酒醇厚下肚後，一轉眼，時間已過午夜，大夥正準備起身離去。

「洛卡，」散會前，其中一位看似地位最高的阿里（Ali），把拉我至一旁，悄悄地說：「你有沒有興趣，來我的寶石加工廠看看？」

●

「咯～咯咯咯～～」頭頂上的老舊電扇，似乎已吵了一整夜。我揉一揉惺忪的睡眼，緩緩起身坐在床沿，回想起了昨晚的奇妙經驗。

瞥了一下手錶，已近正午，這才想起，自己昨晚最後答應阿里的邀約，在經過簡單梳洗後，我緩緩走下了樓，那一輛相同的白色轎車，已經停在門口，坐在車內的阿度熱烈地朝我招手。

車子，又在巷弄鑽來鑽去，最後是在一家珠寶店前熄了引擎。走入店裡，接待人員迅速邀請我到阿里的辦公室。

「其實洛卡，我是想跟你合作一筆生意。」我和阿里握手問好後，他一派輕鬆地說。

「合作生意？」我滿臉不解地問，心裡有些警戒。

「非常容易的，而且很多人都已跟我們合作過了。」他從旁邊的櫃子裡，拿出一本資料夾，裡面都是外國背包客的護照影本和資料，少說也有四、五十位。

「想必你也知道，齋普爾是一個珠寶中心，無數的珠寶都從這裡加工，之後再出口到世界各地，」他一臉正經地說：「而我在歐美各國都有分店，如果你可以利用觀光客的免稅額度，幫我們運送這些珠寶到英國倫敦，這中間的利潤我們對拆。」他一邊說，一邊翻動手上的那一本資料夾。

「運送？」聽他說完後，我仍滿臉疑惑地問：「你的意思是，我得帶著這批珠寶上飛機？」

「不是啦，我們不會要你挾帶這些昂貴的珠寶去過海關，全部都經由國際快遞寄送到倫敦郵局，你只需在抵達後，將貨品提領出來再轉交至店面即可，來回的機票和食宿我們會出，這你也不用擔心。」他將資料夾輕輕闔起，放在桌上。

「那在這之中，我需要支付任何費用嗎？」我一面試探，並思索可能引發的問題。

「不用。」就在阿里語氣肯定地回答完後，他似乎也猜到了我的最後一絲顧慮，例如挾帶槍枝或毒品等違禁物，於是他便開始在我面前，主動打包起那些昂貴的珠寶，並由我全程監看。

打包完後，他還要我在封口處簽上自己的中文姓名，以防他人打包偷換，並交付在我手上，一起到快遞公司完成寄送手續。

很多時候「不拒絕」，別人就會當成，已經得到你的默許。

「來，我敬你！」寄送完包裹後，我們來到一間酒吧用餐，阿里不停向我敬酒，預祝彼此的合作順利。

舞池裡，流竄著寶萊塢式的電音，幾杯黃湯下肚後，再嚴肅的面孔，也有一絲怪異的微笑掛在臉上；再僵硬的身軀，也都會在眾人面前，產生那麼一丁點不協調的擺動。

我的手裡拿著一瓶印度的Kingfisher啤酒，獨自浸溺在這一幅的詭譎裡，宛如正在看一齣寶萊塢式的B級片一樣。

望著滿桌斜倒的酒瓶，以及凌亂倒在四周的空杯，空虛的人們，各自躺臥在沙發或座位上，奮力噓唏著，一個轉眼，黑夜將盡，溫煦的太陽緩緩升起，現在已是清晨。

「馬汀（Martin）會帶你去飯店休息，你有什麼需要都可以告訴他。中午，他會帶你去機場，出發前往倫敦。」阿里吩咐完後，一名身高一米八，體重近一百公斤的彪形大漢和我一同坐上車。

離開酒吧時，天空甫亮，初升的旭日沾染著一絲微醺的色澤。

不久後，車子停在一間民宿旅館前，馬汀領我走上三樓，一打開門，房裡擺著一張雙人大床。

「洛卡，快來睡吧！」馬汀迅速鎖上門，脫下牛仔褲，跳上床去。

這時，我突然想起阿里，剛才和我說過的話：「如果你有什麼需要，都可以告訴他。」他這一下，可真讓我站在一旁，不知該如何是好。

●

「叮鈴叮鈴～叮叮叮～叮鈴叮鈴～」一陣寶萊塢式的音樂鈴聲響起，我從棉被裡伸出左手，拿起床邊正在震動的手機，遞給馬汀。

「&%$%&#，@#$！」馬汀氣急地，對著手機說了一大串的印地語。

我趕緊將頭轉了過去，朝床櫃上的鬧鐘一瞧，才知此時已過正午，接著又迅速憶起昨夜的窘境，這才趕緊拉開蓋在身上的被子，那一條我倆共寢一宿的薄被。

「好險，沒事！」我摸一摸自己身上的衣褲，嚥了一下口水。

「洛卡，出事了！」正當我欲開口詢問時，馬汀轉頭對我說：「包裹被困在海關。」他面有難色地看著我。

「所以，今天不去倫敦了？」我不解地問。

「阿里正在想辦法解決，今天我就先帶你四處逛逛。」他跳下床，迅速套上他那一條特大號的牛仔褲。

簡單梳洗後，我們下樓，一輛車子和司機早已在那候著。

一八七六年，為了迎接英國威爾斯王子的造訪，齋浦爾王公特地下令，將整座城市的建築漆上粉紅色，此後的齋浦爾，也有了今日「粉紅城市」的別稱。

站在市郊的一處高地上，我們鳥瞰這一座城，凝望天上的一圈餘暉，慢慢沒入一襲稠密的粉紅裡。

「我等等，得去拜訪一位朋友，」馬汀就像憶起某件重要事情，轉過頭來向我說：「你要不要一起去？」

車子駛離山頭，回到市區，來到一個嘈雜的巷弄裡。我跟在馬汀後頭，走上樓去。馬汀敲了一下鐵門，一雙詭譎多疑的眼神自裡頭探出，沒有聲音，就像在等待暗號一般，直到馬汀說完話後，他才拉開鐵門，讓我們進入。

「你坐這，」馬汀指了一下客廳的長椅，「我去裡面辦點事。」接著他便走進房間。

這是一間再尋常不過的公寓，裡頭約莫四、五間房。房門一開一闔，不時有人穿梭其中，房內的人都圍坐成一小圈，其中不乏西方臉孔，而且皆為男性。

在等待的期間，陸續有人來我身旁坐下，他們大多微笑不語。

「走吧！」馬汀從角落的一個小房間走了出來，向我微笑地說：「我們去找阿里。」

司機一直等在樓下，一見我們下來，迅速跳進車內並發動引擎，待我坐妥，馬汀又和司機交談了一會兒，他才踩下油門，載我們離開。

雖然，天色早已暗下，但巷弄卻依舊嘈雜，不時有牛隻擋在路前，他們總是走在路邊翻咬地上的垃圾。當地人說，黃牛是印度教裡濕婆神的座騎，具有神聖的地位，印度人絕大多數都不吃黃牛肉。

離開小巷後，我們開進大道，雖然說是大道，但也只是一條雙向四線寬的馬路。穿過市區後，車速才逐漸加快，周遭景物又逐漸荒涼起來；忽然，車子停在一座大型工地前，身旁的鐵皮圍籬，足足有一層樓高。

「我得到工地視察進度，你在車裡等會，很快就好。」馬汀拉開門，回頭說。

「等等！」或許是方才他帶我去的地方過於詭異，這下可又燃起了我的好奇，「我可以一起下去看看嗎？不然待在車裡也沒事做。」這一次他雖未邀請，可我卻故意問他。

「沒問題，你想跟來也行。」他泰然自若地答道，於是我倆都下了車，司機繼續在車上候著。

辦公室前站著兩位侍者，他們卑微地，將一整片的玻璃門拉開；至於，另一位迎面而來的人，則是向我們奉承地獻上茶水，並用極其恭敬的態度來問候馬汀。

「你現在眼前看到的這一大片，都是我們公司集團的。」馬汀手指前方，我們正站在工地裡的瞭望臺上。

「公司？你是說阿里的公司嗎？」

「不是，阿里只有負責其中幾項業務而已。」

「還記得今天下午我帶你去的地方嗎？那裡面也都是集團裡的人。」

「你看！那一棟已經建好的大樓，就是未來齋浦爾最新的寶石貿易商場。」

「還有那裡，那裡是不久之前，才剛建好的國際五星飯店。」

「至於，我們現在正下方的這一大片，是未來的寶石會展中心。」

「這一切，集團努力了好久，眼看終於就要完成了。」馬汀的手不停揮舞著，眼裡充滿著他所描述的那些美好未來。至於，他一直談到的「集團」，似乎是一個相當龐大的組織。

現在已是晚上八點，我們腳下仍有數不盡的工人，他們在刺眼的照明探燈下，攀上那些令人頭皮發麻，搖搖欲墜的鷹架，或是在地面上，汗流浹背地拚命趕工。

凝視眼前，我若有所思，其實打從中午的那一通電話開始，種種的突發事件已讓自己開始起疑；況且再加上，下午去拜訪的謎樣公寓，以及眼前的一切如果都是設計好的，那麼這一個騙局，或是暗藏在背後的組織，肯定勢力龐大且絕不單純。

離開工地後，車子又繼續開回那一片死寂，彷彿危險就匿藏在暗處，正準備伺機而動……

●

車子轉入巷弄，停在昨晚的酒吧前。

站在門口的兩位牛鬼蛇神，他們仍記得我，當然我也還認得他們。

「嗨！洛卡。」阿里張開雙手，熱情走向我。

「來，我跟你介紹一下，」他退了一步，向我介紹站在他身後的兩人，「他們是來自法國的背包客，他是馬修，他是法蘭西斯。」他們二位都有著一頭金髮，和一對藍眼珠。

隨後，一群黑衣人從另一輛車出來，他們也都各自前來和阿里問好。

「好了，我們先進去再說吧！」阿里和大夥招了一下手，示意要我們進去，門口的警衛見狀，趕緊拉開酒吧的厚重大門，強力音浪旋即襲來，我們一群人乘著音浪，浩浩蕩蕩地走了進去。

「你打撞球嗎？」酒足飯飽後，法蘭西斯問我。

「會一些。」我帶著一絲醉意，微笑回答。

雖然酒吧裡的音樂嘈雜，我們沒有太多交談，但是在瞎逛了一整天後，難得能遇到同為旅行者的他們，於是我便一派輕鬆地，和他們二人一來一往地打起撞球來。

打了幾輪後，就當我在瞄準檯上的一顆球，正準備擊出時，一句再清晰不過的英文，倏地傳進右耳，距離不過一、二公分：「無論他們跟你說了什麼，你都別信。」

倏忽，我猷了半晌，以為是自己的幻覺，趕緊將頭轉過去查看，法蘭西斯正從我的右側泰然走過，他頭也不回地。

頓了一會兒，我這才順勢將球擊出，同時也了解到剛才的那一句話，其實是一句善意的告誡，因為那聲音的清晰，好似一定要讓我知道一般，若是拿來和此時周遭的嘈雜相比，更再一次地顯示出，那一句忠告裡的堅定良善。

隨後的賽局，我也早已無心，總是隨意擊出，讓球在檯上亂竄，就像心中的思緒，同時也在紊亂。

「剛才那幾局，打得真棒！」回到酒桌前，法蘭西斯洋洋自若地說。

「是啊，洛卡，你以前常打吧？」他們若無其事地向我搭話。

「……」我空了半晌，才回過神來應答：「以前高中時，會和同學一起玩。」

「洛卡，我今天處理了一整天，」一個空檔，阿里坐到我身邊，小聲地和我說：「現在包裹還是被困在海關，他們說想要看你的財力證明。」

「財力證明！怎麼看，你們不是能搞定嗎？」

「有關這一方面，我們也正在想辦法解決，不過最快的方式就是，如果你有信用卡，我們可以做出一筆交易紀錄，這樣大家都節省時間。」

「怎麼可能，我的信用卡額度，都還不夠買你的包裝盒吧，老兄您就別鬧了！」

「這樣呀，那就棘手了，不然你打給銀行，問問是否可以暫時提高信用額度。」

「……嗯。」我點了一下頭，陷入沉思，忽然想起法蘭西斯不久前的告誡，以及今日所見的一切人事物。

似乎，一切都清晰明瞭了——「逃跑」，我一定要逃跑。

「啊，我剛想到，我在臺灣有一位親戚，剛賣了塊地，可能有些閒錢。」

「這樣好了，明早我來給他撥個電話，應該沒問題的。」為防起疑，我一派輕鬆，還編了一套說辭，笑逐顏開地回答。

雖然，我佯裝配合，可內心想的盡是如何脫逃，無論怎樣也得先回旅館，取回行囊才行。隨後，我更是主動加入談話，試圖降低阿里的戒心。

「好了，大夥也差不多都累了，」阿里伸了一個懶腰，打了一個哈欠，「我看咱們，就明日再聚吧！」隨後他便站起，朝著眾人說。

早已見底的酒瓶，滿桌斜倒，我瞧了一下手上的錶，深夜一點整。忽然想起一句廣告辭，「孩子，夜深了，趕快回家吧！」因為這一句話，我可是等了一整晚。

返回旅館後，馬汀又是外褲一脫，朝桌椅方向一甩，他便跳上床去。

「快睡吧！明天還有好多事情要辦。」他拉了一下被子，蓋住他那壯碩的身軀，我順勢切掉電燈，蹲在床邊，輕聲地打包行囊。

「你怎麼還不睡？」他翻了一下身，面朝我問。

「你先睡吧，我還想洗個澡，」為防起疑，我趕緊停下手邊動作，並在黑暗中抬起頭來說：「今天走了一整天，不洗澡我睡不著。」我鎮靜回答，語氣自然毫無破綻。

待一切打包妥當後，我這才輕聲站起，走進浴室，並闔起那一扇薄弱的木門，小心翼翼地。

轉開生鏽的水龍頭，流洩而出的水有些混濁；我將馬桶蓋徐徐闔上，謹慎地坐了上去。浴室裡，除了盈滿耳際的水聲，可能就只剩下，自己每分鐘破百的心跳。

「接下來該怎麼辦？」我將右耳，緊貼著破舊的隔門，仔細聆聽門外動靜，深怕錯失任何一個可能脫逃的機會；然而，唏里嘩啦的水聲和狂暴的心跳，早已將門外的一片寂靜吞噬。

「齁～齁～齁～」約莫十分鐘，門外鼾聲大作，那是兩短一長的完美旋律。

旋起水龍頭，我緩緩拉開隔門，輕聲切掉浴室裡的燈，躡手躡腳地走出浴室。

黑魆魆的，起初房內奇暗無比，過了一會兒，眼睛才開始逐漸適應，循著窗簾邊上微渺的月光，我慢慢走向，那一個靠倚在床邊的登山背包。

「不對不對，」宛如正在演一齣默劇般地，我竟對著自己搖頭輕說：「應該先把門打開，再來拿背包。」

搭配著兩短一長的旋律，彷彿正在跳探戈一樣地，我轉身小滑步來到門前，無聲息地拉開兩道門鞘。

就在這時，那旋律突然停頓……

我大吃一驚，趕緊再滑溜回浴室，就像一條鰻魚；咧著嘴，我全身緊繃，小心翼翼地闔上隔門，沒有發出任何聲響。

「他應該，沒有發現吧？」我自言自語，「他應該沒有發現吧？」我趴坐在浴室裡，不停地自言自語，強逼自己鎮靜。

時間，在腦中敲打著——滴答、滴答。

我將右耳貼著門，外頭仍無動靜，無聲無響，只有自己不停加速的心跳聲。

「齁～齁～齁～」直到鼾聲再次響起時，我才又鼓起好不容易的勇氣，打開隔門，朝床邊慢慢走去，謹慎地揹起三十公斤重的行囊，使出昔日流行天王麥可的月球漫步，再次前去挑戰那一扇，通往自由的禁錮之門。

我將右手輕輕握住門把，手汗不停冒出，好似就要滴到地上。

但就在，轉開門把的那一剎那，原先令人心安的旋律，二短一長的打鼾聲，忽然被一陣短促的節奏取代。

「叮鈴叮鈴～」現在是什麼情況，「叮叮叮～叮鈴叮鈴～」我猛一回頭，下巴差點沒整個掉下來。

「媽～媽～咪呀～」他擺在床櫃上的手機，竟然響了，而且還不停震動閃著綠光。此時，箭在弦上不得不發，腎上腺素也早已噴發，門把一拉，我便頭也不回地向外衝。

「嘿，你要去哪！」房內迅速傳來嘶吼，緊接著是一連串的碰撞聲。

雙腿發軟，我右手抓著樓梯扶手，三步併一步，一次下三個階梯，像發了瘋似的沒命地衝。

過沒幾秒已衝到一樓，向前一望，我整個人差點沒癱軟掉。

樓下的門是關的，而且那是一道鐵柵門，如同監獄裡的柵門，「軟禁」二字，迅速閃過眼前。

一個閃眼，大聲嚷嚷的馬汀已追了下來，他哮吼如虎，暴跳如雷，顧門小弟也迅速出現。

一切，都太遲了。

「神啊，救救我吧！」我在內心不停祈禱，不知所措地自我臆測：「這如同電影般的情節，怎會發生在我身上，所以那些報導中失蹤的背包客，都是這樣人間蒸發的嗎？」

「我不做了，我還要繼續旅行，放我走！放我走！」深更半夜，巷弄裡一片死寂，我被困在鐵柵門內，著急地胡言亂語。

過沒多久，阿里也開車趕到。

他坐在車內，將車窗降下，和我比了一個手勢，示意要我坐進車內，顧門小弟見狀，立刻將鐵柵門拉開。

早已騎虎難下的我，這時似乎除了上車，也別無他法。

「鏗～」我順從地坐進車內，將車門關上。

踩下油門，阿里載我離開，他一語未發。

車子離開巷弄後，不知開了多久，最後他在路邊將車停下，熄了引擎。

「哎～」他望著我，嘆了一口氣，「為什麼要逃？到目前為止，我們不是都合作得很愉快嗎？」

「一開始，是你們說很容易的，」逐漸冷靜下來的自己，豁出去地答道：「結果，現在出了事，卻要我來想辦法。」

「你不是有一位親戚可以幫忙嗎？」

「沒有，那是我編造出來的。」

「這樣不行喔，你也知道包裹被困在海關，你可不能說走就走，這樣以你名義寄送的珠寶我們也拿不回來。」

「無論如何，我都不想再繼續了，現在的我只想趕回德里，繼續自己的旅行。」

金黃色的初陽，從街道的遠方逐漸升起，整個地平線都閃耀著光芒，幾位衣衫襤褸的人遊遊蕩蕩在街上，一向悲天憫人的我直盯著他們看，突然有感而發地說：「其實自己原本就打算，如果真如你們所說的，可以快速賺到一大筆錢，那麼我最想做的事，就是回到印度來幫忙這些無家可歸、飽受飢寒的人們。」說到這時，我的眼角竟不知覺地，流下一滴明澈的淚珠，從玻璃窗外射入的晨曦，將淚珠照得一閃一閃。

若有似無地，阿里似乎注意感覺到了我的良善，才又軟下心來地說：「若你真要走，必須留下要給海關的罰金，大約美金六百元左右，還得簽署一份委任授權書。」

「所以，後來你給錢後，他們就放你走？」法蘭西斯問我。

「是的，我提了六百美金給阿里，還簽寫那一份委任同意書。」

「之後，他就送我到客運總站。真沒想到，竟會在車上碰見你們。」我鎮靜回答，雖然昨晚的一切，宛如一場幻夢。

車體不停晃動，放在我右手上的車票，標寫著「齋浦爾——德里」。

「你知道嗎？我們一直到剛才你上車前，都還在擔心你。」

「因為你遇到的這一群人，他們非常危險，背後其實是一個相當龐大的黑幫。」

「而且，這一個圈套在旅遊書上有寫，甚至會有生命危險的，我們在酒吧看到你，就想你可能不知道，所以那時才特地向你告誡。」

天色早已泛白。一頭牛，從巷裡徐步而出，牠走至路旁，坐了下來。印度的空氣裡，總是不時瀰漫著一股人或畜的穢味；路邊，其實一直都躺著人，他們是種姓制度下的「賤民」，在街上出生、長大、病老，最終也在街上死去。

不由得又想起前幾天向我乞討的孩子，甚至，最小的才剛學步而已，而我也都必須冷血拒絕；或許，他們背後真有一個不法集團在操弄著，但是看著他們轉頭跑掉的身影，那時我的眼眶還是紅了、濕了，不爭氣地流下淚來。

金磚堆疊下的印度，貪婪醜陋與善良美麗的人性並存，孩子們天真無邪的笑靨，和大人奸巧上揚的嘴角，我的內心開始質疑，究竟是人們改變世界，還是世界改變了人們，但我寧願選擇相信前者，只要始終保有如同孩子般的真誠，哪怕受到世人的背棄，但仍能不屈不撓，那麼世界終有一天，一定會被再次改變的。

整晚雙眼未闔的我，頭倚著窗；倏然，眼裡的豔陽開始迷亂，人也迷忽忽地昏睡過去，只依稀記得最後的一句自言自語：「我還真是幸運……」

1 粉紅城市：齋浦爾（Jaipur），是印度拉賈斯坦邦的首府，印度的旅遊金三角之一，始建於一七二七年，市街按棋盤方格式設計，高大、古老粉紅色的建築表現出印度建築藝術的優美，也是世界五大珠寶加工中心之一。

7. 回到開羅

二〇〇八年二月　埃及　開羅

一團白霧飄在空中，沒有凝集地朝四處散去，最後只在空氣中留下一抹淡雅。

坐在椅子上，我的右手勾著像蛇一樣的煙管，「咳咳～咳咳～」嗆咳了兩聲，雖然自己平時並不抽菸，卻也在吐納數口之後，逐漸習慣了。

水煙瓶，高傲地站在每一個座位前，耀眼捍衛著自己所屬的文化，我靜靜地環顧茶館，見著了人們在煙霧裡的沉醉，似乎這時的自己，才開始學會在旅行的當下享受閒暇。

喝完小桌上的沙赫拉巴[1]後，我起身離去，帶著一絲絲的甜與恬，自在悠然地，走在街上探索新奇，看著車水馬龍的開羅，平靜無波的尼羅河。

尼羅河是世界上唯一自南向北流的大河，倘若沒有從衣索比亞高原攜來的肥沃，以及數千年來河水的定期氾濫，就沒有燦爛不朽的埃及古文明。那麼如今，自己也就無法佇足在這一座橋上，遙想數千年前的盛世光景。

「咕嚕咕嚕～」肚子餓壞的我，走回街上覓食，埃及通心麵飯[2]和夾有熟內臟以及醃漬菜的長條麵包，都是埃及常見的庶民食物。

我最愛走在巷弄裡，站在立食攤旁和當地人一起嘻笑、用餐，至於食物的衛生問題，只要是受過印度洗禮過後的旅人們都知道，其實埃及已好上許多。

「叭叭～」我向右跨跳一步，讓後方的車先行通過，兩旁盡是擁擠的攤販，賣著蔬菜水果、五金用品，或是孩童們的玩具。穿過一條窄巷，我站在肩摩轂擊的路旁，正候著前去機場的公車。

「今天可真幸運！」跳上車後，我嫻熟地探了一下車內，發現後面仍有空位，立刻走了過去，一股腦地坐下。

坐下後，才發現這是車裡僅存的最後空位，隨後人群陸續擁上，車裡塞滿了人，我在密閉的空間裡，感到一陣昏沉……

1 沙赫拉巴（Sahlab）：一種加上蘭莖粉的奶類熱飲，乳白濃稠口味偏甜，通常會有椰粉、碎花生、肉桂粉灑在上面。

2 埃及通心麵飯（Kushari）：一種埃及庶民料理，混雜有米飯、通心麵、扁豆、鷹嘴豆，佐以油蔥酥，上面淋有帶著蒜味的番茄醬汁。

8. 我的行李呢？

二〇〇七年十二月　肯亞　奈洛比

「感謝各位搭乘阿聯酋航空，現在我們已經抵達，肯亞奈洛比國際機場，希望未來還有機會再為您服務，祝您旅程愉快。」

飛機上一連串的制式臺詞，陸續將人喚醒，我坐在從印度飛往肯亞的航班上，也早已脫離印度黑幫的監控，因為那天趕回德里後，誤了班機，只能更改航班，後來便待在杜拜機場轉機十七小時，一登機就累得昏睡過去。

從舒敞的座位上站起，伸直了背和腰，長途飛行和疲憊的轉機，令人神勞形瘁，但只要一想起，那一段歷劫歸來的印度驚奇之旅，自己都驚呼不可思議，我伸出右手取下放在上方的隨身行李，再將它帥氣地甩上肩膀，朝向艙口走去。

「先生，請你填一下單子，行李一找到，就會馬上送去你的旅館。」站在一團紊亂裡，她的臉上毫無表情，如同一具機器人，隨手就給我遞上一張行李遺失申報單。

取了單子，我深深吸了一口氣，才安安靜靜地將單子上的每一個空格填滿，最後再斯文地交回櫃檯，不停叫囂的旅客仍舊圍剿著櫃檯，曾經做過服務業工作的自己，總是不忍為難他人。

預計兩年的旅行，甫才進行兩週，我可不敢去想像行李遺失後的旅程，該如何繼續進行下去，手中握著阿聯酋航空補償的緊急救濟金——五十美元，走出機場大門。

「事情，不會那麼糟的。」這時我也只能這樣安慰自己。

肯亞，位於非洲東部，人口四千五百萬，曾為英國殖民地，英文是主要的官方語言，國內約有四十八個部族，其中最大部族為基庫尤族（Kikuyu），占總人口四分之一，奈洛比（Nairobi）為其首都，人口近四百萬，同時也是東非的主要城市。

二〇〇一年聯合國報告中指出，至少有三分之一以上的奈洛比市民，曾經歷過不同形式的搶劫，一直受苦於高犯罪率的奈洛比，也因此得到Nai-robbery[1]的暱稱，旅遊書更說奈洛比為世界上第二危險的城市，僅次於南非的約翰尼斯堡。

「先生，你的行李已經找到了。因為不能由他人代收，所以目前暫放在機場。」

經過三天兩夜的遊獵之旅（Safari），我剛從馬賽馬拉國家公園[2]回來，就聽到這一訊息，心中大喜，或許是昨晚許下的生日願望實現了吧！

隔日，帶著重新啟程的心情來到機場，打算在提領失散數日的行李後，直接搭機前往埃及，再接續旅程。

「為什麼？」我搜遍機場，「為什麼沒看到我的背包？」仔細查看待領的行李，就是找不到著我那熟悉的藍色登山背包，牆上的航班時刻表，顯示飛往埃及的航班現在得前往櫃檯報到。

「我的背包，到底在哪裡！」我終於捺不住性子，對著身旁的地勤人員大吼。

「先生，請跟我來。」有著一身黝黑膚色的他，身材瘦高，腿又長又直，完全一副適合跑步的體格，他身著一件阿聯酋航空的紅色背心，獃站在我面前，他摸一摸頭好似沒有頭緒一般，於是便領我回到辦公室裡，頭上的門口還掛著鮮紅的「Emirates」字樣。

「怪了，你的行李確實已經到了，在記錄表上有登記呀！」

「你的背包，是一個二十八公斤的灰色大背包對吧？」他瞪大了眼，狐疑地看著我。

「二十八公斤沒錯，但背包不是灰色，是藍色的。」

●

「先生您好，您的行李已經找到，您要親自來拿，還是我們幫你快遞過去？」我拿著話筒，站在公共電話旁，撥了阿聯酋航空給我的電話號碼。

「你確定嗎？因為昨天我才去過機場，結果都沒找到行李，」難以置信地，我仔細聽著話筒，「你確定我的行李真的在那裡？」話筒裡的聲音，顯然和昨日不同。

「是的，先生，您的行李已經到了。」或許他們在我昨天離開之後，又仔細找了一遍也說不定，於是我又回到了機場，但內心卻是參雜著期待與懷疑。

「先生不好意思，讓你白跑一趟。」我們回到昨日現場尋找，仍一無所獲。

「這是我們的疏失，我的同事並沒有和我交代這件事，」他摸摸頭，一臉愧歉，「往後若有任何消息，我們會再通知你的。」

一間享譽盛名的國際航空公司——阿聯酋航空，竟會產生這一連串的疏失，更何況在來機場前，我都已經先行告知前日的問題狀況，由此也可見得其員工訓練的強烈不足。

一連數日我皆夜不成眠，每早醒來，總會習慣性地將頭轉向床櫃，那個位置除了地板上的一只拖鞋，和一只破掉的白色塑膠袋，四周空無一物，再朝著隔壁床的白色蚊帳，我又獃了半晌，數日下來，也早已撥了無數通的電話，或是前去阿聯酋航空的機場辦公室，可卻都是千篇一律的回答——「目前仍無回音」。

手足無措的我，飽受希望和幻滅的輪番摧殘，無論再沮喪、無奈，我仍選擇相信失去的，終會回來；或者應該說，我寧願選擇相信如此，也沒有「勇氣」去面對，已經失去的事實。

走至客廳，拿起桌上的水壺，我給自己倒了一杯熱茶，再找一隅坐下，心不在焉地看著電視。

「這一次，我們一定要團結！」一位黑人在電視裡，西裝筆挺，胸前還繫著一條深紅色的領帶，他雙手握拳站在臺上，對著麥克風大喊。

「肯亞，就要發生大事了。」一名站在旁邊的旅館員工，他停下掃地動作，向著坐在客廳裡的我說。

「發生什麼大事？」

「過幾天，我們就要總統大選了。」

「所以？」

「可能會有暴動發生，這你不會懂的，反正最近出門要小心，多留意就是了。」

看他滿臉正經，似乎不像在開玩笑。我拿著茶杯，獨自走上樓頂。

「行李，後來有著落了嗎？」蘇（Sue）見我走了上來，便和我搭話。

蘇身著長裙，挨著頂樓的牆邊，那是一條泛有些微土色的白裙，一根剛捲完的菸草，叼在淡紅色的唇上，她輕輕吸了一口，再用纖細的手指將菸拿離紅唇後，便吐出一圈煙白，任其飄散四方。

蘇來自韓國，她和我同齡，離家已經一年多，單獨一個女生，一路從亞洲大陸行經中國、印度、西亞、中東、北非來到東非，她幾乎不搭飛機，只有乘船或搭車，記得她說，從衣索比亞到肯亞的這一段路，是搭上一輛大卡車，坐在卡車後面，一連顛了好幾日才到這裡。

「行李，不就老樣子囉。」

「那天白跑一趟後，我隔天又去一趟，他們給了我一百美金，還要我詳列一份行李內容物的清單。」我照實回答，有些無奈。

打從第一次從機場撲空回來後，我便住進這一間青年旅館——新肯亞客棧（New Kenya Lodge），因為位置在奈洛比的舊區後街，所以房價便宜，也因為房價便宜，所以這裡總是住著各式各樣的人，每一個人都像一本活生生的故事書，無論白天或黑夜，大夥總會聚在樓頂閒聊，分享各自的故事。

「你那包行李值多少啊？」

「少說也有三、四千美金。」

「三、四千美金！這麼多呀？」

「是啊，登山背包和鵝絨睡袋都是新買的，以及上萬臺幣的潮牌衣褲，而且那裡面，還有一整套的極地防寒裝備，因為接下來我要去北極。」

「所以他們現在過了一個多星期，只給你一百五十美金？」

「是啊，他們說接著要等杜拜總公司的指示。」我靠著牆，身上穿著輕薄的白色棉褲，和寬鬆的紫色上衣，白色棉褲是昨天路邊剛買的，紫色上衣是日本背包客送的，他們剛從泰國過來，聽到我掉行李，都熱心想辦法幫我。

「嘿，臺灣小子！」科提斯（Curtis）來自加拿大，他是和我睡同寢室的背包客，他戴著墨鏡走上樓來，一邊走，一邊從紅色Dunhill菸盒裡抽出一根菸來，再隨便找了一個角落坐下，打火點菸，立刻抽上一口，留下一臉享受的表情。

「科提斯，你昨晚應該睡得不錯吧？」我一臉俏皮模樣，「至少這裡沒有鯊魚，哈哈！」

「就算有鯊魚，我也可以睡得很好，你可別忘了，我可是有經驗的人。」

昨晚科提斯才和大夥分享，他在泰國南邊海上，和鯊魚肉搏的生死經驗。大我一歲的他，曾在臺灣教過兩年英文，存了不少錢。科提斯從二十歲的時候，就離家旅行至今，這一旅行就是連續六年。

一行人閒聊完後，相約結伴出去採買，畢竟當地人的告誡真的得聽。

長久以來，肯亞一直存在部族鬥爭的問題，而這一次五年一度的總統改選，兩大陣營勢均力敵，不僅全國上下高度警戒，聯合國和世界媒體也都在關注，深怕發生暴動。

超市門口的警衛均手持黑色長槍；而馬路上，家家戶戶也都裝有鐵柵門，多數上面還繫有鐵鍊大鎖，這又讓我憶起，自己那一晚在印度的故事，當然那也是我們昨晚的話題之一。

「來，過來一點。」一位體型壯碩的黑人婦女，對著最後才踏進電梯的小男孩說。

電梯裡的燈號不斷攀升更換，那位小男孩，手上拿著一根糖，白色T恤前面，有一個超人符號的紅色S字樣，他穿著一雙拖鞋，腳趾上沾有灰色的土塵。

「噹！」

電梯門一開，小男孩立即衝了出去，跑進一間位於七樓的網咖，迅速覓得一臺閒置的電腦，拉開一張椅子，跳了上去。

我也走至櫃檯，要了一臺可以上網的電腦。

「登！」

「在哪？」我一登入通訊軟體，馬上就有訊息傳來。

「還在肯亞喔！」

「肯亞也有網路，這麼進步？」電腦螢幕中的朋友打趣地說。

一下午和遠方親友在網路上的閒聊，總是讓時間過得飛快，「砰！」忽然傳來一聲槍響，幾個人向窗戶奔去，他們將頭探出窗外查看，我這時才想起旅館員工告誡的話，還有一句電影臺詞「T.I.A. ——This is Africa」，在這非常時期還是小心為妙，子彈可是不長眼睛的。

「慘了……」我抬頭張望才發現，所有的同行友人皆已離去，自己竟然毫無察覺。

窗外天色早已暗下，我趕緊匆忙地結完帳，慌張離去。

一出大樓，皎白月亮早已高掛天上，市區內的人還真不少，但走回旅館的路，多少也得經過一些黑暗死角，想起早先聽到的槍聲，看來這一公里多的路，恐怕沒那麼好走。

一路上我左顧右盼地，眼神不停閃爍飄移，突然一位年輕人，從我後方快速擦肩而過，恰巧撞見他手上拿著一包東西，那是一個紅、白條紋相間的塑膠袋，裡頭包裹的形狀，好似一把手槍！

你可千萬別和我說，那是他要買回去，孝敬他老母的大雞腿啊！

「這一切都是幻覺，嚇不倒我的。」我搖搖頭，告訴自己要冷靜。

跨大步伐，我越過馬路，再迅速左轉，沒有絲毫的遲疑或猶豫，從這裡開始進入紅色警戒區，入夜之後，就連當地人都不願在此逗留，路上杳無人聲，我隱約察覺到在兩旁的暗巷裡，似乎潛藏著那些不懷好意的窺視目光，甚至有人起身，一臉肅殺地朝我走來，他們左右搖晃，就像喪屍一般。

一百、一百一、一百二……，我的心跳開始加速，腳步不由自主地加快，自己也只能盡量維持走在馬路中央，但目光仍在不斷地左右掃探。持續加快的腳步，紛紛令街上的髒漬飛濺噴起，但那早已無關緊要，說是步行，倒不如說已是常人的奔跑速度。

終於，在看到旅館招牌「背包客的避難所：新肯亞客棧」（Backpacker's Haven: New Kenya Lodge）之後，我這才安下心來，就好像在一片轟炸中，看到防空洞入口般地開心。

●

「嗯～嗯～好了啦，不要再磨蹭了～討厭啦。」這柔柔軟軟的觸感，已經好久沒有感受過。

「哇，哪來的貓啊！」我嚇了一跳，雙腳迅速向後彈縮，飛也似地從床上坐起，背緊貼著牆，眼神盯著腳邊的一團黑絨，原來那是一隻黑貓，隔著蚊帳靠躺在我腳邊，這時牠背對著我，伸展了一下四肢，隨後又蜷成一團，宛若這一張床就是牠的地盤。

沒有養寵物的我，可真不習慣這突如其來的驚喜。

「去去去！」我稍微用腳尖輕輕碰碰牠，進行柔性驅離，沒想到牠竟不為所動，於是我掀開藍色蚊帳，用手輕輕抱牠下床至地板上，牠回頭的眼神就像在對著我說，「我會再回來的。」

「卡渚又沒回來！」隔壁床的白色蚊帳裡，除了一床棉被半落在床邊，什麼也沒有，「這老小子，昨晚不知又跑去哪裡快活了？」

從蚊帳間隙，可以看到被單上有藍、綠、紅的菱形方格，床邊的地板上，散亂著幾個塑膠袋，有白色、紅色、紅白線條相間的，還有一瓶紅色瓶蓋的可口可樂。

卡渚（Kazuo），是我的另外一位日本室友，五十五歲的他已經旅行無數年，感覺上他的人生狀態就是一直在旅行，同時也是我遇過最為大膽的背包客，在肯亞奈洛比，敢獨自闖蕩黑暗街角的，大概也只有他一人。

起初，我還真替他擔心，可換個角度想，如果你是歹徒，你會去搶一個穿得比你破爛，而且還上了年紀的老頭兒嗎？我猜你會省下氣力，再另覓目標。

更何況，這老小子雖然穿得比當地人還破爛，卻還有能力在外頭「照顧」一些當地女子，你說去哪找這麼活菩薩心腸的人，佛祖一定會保佑他的，你說是不是。

每次一想到這，總會莞爾一笑，這旅館裡的怪咖還真多，但大家好似家人一般，總會相互關心問候，這也讓我暫時忘卻了遺失行李的憂愁。

「你們看！」客廳裡傳來一陣騷動，一群人圍在電視前。

新聞報導指出，自從昨日投票結束後，眾人都在等待二〇〇七年肯亞總統大選的結果，目前全國各地皆處在高度緊張的狀態。我偷瞄了一下電視，便走上屋頂。

科提斯和哈娜（Hana）早就在這享受溫暖的非洲陽光。哈娜，是旅館內的另一名韓國背包客，同樣也是一位獨行的女性旅者。

「要不，我們去納庫魯湖國家公園[3]？」哈娜把手上的書擱下，對著我和科提斯說。這時昨天剛入住的菲爾（Phill）走上樓來，菲爾住在洛杉磯，他是一位美國華裔。

「也是，不然一直待在奈洛比。怪無趣的。」科提斯迅速答道，他一如往常，戴著黑色雷朋墨鏡，手上夾著一根紅標Dunhill。

「剛選舉完，現在四處不是都很緊張？」我想起方才的新聞報導，擔憂地提問。

「感覺現在首都比較緊張，其他地方倒還好。」哈娜一派輕鬆地回答。

「納庫魯湖國家公園，這主意聽起來不錯，」這時站在圍牆邊的菲爾也加入討論，「再過四天就要回美國了，我可不想一直都待在奈洛比。」原以為這一趟肯亞之旅就要報銷的菲爾，此時卻稍露曙光，於是他便興奮答道：「無論你們去哪，我都跟你們一塊兒去，只要能離開這裡都好。」

「你們下去之後左轉，沿著馬路一直走，會通到一個大廣場，」隔日一早，櫃檯的服務人員，指著地圖上的位置，他古道熱腸地說：「前往各地的馬踏士（Matatu）幾乎都在那了，你們找到要去納庫魯的，坐上去就行。」

「好，那我們走囉！」我們四位帶上各自的行囊，紛紛和大夥兒告別。

馬踏士，來自於當地方言斯瓦希里語（Swahili），是一種當地交通工具的別稱，「tatu」意思為「三」，相傳一開始的車資為三先令（Shilling），或是因為車體後座共有三排座椅，每排可坐三位，故得此名。

馬踏士，其實也就是所謂的共乘客運，要坐滿或是到了一定人數才會開車，外型為九到十五人座的廂型小巴，車頂總會立上兩塊牌子，標示目的地及車資，裡面則改裝成四至五排座位，一排三人，中間走道不時會添上板凳，硬塞可至二、三十人，乘客的行李家當全綁上車頂，有時上頭的貨物，比一輛車子還高。

「哇！這也太神了吧！」一輛車子的車頂疊上好幾個床墊，前頭綁上一組沙發還有一張桌子，塑膠椅、大鐵桶、麻布袋、行李箱、背包、紙箱全都堆在中間，旁邊還繫上一個雞籠，裡頭有兩隻雞，一公一母，在裡頭不停飛跳鳴叫著。

廣場裡，停了近百輛的廂型車，以及川流不息的小販，他們四處叫賣食物或雜貨，空氣中混有穢物和熟食的氣味，好在大氣乾燥，並不至於太過難聞。

「納～庫～魯～」走在前頭的我，恰巧在一個車陣間縫裡，發現一塊標示納庫魯的牌子，醒目地立在一輛車子的頂上。

「我找到了，納庫魯就在那兒。」我伸出左手，指向前面一輛小巴的車頂，將頭轉向右後方，想給友人示意方向。

「啊！」就在我左手指向的地方，驟然出現一片騷動，一整群人紛紛轉頭向後跑，他們滿臉驚恐、爭先恐後地，向我這裡迎面衝來，彷彿前方有什麼令人感到駭恐的事情正在發生。

再一次置身於電影般的情節裡，思緒還沒來得及理清，前幾天的槍聲記憶便猝然閃過，我便迅速低下身來尋求掩蔽物，逃竄的人群不斷自身旁掠過，手腳敏捷地，我躲至一輛小巴後方，低頭蹲下，後背倚靠著車體。

「碎～碎～」瞬間，原本待在車門口的售票員，拿下車頂上的兩塊牌子，驚慌失措地丟入車內，並大力關上車門。

「唧～～轟轟轟～」司機跳進駕駛座，火速發動引擎，他們一輛接著一輛，逃難似地駛離現場，原本廣場的繁忙擁擠，轉眼就要成為空無一人的死寂。

「轟轟轟～～」靠在車輪旁邊的我，感覺身邊的車子也在微微震動，我一手搭靠著車，同時也順著車子一起移動，再轉身鑽進一條小巷。

路上家家戶戶，都急忙地拉上鐵柵門，大鎖一扣，一雙雙無辜的眼神，緊緊挨著門窗旁，從細縫裡透出無窮盡的恐懼，他們不安地盯著外頭猛瞧，空氣裡原有的氣味，都瞬間消失了，只剩下四處蔓延的驚慌。

我沒有命似地往回衝，穿出巷子，看到科提斯和哈娜正在對街奔跑，我趕緊追上去，而體型較大的菲爾則是落在後頭。

「開門開門，開門開門！」我們一行人一到旅館樓下，便使勁地敲打鐵門。

「來了，來了！」一位旅館的當地員工，他謹慎地探出黑亮的小平頭來，一看到我們受困在樓下，便立即衝下來開門，好趕緊讓我們入內避難，刻有「背包客的避難所：新肯亞客棧」的招牌依然釘在上頭，矗立不搖。

衝進大廳放下背包後，我們走上樓頂，科提斯拿了菸草出來抽，哈娜則是站在圍欄旁，至於菲爾他雙手撐著牆喘吁吁地，我們站在屋頂上窺視遠處，不發一語。

只見前方的小廣場，也上演著同樣的戲碼，突然一陣騷亂，人群飛奔，車輛一哄而散；但不消一刻鐘，全部事物又再次回歸原地，我們不解地看著這接二連三的消失與聚集。

「這是怎麼一回事？」我回過頭，詢問身旁的當地友人：「他們究竟為何要跑？」

「我不知道，但跟著跑就對了，不然你可能會沒命跑下一次。」他一臉正經地回答。

稍後，我們一行人還是決定前往納庫魯，只是這次已不敢再大意。

●

遊獵完國家公園後，我們四人回到納庫魯的市區，找了一間小餐館午餐，甫才坐下，一團火光和爆炸聲就出現在電視的畫面裡，螢幕上的人群倉皇而逃，餐桌上的報紙，也用鮮明的字體，標示出每日持續增加的死亡人數，那些自從大選過後，因為內亂而喪生的人們。

反對黨主席歐丁嘉（Odinga）僅以三個百分點落選，他聲稱這次選舉存有舞弊，而且已有將近一千人因為此次的暴動而遇害，他氣憤填膺地要求肯亞政府，盡快還給人民一個公道，更要為此次大選後的內亂負責。

部族對立的問題，是肯亞的不定時炸彈，前任總統吉巴基（Kibaki）所屬的基庫尤族（Kikuyu，占總人口百分之二十五）為第一大族，他執政多年卻多無建樹，甚至涉入貪瀆疑雲，反觀歐丁嘉深得自身盧奧族[4]（Luo，占總人口百分之14），以及盧希亞族（Luhya，占總人口百分之14）、卡倫金族（Kalenjin，占總人口百分之11）等其他部族支持。

然而選舉的結果，卻和預測有所出入，早先開票進度達九成時，歐丁嘉領先前任總統吉巴基三十七萬票，兩天後選委會卻突然宣布，歐丁嘉倒輸吉巴基二十三萬票，各地紛紛傳出作票嫌疑，而國際觀察組織，同樣也質疑這一次的肯亞大選公信度。吉巴基非但沒有釐清疑點，反而迅速宣布自己成功連任，於是各地才競相傳出抗爭和反對浪潮，部族之間的報復行動，更是一發不可收拾，死傷人數不斷增加，反對黨更揚言，要聚集一百萬人到首都奈洛比抗議。

看完新聞後，我們迅速搭上馬踏士，趕回奈洛比。

「車輛不准通過。」一名肯亞軍人攔下我們的車，對著司機說。他頭戴鋼盔，一身迷彩軍綠，胸前鼓起的防彈衣，使他看來更為魁梧強壯，一支步槍掛在肩上，右手勾著扳機，槍口朝下。

車上乘客全都下了車，開始步行。

「喀隆～喀隆～」一輛坦克慢駛而過，貼行在路面的兩條履帶，不時發出碰撞聲響，一輛吉普車跟在後頭，以及二輛載滿士兵的輕型軍用卡車，其實主要街道早已拉上大型拒馬，或是堆起碎石土堆，設下檢查哨來盤查車輛，隨處都有荷槍實彈的軍人，在街上成群結隊地巡邏。

車子停的地方，離市中心不遠，距離旅館大約三公里。

「我要走了。」返回旅館後，我決定和大夥告別。

儘管背包遺失至今已有三個星期，但若要我為了這一個理由，而執意留在即將爆發內戰的城市裡，肯定不會是明智的選擇。

隔天，我改了機票，離開肯亞，前往埃及。

「先生，你沒有行李要託運嗎？」站在機場的報到櫃檯，身上揹著隨身背包，坐在前方的地勤人員抬頭看我，一臉疑惑。

聽到這一句話，心中更是五味雜陳，當下我僅輕輕地搖搖頭，並回以淡淡的微笑。

進到候機室後，我找了一個角落坐下，電視裡盡是縱火、爆炸、槍殺、鎮壓的新聞，這一災難導致近千人死亡、數十萬人流離失所，操控族群對立的政客，勢必得負上絕大部分的責任，但其實每一個人都是有責任，也有能力改變的。

個人、族群、國家、世界，多數戰亂的發生，都是為了少數擁有特權利益的族群，然而最後死傷的，卻永遠都是其他多數的無辜人民。臺灣又何嘗不是如此，平等互助看來似乎遙不可及，究竟人們何時才能學得教訓？難道，真要等到世界末日？

家園殘破了，可以重建；

但失去親人，卻是永別。

在逃往埃及的飛機上，我將頭緊緊地貼著機窗，望著底下的一片赤色大陸，心中盡是無奈。回想起奈洛比驚慌逃竄的人們，我知道自己是幸運的，今天這裡危險，我有「逃離」的選項，但他們有嗎？

依稀記得，在離開納庫魯的馬踏土上，一位肯亞媽媽帶著一位小女孩上車，小女孩深黑色的皮膚，綁著一顆辮子頭，身穿亮綠色的連身裙，領口上還繡有花紋，因為全車客滿，坐在最後一排的哈娜，便整路抱著她。

坐在前排的我，總會不經意地轉頭朝她們探去，就在她倆熟睡的那一剎那，我在她們不同膚色的臉龐上，看見兩抹微笑。我不知道她們究竟夢見了什麼，但我猜那一定是一個很美的夢，因為那抹微笑，雖然淺淺的，可卻有著令人不再恐懼的力量。

1 Nai-robbery：robbery在英文中為「搶劫」之意，在此意指奈洛比（Nairobi）的高犯罪率。

2 馬賽馬拉：是肯亞境內最為知名的國家公園，同時也是觀看東非動物大遷徙的地方，該區域的部族住著半遊牧民族馬賽人（Maasai），部族人口近九十萬，主要活動範圍在肯亞南部及坦尚尼亞北部。

3 納庫魯湖國家公園：Lake Nakulu National Park，納庫魯在馬賽語裡意為：「塵土」，納庫魯湖是肯亞的一個湖泊，為東非大裂谷湖泊之一，位於納庫魯市以南。納庫魯湖國家公園涵蓋納庫魯湖及其周邊地區，總面積一百八十八平方公里，同時也是成千上萬紅鶴的棲息地，並以其聞名。

4 盧奧族：美國第四十四任總統歐巴馬總統的父親即為盧奧族人。

9. 清真寺前的賊

二〇〇八年二月　埃及　開羅

「砬……」突然一個煞車，頭撞到車窗，我這才清醒過來。

探探頭，車上昏暗，乘客寥寥可數，我起身下車小心地越過馬路，走進開羅國際機場。

「請問，行李有著落了嗎？」

「又是你啊！沒有聽說喔，如果有消息，我們會再通知你的，你不用一直來。」

心情平和地，我走出阿聯酋航空的機場辦公室，早就記不得，這是自己第幾次來到這裡，只記得在逃離肯亞抵達埃及的第一天，自己已將行李遺失的相關文件，移交至此。打從那一天起，無論用手機、網路電話、電子郵件，或是親自來到辦公室與航空公司保持聯繫，但行李仍舊下落不明。

我又孤零零地走出機場，坐上一輛破舊公車，一路晃回市區。

「老闆，一杯甘蔗汁。」下車後，我來到一家現榨果汁的店，右手指向掛在一旁的甘蔗，左手伸出食指比一，再從口袋裡，掏出幾枚印有阿拉伯文數字的錢幣，遞給了他。

天色還早，於是我沿著街走，再拐進市場，恰巧看見一間古老的清真寺，於是我將鞋脫下，並充滿好奇地走入。

初次走進清真寺，裡頭的每一件事物，都令我感到新奇，鏤空雕花的拱頂，色彩鮮豔的窗戶上，有著不規則的格子，從梁柱垂吊而下的油燈，一盞盞上面寫著：

真主，是天地的光明，
祂的光明，像一座燈臺，
那座燈臺上，有一盞明燈，
那盞明燈，在一個玻璃罩裡，
那個玻璃罩，彷彿一顆燦爛的明星，
用吉祥的橄欖油，燃著那盞明燈。

——《可蘭經》二十四章三十五節

正當我坐在一旁，感受這一寧靜時，熟悉的阿拉伯文喚禱聲響起，人們接踵而至，手腳先沐浴清洗，才能面向聖地麥加行禮，他們帶著一顆虔誠敬畏的心，來到真主阿拉面前，眾人並列跪下，上身保持直挺，腳底板平行向後，趾尖抵地。

隨著禱告聲，眾人彎下卑微的身軀，把頭貼至地板，就在這一刻裡，無論社會位階的高低，只要是在真主面前，萬物均一平等。

最後，眾人在彼此互道感謝後，才各自存攜著平和之心離去。人潮退散後，這裡又再次回歸祥靜，於是我也心滿意足地走至門口，準備離去，可在這時，卻找不著先前暫放在門口的鞋，我赤著腳，再次入內尋求協助，一位善心的穆斯林也一起幫忙搜尋。

我的鞋，有著異於常人的尺寸，那是一雙美國尺寸13.5號，全新Gore-Tex材質的專業登山鞋。就在一陣東尋西找後，現場僅有一雙破舊的Nike布鞋，尺寸和我的恰巧相同。

我人尚在清真寺裡，心裡一怔，轉頭望向這一信仰處所，竟然有人膽敢在這莊嚴神聖之前行竊，真讓人感到難以置信，可換個角度想，或許也因如此，他才「好心」留下自己的布鞋吧！

「他不是偷，」站在一旁幫忙的穆斯林朋友，似乎也察覺此事，他一臉尷尬地說：「他是和你『交換』。」好心如他，此時必定在替那一位不知名的教友禱告，冀求真主的寬恕和原諒吧。

「我還能再失去什麼？」遺失泰半行囊的我，內心早已沒有怨恨，唯一僅存的，只有淺淺的苦笑與自嘲。

「來，這一雙拖鞋先穿著吧！」他好心地借了一雙拖鞋給我，並陪我到市場裡尋購新鞋。「倘若人，最原先的善性是互信互愛，那麼究竟是什麼改變了人？」走在冗忙的市集裡，我又陷入深思，「金錢、權力、名利？或許是貪婪吧，那一個眾人皆有的本性。」

在氣急敗壞前，我開始反躬自省，其實自己也有疏失，不該穿戴那麼好的東西，來誘惑他人。難道引誘別人的自己，就完全沒錯嗎？

或許你會說：「沒關係，下次小心一點就好。」是要小心地提防他人，還是自己小心別去誘惑別人？如果時時提防他人，又要怎麼敞開心胸，去接納不同文化的笑容？這世上有太多猜忌和不信任，與其懷疑，我寧願選擇規範自己，盡可能地去相信別人，更希望這一世界，會因為這樣想，而有所不同。

懷疑不難，可一旦選擇相信，你就要有「愛」和「勇氣」。

「怎樣！」渥夫崗手上拿著報紙，「背包有消息嗎？」他用左手稍微壓下老花眼鏡，眺著眼對我說。

「你說呢？還不就老樣子。」我一手提著塑膠袋，裡頭裝有幾粒番茄，和一包未煮的義大利麵條。

「你看！」我用左手指著腳上的鞋，那一雙方才買來應急的布鞋。

「喔，買了新鞋啊！」

「可以這麼說沒錯，原本的登山鞋被偷了，就在清真寺前。」

「清真寺！」他一臉錯愕。

渥夫崗，來自德國的他，五十多歲，熱心健談，是一位卡車司機兼自由作家，長年旅居在外四海為家，在聽完我遺失行李的遭遇後，頗為氣憤，甚至還使用正式英文書信的寫作方式，來幫我撰寫投訴信件。

「空巴哇！」剛進門的日本人向我們問好，我笑臉以對。

這一間旅館，住了不少日、韓背包客，樓上的Safari Hotel更是誇張，裡頭多是一些長住的日本旅人。所謂的長住，是指一次住上半年，甚至超過一年。

他們多是在日本工作一段時間，買了一張單程機票過來，就直接住進這裡，一直到要回國的那天才退房離開。甚至，有些人來了好幾次埃及，卻未曾離開過開羅，也沒去過金字塔。

對於他們而言，所謂的旅行，不過就是換個地方住罷了。

但，這背後所隱含的意義又是什麼?

「他們是一群逃避者！」克莉絲汀一如往常，語氣激昂地回我：「因為在日本生活壓力大，所以他們才逃到這裡。」晚餐之後，我和她閒聊了一下，自己剛才在思考的問題。

克莉絲汀，一位自我意識甚強的韓國旅者。一路上遇過不少獨行的韓國女性背包客，卻都沒有像她這麼孤傲的。一直嘗試留在國外的她，外語能力非常優秀，各式議題都能表達自如，當然那前提是，如果她願意和你討論的話，因為她總是獨來獨往，讓人感到不易親近。

結束完話題後，我獨自回到房間，將床墊下的木板間距調整完後，翼翼小心地躺下。頭頂牆壁上剝落的油漆，使這一面牆看起來，就像病入膏肓的病人一樣，滿目瘡痍。

尚無睡意的我，只是望著天花板思忖。

旅行就是一種生活方式，而每一段生活，都不過是一場，名為「人生」旅程中的某一部分，根本無關乎逃不逃避。

因為不論是旅行，抑或生活；逃避，它都是一直存在的。重點是你必須從那之中，找到那一個逃避的自己，並累積足以面對問題的能量，再次重新出發，如同一場旅行，也是一種生活方式般地活著。

因為旅行，是一種有限度的生活；而生活，卻是一場漫長的旅行。

10. 沙赫拉巴的甜

二〇〇八年三月　埃及　亞歷山卓

「緊鄰海的另一邊，就是歐洲了。」

呼嘯的地中海風，從我耳邊竄過，空氣裡散有一種淡淡的鹹，一種來自遠方的思念。

這裡是亞歷山卓，一座近傍地中海，以亞歷山大皇帝命名的港都，在西方古代史中，其規模及財富僅次於羅馬，目前則是埃及第二大城。

「鐺鐺鐺～鐺鐺鐺～」一輛路面電車經過，車體上斑駁的黃漆，使它如同一列古董火車，就像剛從博物館裡開出來的一樣。

走在鋪有鐵軌的馬路上，使我想起澳洲墨爾本的街道，除了開羅的喧囂、西華綠洲的恬靜，亞歷山卓似乎又有些不同，或許歐陸的閒適氛圍，也讓海風從對岸吹了過來吧！

電車的電力供應線，相互交織在頭頂上，和後方的宏偉聖潔強烈對比著，那是一棟大理石建築，一座潔白無瑕的清真寺。

「鈴鈴鈴~鈴鈴鈴~」接起手機，話筒另一方傳來熟悉的聲音，互問一句「你好嗎？」一段情誼又產生連結，我右手一邊拿著手機，一面探頭，尋找黝黑膚色的高瘦身影，想必話筒的對方也是如此。

「我親愛的朋友，你好嗎？」耶瑟，一見面就熱絡地問我。

「很好啊，真慶幸自己有來，亞歷山卓真好，我很喜歡。」我這才想起，是耶瑟邀我一定要來拜訪他的。「你呢？最近如何？」自從西華綠洲離別後，也有一陣子沒見了，他繼續生活，我則持續旅行。

「我很好啊，走，我們去喝茶。」

耶瑟，一位三十多歲的埃及機電技工，沒有高等學歷，卻能說上一口不錯的英文，他喜歡和人攀談，還有四處旅行，礙於經濟因素，旅行範圍僅限於國內，但埃及境內的觀光客甚多，經年累月下來的街頭練習，他的英文聽、說能力已相當流暢，但讀和寫的程度卻還停留在非常基礎的階段，這個狀況和曾在澳洲生活過的自己相似。

走進茶館後，我依舊點了一杯沙赫拉巴，耶瑟則是要了一杯埃及紅茶。

埃及紅茶沖泡時，不用茶包，而是將紅茶碎粒，直接加在大壺裡，煮沸後才一杯一杯倒出，沉澱在杯底的顆粒，總會積上一大層；似乎在煮泡時少了包裹的束縛，味道也更加醇厚、自由了些。

端著濃郁的沙赫拉巴，我一邊啜飲，一邊看著耶瑟，他將一匙又一匙的細白砂糖舀進杯中，砂糖宛若沙漏一般洩下，就在遇著溫熱後，雪白的糖才迅速化在一片棗紅裡，不見蹤跡，這時他又再加上了一匙，其實杯裡的甜度早已逼近飽和，單憑茶水的熱度，實在難以消散這過多的一匙甜蜜。

他拿起一只茶匙蘸進杯中，攪起一圈又一圈的漩渦，硬是將杯底的黑色碎粒，和未潰散的雪白砂糖來一場混戰，在這一場戰役中，杯中深沉的闇黑力量，看似戰勝了一切，但我從耶瑟啜飲入口的饜足表情發現，其實那一股聖白原力早已滲進味蕾，擴散成為當下的滿足喜樂。

「洛卡，我真羨慕你，可以出來旅行，」耶瑟朝空中吐了一口煙，向我說道：「我也好想出去走走，可當我要辦簽證時，總被百般刁難。」他一臉無奈。

「對了，」突然他像是想起一件，非得告訴我的事，「最近我參加抽美國綠卡的活動，你有聽說過嗎？」他興高采烈地說。

「沒聽過耶，你要好好確認，可別被騙了！」一副過來人似的嘴臉，我看著他認真地回答。

「我想拿到綠卡，這樣就不會再被瞧不起了。你還記得嗎？上次在西華綠洲的時候，有幾位便衣警察，一直盤問我和你們的關係，好像我是壞人似的，」耶瑟激動闡述，他之前所受到的不平等對待。「當時要是我有綠卡可以掏出來，就可以當面狂飆他們一頓。」他憤懣地說。

旅遊產業是埃及的經濟支柱，政府對於觀光客的保護，總是格外小心。辦理簽證的麻煩，我多少能夠體會，看著身旁的耶瑟，讓我想起許多的臺灣友人，總在抱怨臺灣護照，比不上歐美的護照好用。

最後幾滴沙赫拉巴的甜，從杯緣流下，時間、空間迅速倒轉。

「為什麼別人家的小孩都有，我卻沒有？」那是一位不知饜足的小男孩，在和父母爭吵的場景。

「你這麼想要，怎麼不去做他家的孩子？」男孩的母親如同平常，頭腦機伶，迅速反擊，「如果你不知滿足，給你再多也沒用！」男孩只能乖乖閉嘴，坐在一旁嘟著小嘴，心中存著無法排解的苦悶。

最後的甜，順著杯緣流入喉中，此刻的我，是滿足的。

「叩～叩～叩叩～叩叩～」一場捉對廝殺的乒乓球賽，雙方人馬，互不相讓。

「咕嚕～咕嚕～」坐在一排長椅上，一面蘇丹國旗，釘在前方的牆壁上，我一邊喝水，一邊向著它發獃，這才搞清楚，今晚耶瑟帶我來的地方是蘇丹會館。

耶瑟的外型，的確和埃及多數的中東面孔不同，一身黝黑的膚色，和傳統印象裡的非洲人較為相似，他是努比亞人，而努比亞正是蘇丹地區的古稱，努比亞人占埃及人口數的百分之一，方才和我較量球技的也是他的族人。

在埃及法老王時代，努比亞又被稱為古實（Kush），早在西前兩千年，努比亞人就已建立了國家，一直以來埃及和努比亞，雙方都有各自的文化，直到西元前七世紀，努比亞人甚至強大到占領了埃及，建立埃及第二十五王朝，隨後埃及人在亞述人的幫助下，才得以復國。

一九五六年蘇丹獨立，努比亞從此一分為二，北屬埃及，南屬蘇丹。

或許對於耶瑟一心嚮往的離開，我也開始能夠理解，每一個飽嘗欺壓，受盡孤寂的人，心裡深處，其實都是嚮往回家的，因為他們失了根，只能不停漂泊，四處尋家。

什麼是家？

我總認為「家」，就是讓人感到安心自在，永遠不願離開的地方，但只要凡事掛上「永遠」二字，總會有著令人不願承擔之重；於是「家」，多數成了一種暫時的心理狀態，實體上是會隨之變動的。

會不會「家」，其實一直都在有「愛」的地方；愛在哪，家就在哪；愛著根了，家也就著根了。

回到開羅，耶瑟邀我同他一起去拜訪住在開羅的舅舅，他的盛情邀約，總讓人難以拒絕。

坐進擁擠小巴，搖晃約莫半小時後，耶瑟領我下車，穿過喧囂大街，拐進蜿蜒小巷，其實自己早已忘了該如何回去，可我相信耶瑟，相信他會帶我平安歸返。

客觀來說，要判斷該人是否可信，可從對方眼神、語調、行為來加以識別，這和直覺上的喜不喜歡有些相似，卻又不盡相同，得再多上一份「勇氣」，說穿了「信任」不過就是，為自己的決定負責任的態度，哪怕遭到對方的背叛，也還能夠用全然的「愛」，來允以包容。

「來來來，快吃吧！」

我們兩人來到耶瑟的舅舅家後，和他們全家圍了一桌，望著桌上擺滿的道地菜餚，以及他們待人無私的面容，令我感到輕鬆自在，宛如回到家中。

我緩緩閉上雙眼，「媽，我回來了！」那是一個小男孩，揹著畫有《七龍珠》卡通人物的書包，在家門口大喊著正在廚房中做菜的母親。

雙眼睜開後，眼角有些濕潤，我已好久未曾如此感動。

縱使，我和舅舅都得透過耶瑟翻譯，才能相互溝通，但彼此的心，在對方眼裡卻是如此清晰，一顆熱情好客的善良之心，以及另外一顆漂泊許久，需要暫時入港歇息的寂寞之心。

「你可別看舅舅這樣，他還會彈電子琴呢！」耶瑟一手抓著大餅，另一手從那上頭撕下了一口，夾上一個醃漬青辣椒，塞入口中。

向來喜好音樂的我，直嚷著要他彈奏，後來舅舅的兩位小朋友也一起加入演奏。電子合成的音符，在空中輕舞飛揚，行動不便的老奶奶，坐在一旁靜靜地聆聽，眼前這一幕裡的和諧，遠遠勝過上千年的埃及金字塔，所給我帶來的感動。

在異鄉，要信任他人並不容易，但對於他們而言，又何嘗不是如此。

忽然，沙赫拉巴化出的甜，如暖流一般地淌入心田，蔓延開來。

11. 轉向以色列出發

二〇〇八年二月　埃及　開羅

「我找你們總經理！」

「不好意思，總經理現在外出，需要幫你留話嗎？」

「沒關係，我在這等他回來。」坐上沙發，這裡是阿聯酋航空在開羅市區的總公司，這已是我第二次，為了行李遺失的事前來。事發至今，已有三個多月，行李依舊下落不明，於是我決定直搗黃龍。

總經理祕書正經八百地，坐在對面處理事務，不時朝我這裡瞟看，於是我板著臉，又等了一會兒。

「噹～」電梯門緩慢打開，一位男子徐步走出，他衣著高貴，身為區域總經理的他，掌管阿聯酋航空在埃及和鄰國之間的業務。

「我的行李，已經遺失三個多月了。」我刻意沉住氣地，走進辦公室向著他說。

「三個多月？」我一說完，他迅速嗅到這不合理的數字。

「好，這事兒交給我，三天內給你答覆。」他語氣堅定，充滿自信。

回到Sultan Hotel後，我坐在客廳，吃著剛才買的簡易晚餐。

「聽說，耶路撒冷的古城很美？」兩位背包客坐在客廳裡閒聊，我在一旁豎耳竊聽，並咬食著一塊埃及大餅，這餅實在乾癟得讓人口渴，我取來一杯水，啜了幾口。

「對呀！以色列不僅美，還有滿山滿谷的俊男美女。」

「咳咳～」喝水時，我因分心而嗆了幾口。

「咳～以色列，不是一直都在戰爭，很危險嗎？」清了一下嗓子，我趕緊發問。

「戰事只局限在特定區域，」那人還特地轉過頭來回我：「主要的城市，就像歐美國家一樣進步，幾乎不受影響。」

如同眾人一樣，自幼受到媒體影響極深，以色列總給人帶來充滿戰亂的恐怖印象，從來也都不會是在自己的旅行清單裡，可聽他這麼一說，卻激起了我力求真確的好奇心。

行李遺失事件打亂了原先的行程，如果真要修改旅行路線，其實也並無不可，但簽證[1]是否能被核發，還得親自走一趟以色列辦事處才行。

於是隔了一天，我抄下查到的以色列辦事處地址，獨自前往，打算一探究竟。

「以色列辦事處的旗幟在哪裡？」站在路旁的我，手上拿著剛從路邊要來的新地址，似乎和之前查到的有所出入。

「叭叭～叭～～」馬路上車流迅疾，在埃及過馬路可得小心，任何交通號誌僅止於參考作用。眼前的馬路來往共六線道，平均車速七十公里。

一名體態豐腴的婦人，全身罩著黑紗，頭上頂著一個籃子，就這樣氣定神閒地穿越而過。晾站在一旁的我，看得目瞪口獃，簡直無法相信。

不久後，左邊出現一名中年男子，他手提兩袋重物，慢慢朝著手足無措的我走來，他向左一個撇頭，好似在繁冗的車流裡覓得一個空隙。

「Now or never !」他疾速回頭，大聲地對我說。

毫不遲疑地，我隨他一個箭步，朝向迅猛的車流奔去，只見他手腳麻利地鑽進一個狹隘的流動縫隙裡，由於他的動作過於敏捷，於是我向右跨了幾步，偏離他大約一輛小客車的距離，為自己多爭取一些緩衝空間。

就這樣一個走一個跟，這馬路，也就在他一派輕鬆的引導下穿越了。

我趕緊大力點頭致謝，只見他微微點頭回敬，便瀟灑離去，就像是一位慷慨仗義的大俠。

「小夥子，你要做什麼？」突然幾位員警，在馬路旁的檢查哨將我攔下。

「請問，這裡是以色列辦事處嗎？我要來辦簽證。」

「簽證？你證件先給我看。」我拉開一只土黃色的側背包，自從行李遺失後，那是自己僅存的行囊。

取出護照，我刻意將亮綠，而且印有Taiwan字樣的護照正面，遞交在他手紋粗糙的掌上。他一手翻閱護照內頁，一手持拿著一部黑色對講機，嘴裡說著阿拉伯語，似乎正在進行通報。

「可以了，現在你把具有攝影功能的設備，全都交出來，暫寄在這。」再次拉開背包，我不假思索地交出相機、智慧型手機，才將剩餘的東西上肩，朝他所指的方向走去。

找不著任何指引標誌的我，謹慎勘查，就在察覺四周向我窺視的目光時，前方一位員警手持步槍，眼神和我一陣交會後，頭驟然向左抽動了一下，他雖默不作聲，但就在我明瞭他方才的那一下抽動，並非羊癲瘋發作後，突然我也心領神會了其中的暗藏之意——小子別懷疑，你不是第一個有這種表情的人，以色列辦事處，就在旁邊。

對於他的暗示，我點頭聊表謝意後，繼續前進，可腳步卻停在一排階梯前，抬頭向上望去，這是一棟再平凡不過的住宅大樓，屋齡約莫二十年，外牆貼有小小的方塊瓷磚。

「嘿！小夥子，」一走上階梯，一位中年男子向我吼了一下。

只見他和友人草草結束話題，並朝我走過來說：「你的包包，我得檢查一下。」他禿頭，穿著一件黑色復古的皮夾克，體型壯碩，站在後方的是他同事，他們倆的服裝風格相似，就像兄弟一樣，他們的旁邊是一張長桌，和一道金屬探測器。

他把我的背包拿了過去，打開拉鍊，攤出包裡所有的物品，並逐項檢查，絲毫不願放過任何的可疑。由於我的背包過於雜亂，這一檢查，就是三十分鐘。

「第一次來？」其中一人開口問我，並轉身拉了一張有背的鐵椅，椅子上的灰色油漆，掉了好一大塊。

「對，第一次來。」站在原地，我拉起背包拉鍊，抬頭回答。

「鏘！」鐵椅拉定位後，他一股腦地坐下，鐵椅撞到旁邊的長桌，響了好大一聲。

「等等你，電梯按十六樓，出去後左轉，找@＃＄％。」他用埃式英文，含糊地對我說了好一大串，接著臉上又露出一絲詭異的竊笑。

「大叔，你剛說十六樓出去左轉，然後呢？」我再追問時，他已轉身和同事聊天，我便也不好繼續追問。

「反正這棟樓也沒多大，電梯坐到十六樓後，再找就好了。」我站在電梯門口，心裡正盤算著。

「叮咚～」門開了，走進狹窄的空間裡，按下十六樓的按鈕，「究竟，他說電梯坐到十六樓後，出去左轉，然後呢？」隨著電梯的攀升，我方才又仔細回想了一次，仍舊推敲不出答案，或許是密閉的空間，容易使人不安吧！

「叮咚～」門緩緩打開，我努力地想從微開的門縫中，搜尋到那些令人安心的指示箭頭。

「這是什麼？」雙腳一跨出電梯，隨即滿臉訝異的我，別提什麼指示標誌，前面不過幾坪的空間裡，只有二扇貌似民宅的鐵門，而且還是閉鎖著。

「等等！」正當我想轉頭，按電梯下樓問清楚時，「如果沒記錯的話，他說出了電梯，要向左轉。」我懷疑地望向左邊轉角，心想：「既然都來了，就試試吧！」

一個左轉，心裡還在獨自碎唸：「這不就只是一個，再普通不過的逃生樓梯間嗎？」

「堂堂一個國家的辦事處，怎麼可能會在這種地方？」

「啪～」突然！一道刺眼黃光，從左上方打射下來，我反射性地轉頭，在那一盞燈下，有一扇木造暗門，就安設在樓梯間裡半層樓高的地方。我固然吃驚，卻還是走上了樓，朝那木門走去，就在這麼不真實的當下，又讓我想起那些似曾相識的回憶，在印度落入黑道集團的手裡、在肯亞暴動裡的狂奔逃難。

「你是誰？」那是一句帶著中東口音的英文，就在我按下門旁的對講機後，突然從裡頭發出。

「我是洛卡。」雖然這已超出我的預料，但我仍毫不遲疑的回答，並仔細察看四周動靜。約莫過了五秒，他像是等到不耐煩似地回我：「你從哪裡來的？來這做什麼？」

「我從臺灣來的，要來辦以色列的觀光簽證。」知道對方不耐煩後，我也趕緊回答，不敢怠慢。

「那你為什麼，不先在臺灣把簽證辦好？」

「原本以色列並不在我的旅程規劃裡，可是一路上又聽很多朋友說，那是一個非去不可的美麗國家，所以才臨時起了造訪的念頭。」我總是能夠在重要時刻裡，及時挑出好話來說。

「很好，」對方似乎對我剛才的回答，感到相當滿意，「最後問你一個安全性的問題，你是否有攜帶任何爆裂物或武器？」他又嚴肅地問。

「當然沒有。」

「咚咚～」話一說完，眼前的那一扇暗門，猝然彈開！

我往裡面探了一下，發現裡頭大約還有半層樓的高度，循著樓梯爬上樓去，一位安檢人員早已收到通報，而在上方等我的其實是一個密室，裡面有一張桌子、一道金屬探測器，從路口到這裡已經安檢三次，而且每個關卡都受到嚴密的監控。

同樣的，他取走我的背包，並攤開裡頭所有東西，再次逐一放在長桌上，一一進行檢查。

「好了，你的背包沒問題，有沒有東西要拿出來？因為背包得寄放在這裡，不能帶進去。」

聽他這麼一說，我機械式的取出幾項文件後，自己才回過神來，原來我在椅子上發獃了許久。從入口至今，三個檢查哨，已耗去一個半小時。

他將背包收進櫃子裡後，才將門打開。

「咚咚～」密室前面的門彈開，我才剛跨步入內通過一條窄道，裡面又有一個對講機，我便反射性地按下通話鈕。

「再問一次，你身上有沒有夾藏任何武器？」對講機裡，又是那一個熟悉聲音。

「沒有。」經過一連串的精神折磨，回答得有氣無力，我一邊回答，一邊心想：「到底有完沒完啊！全部一起來好不好？」就在內心正要開始咒罵前。

「咚咚～」這門，也就自動彈開了。

從這滴水不漏的安檢措施，對於尚未踏入以色列的我，卻也不難感受到它和鄰國之間的緊張氛圍。

「什麼！你說我的行李，沒有持續追蹤下去？」三天已過，行李下落仍無回音，於是我在二〇〇八年二月二十一日，第三次造訪阿聯酋航空的辦公室。

「對，因為你有一項文件沒有填。」

「怎麼可能？我和你們多次聯繫，你們都說還在找，如果缺漏文件早就該說，怎會拖到現在才說？」

「一般來說，追蹤遺失行李，我們共分成三階段，每一階段約要七至十天，而你這個案子，因為內容物的詳細清單尚未繳回，所以案子一直停留在第一階段。」

「這太扯了，前前後後，我到你們機場辦公室不下十次，電話打了一、二十通，還有往返兩封的電子郵件，都沒有人和我說過，有這麼一回事。」我雖內心盛怒，但外表卻不失態。

「根據我調出來的資料，是這麼顯示的。」他氣宇尊傲地坐在前方，面對剛才的質疑，他仍面不改容地說：「如果你的行李要有進展，就得補齊文件。」

他看我站在面前，一句話也不說地瞪著他，於是他才又緩頰了兩句。

「洛卡，你也想早一點知道行李下落吧？所以無論如何，你都得補齊這一份文件，否則流程是無法進行的。」

我和他之間，隔著一張價格不菲的木桌，我直挺站著，右手摸了一下額頭，又深吸了一口氣，冷靜思忖著。

「好，我等一下就補一張給你。」我冷淡回答。

失去行李的這三個月裡，自己經歷了很多，也想了很多，這事耽擱越久，對我來說越沒好處，無論結果如何，都得要對方給我一個確切的答覆，而非敷衍了事，懸宕擱置。

走出辦公室後，我又再次深深地吸了一口氣，平心靜氣地對自己說：「這行李，幾乎是不可能找到了。」

「噠噠……噠噠……」一張一張機票，從機器裡打印出來，我從旅行社開票人員的手上，接過那一疊紙本機票後，就將它們翼翼小心地放入背包。

二〇〇八年三月十三日，就在得知行李幾乎無望找回後，我立地決定離開埃及。

在走回Sultan Hotel的路上，我若有所思地，抬頭向上仰望。魆黑的夜空中，月兒斜掛，直至煦日升起前，她給迷失路途的旅者，提供一盞明亮，或一個希望。

三月天的開羅夜晚，縱使微涼，但也難以冷卻在我心中幾近滿溢的興奮，歷經行李遺失的三個月裡，自己已有好久，未如此抖擻振奮過。

「是的，就要出發了！」我右手握拳，在空中振奮地比劃了一下，充滿能量。

---

1 自二〇一一年八月十一日起，臺灣、以色列民眾往來兩地已無需簽證。

12. 來到「與神搏鬥者」之地

二〇〇八年三月　以埃邊境　塔巴

祂說：從今以後，
你的名字不再是雅各，而是以色列，
因為你與神，與人較力，都得了勝。

——〈創世紀　三十二章二十八節〉

來到埃及和以色列的邊境塔巴（TABA），眼前的紅海非紅，盡是一片寶藍，澄金的光線流淌入海，熒熒閃爍，第一次的陸路邊境跨越，手上的護照裡，貼有一張在開羅辦的以色列簽證，肩上揹的登山背包，是我在埃及重新購買的。緩緩地，我走入邊境管制區。

「打算在以色列停留幾天？」坐在我前方的邊境官員，從櫃臺窗口裡拿走我的護照、離境機票，極為審慎地檢視一番。他好似中東人，五官深邃，有著黑色頭髮，深褐色的雙眼，以及天生濃密的睫毛，坐他身旁的另外一位，肖似歐洲面孔，髮毛碧金。

「六天，」我指著他手上拿的機票，「離境的飛機是六天後。」回答得毫不遲疑。

「所以，一個星期夠了吧？」他迅速回應，再直盯著我，好似要從我的臉上，挖掘出什麼心懷不軌的念頭。

「是的。」我微笑回應，眼神沒有絲毫閃爍。

「碎碎～」入境大章立馬就被蓋下，我看到章上有效期限為三個月，他迅捷在3 Months的字樣上，畫了一個大X，並用藍原字筆在上方加註one week。

後來每次憶起這一往事，還是覺得奇妙，在我行走世界無數國家後，被邊境官員當場直接更改簽證效期的經驗，也就這麼一次。

以色列，Israel（希伯來語ישראל Yiśrā ēl，意思是「與神搏鬥者」），以色列人的祖先雅各（Jacob）在與神搏鬥後，被賜名為以色列。

徒步穿過邊境管制區後，時間有些耽擱，因此誤了公車，於是叫喚一輛計程車，打算先到埃拉特（Eilat），再轉搭長程巴士，前往耶路撒冷。

「請問現在情形如何？」一坐上車我忽然想起，「前一陣子，我有看到戰爭的新聞。」兩週前，以色列和巴勒斯坦在迦薩走廊上的衝突，已造成數百人傷亡。

「還好吧，這又不是第一次。」司機回答得稀鬆平常。

「那你們怕不怕？」我好奇回問。

「怕？」看似好戰的他，輕蔑地回答：「要打就來，我們猶太人才不怕，就怕我們領土還越打越大！」

前方一個紅燈，車子緩緩停下，我不自覺地眺看窗外，那是一位面容皎好的美女，一頭過肩的黑色秀髮，揹著一支步槍走在對街，腳下是一雙人字拖鞋。

不知覺地，我的視線逐漸聚焦在那傾晃的槍身，和倒斜的槍口上。

一個發明於十四世紀的致命武器，總是暗藏在上鎖的櫥櫃或木板夾層裡，深怕受人撞見而招惹麻煩；然而在這裡，卻是一件再平凡不過，而且隨處可見的器具。

下車後，我走進車站，買了一張長程車票，上面打印著 ירושלים —— Jerusalem（耶路撒冷），再找一排空位獨自坐下，也將沉甸甸的背包從肩上卸下，那是我在開羅花了一個月，才終於覓得的新歡，但它們卻是如此相像，同樣紡染著和天空、大海一樣的顏色，自由的藍色。

突然，遠方一陣青少年的嘻鬧聲，我下意識地抬起頭來，究竟自己期待看到什麼？

一群女高中生穿著水手服，和那幾乎可以看見底褲的短裙？

還是男高中生，穿著吊兒啷噹的太子裝？

出乎意料地，那是一群身揹長槍的軍人，他們輕鬆自如，但從他們臉上的稚嫩不難得知，那還是涉世未深的年紀，期待翱翔的十八年華。

以色列，位於中東地區地中海東岸，人口八百九十萬，國土面積二萬零七百七十平方公里，約略大於臺灣的一半面積，長年以來，均和鄰國處於敵對狀態，實施全民皆兵制，多數的人高中畢業後，立即入伍服役，男性三年，女性二年。

「服完役後，我們就做一些短期工作，花個半年到一年來存旅費，然後就出去流浪個一年半載。」我獨自一人坐在車站裡的長椅上，卻油然憶起四個月前，我在泰國曼谷一家旅館的躺椅上，一位女性以色列背包客，曾經這樣對我說過。

其實「人」，向來都是習慣的動物。

或許上述觀念讓人感到驚訝，因為那和我們所成長的文化相悖，可對以色列人來說，流浪的基因早在數千年前，便已融入在他們的血液中，如同呼吸一般自然且習以為常。

走在街上，多樣混血的臉孔和我擦肩而過，位於歐、亞、非三大陸的交界，這塊土地被上帝應許為流著奶和蜜，然而這群被上帝所揀選的子民們，長久以來卻飽受顛簸流離，以及遭到不停的屈辱和鄙視。

遷徙歐陸各地的猶太人，從前多以經商為業，當然有些人也會從事放貸收利的商業行為，因為這是被大家所需要，卻又遭人厭惡的職業。其實士農工商的階級概念，不僅中華文化裡有，在古代西方社會中，商人也是地位較低的職業。

由於近代資本主義的興起，有著長久經驗和經商能力的猶太人，也順勢掌控了世界經濟的動脈。在經過不同時代背景、宗教種族……等因素的操弄下，猶太人曾被冠上「害死耶穌基督之人」，是一個「貪婪、陰險」的民族，他們「企圖控制世界」，也是世界上一切政經問題產生的「幕後黑手」……等汙名。

直到第二次世界大戰開始，一場鼓吹民族主義的無情颶風，吹滅了數百萬猶太人的生命燭火，霎時令整個民族墜入深淵，盡是孤伶，盈滿無助。

我摯愛的親友們
死前，我正在寫下這幾個字
我們幾乎就要死了，五千位無辜的人
他們正殘酷地射殺著我們
在此獻上許多的吻給你們所有的人

——米拉（Mira），出自以色列猶太大屠殺紀念館〈不為人知的故事〉

「聯合國大會一八一號決議」[1]通過後，猶太復國思潮——錫安主義——達至高峰，吸引許多猶太人的回歸。一九四八年五月十四日，以色列宣布建國。反對「兩國方案」的阿拉伯聯盟，也在次日進攻邊界，戰爭旋即爆發。一個流浪十數世紀的民族，大膽挑戰一個由全阿拉伯國家組成的聯盟陣營，只因他們沒有退路。

曾有預言說，這裡將會是第三次世界大戰的發難地，似乎長久以來，「鬥爭」一直都是人類用來維持各自平衡的方式，鮮少有所例外。

1　聯合國大會一八一號決議：該決議提出兩個臨時國家的建立，一個是猶太國，另一個是阿拉伯國。一九四七年十一月廿九日，聯合國大會決議通過。

13. 是戰地，也是先進的古城

二〇〇八年三月 以色列 耶路撒冷

耶路撒冷，是三大一神教——猶太教、基督教、伊斯蘭教——的聖地，看似衝突的三個宗教，卻有同一個起源，均以亞伯拉罕為其共同的先知，因此也被稱作亞伯拉罕諸教（Abrahamic religions）。

本是同根生，相煎何太急？

人們總希望，各自有所區隔分別，部分人士更是為了鞏固自身利益，進而操弄認知上的不同、製造紛爭，導致最終的相互廝殺。

或許，其實那一股未知的力量，一直都在看顧著人類，祂故意起了一個頭，期望人們可從這看似荒謬的錯誤裡，得到教訓，最終走上祂所希冀的道路上。

猶太聖殿歷經戰事毀壞，僅剩一面西牆殘存，上千年來飽受迫害的猶太人，只要回到這一個象徵神聖信仰的遺跡旁，總會憶起曾經的流離顛沛，那些過去的悲愴，便再也抑壓不住，而這淚也就在這牆邊，撲簌簌地流淌而下，於是後人才稱西牆為「哭牆」。

走過基督教裡，耶穌被釘死之處而後建造的聖墓教堂，以及穆斯林相信先知穆罕默德，在聖殿山上登霄升天的圓頂清真寺。絡繹不絕的朝聖者，手上銜著地圖，抬起頭來，拚命尋找標示羅馬數字的圓形鐵牌，人們都說，那是耶穌揹著十字架，替眾人而走的苦路。

就在此刻，一幕幕殘酷殺戮，爭奪此地的情景，倏地浮現眼前，我似乎是一位驟然闖入戰場的小兵，尚未來得及釐清；忽然，一位士兵手持長劍，鎧甲上有著一個斗大的十字，兩道冷血的目光，自頭盔裡疾速射出，鮮血沿著劍緣流下，猝然他像發了瘋似地，朝我奔來。四個字，迅速閃過眼前——神愛世人。

「哇~不要啊！」嚇出一身冷汗的我，趕緊回過神來，難道自己前世是一位穆斯林？不，肯定是自己《王者天下》看太多遍，才會有如此的胡思亂想。

耶路撒冷古城，面積一平方公里，城內道路，幾乎全用片狀石塊鋪成，大多老舊且有些還沾有污穢，在縱橫交貫的巷陌裡，藏蘊著無數耐人尋味的歷史跡軌。

恣意漫遊，我撞見一群無邪的孩童，他們坐在地上聽著老師講解，一位手持步槍的便衣守衛，就護守在他們身旁。

逛了一會後，我感到有些疲累，便鑽進一條僻靜小弄，在一張長椅上稍作歇息，眼睛朝向四處梭巡，這裡流光溢彩，明淨敞亮，底下的石塊整齊清潔，明顯較其他區域不同，原來這裡就是古城裡的猶太區。

我向牆邊望去，一群猶太小孩正在追逐嬉戲著，其中一位，一溜煙地跑到我面前，她吸著奶嘴，一對眼珠兒咕溜溜地轉呀轉，我晃晃頭啾著嘴逗她，朝她裝俏皮，也許是我的東方面孔，以及這突如其來的闖入，才引來他們的好奇。

看著他們純真的笑容，自己竟也渾然不覺地，發起愣來。

「噠噠～噠噠噠噠～～噠噠～噠噠噠噠～～」一位小男生出現，他一身軍裝，一副尚未足以承擔責任的肩膀，卻已揹著一支玩具步槍，他勾著板機，不停發出聲響。

這一畫面委實令人深思，面對現階段無解的對立衝突，難道除了訴諸武力以外，已別無他法？

「耶路撒冷」在希伯來語中，含有「和平」之意，對於一個，數百年來戰火衝突不歇之地，真是一個既諷刺又矛盾的名字，還是睿智的先知們，早已預見此景，願以和平之意來祝福此地？

下午剛從伯利恆[2]回來，經過檢查哨時，一位以色列軍人，上車檢查乘客身分，車裡有猶太人、觀光客，以及幾位巴勒斯坦婦女，她們的懷裡都抱著稚嫩的幼嬰。

以色列軍人，彷彿怕吵醒嬰兒似的，極其溫柔地檢查，沒有發出一絲聲響，我不經意地好奇回頭。

一名巴勒斯坦婦女，滿是憐愛地，將嬰兒深深摟在懷裡，並用下頷貼在孩兒的額上，微微磨蹭。就在這時，嬰兒幼嫩的面頰上，乍現出一抹淺淺的微笑，一陣祥和倏然擴散而出，著實撫慰我心。終有一天，人們將會領悟和平的珍貴，而我也打從心裡希望，那一日不要是世界末日才好。

夜晚的耶路撒冷，面容又全然不同，街上燈火昏黃，將一層金黃色的詭祕鑲嵌在古城牆上，可真容易使人受之迷惑，而不自覺地深陷其中，讓人無法自拔。

古城共有八個入口，而我下榻的青年旅館，恰巧正對著城牆北方的大馬士革門，從這裡一路向北，就是敘利亞的首都大馬士革。

「什麼，你在以色列！那裡安全嗎？」一個訊息傳了過來，我正低頭打著電腦。

聽到來自臺灣友人的顧慮，我並不意外，以巴衝突[3]向來都是國際媒體的聚焦之處。任何與以色列有關的新聞，也都脫離不了戰爭。在未踏及此地之前，我也都認為以色列應該是一個房舍頹圮、屋瓦毀壞，到處充滿自殺炸彈客，動不動就你轟我、我炸你，戰爭連年民不聊生的國家。

然而，耶路撒冷的市區既現代又先進，四處乾淨整齊，更讓人咋舌的是，許多新款的德國高級雙B轎車，竟被當成計程車來使用，生活物價、人民所得皆與歐美國家相仿，就在這一剎那，我深刻體會到媒體的可怕。

在資本主義的世界裡，媒體是一具龐大的洗腦機器，相較於共產主義裡強硬的思想改造，它是軟性的，但手法和目的卻是如此相似，它們都讓你、我逐漸習慣它、聽從它、尊崇它，不知覺地開始認為，從它口中所說出來的每一句話，都是對的。

過於相信任一媒介，都會讓人喪失思辨能力，遭致禁錮。

我堅決地對著自己說，此後任何事物，倘若不是親眼看見或親身經歷，絕不輕易斷言，因為那些話語，都是帶有某些特定立場的批判或散播。

關了電腦，我走回寢室，躺下不久便酣然入眠。

「叩～叩～叩～」隱隱約約，一陣又一陣的聲響，在空氣裡遊蕩徘徊，那聽起來就像是踩踏在石板路上的腳步聲，一面旗幟就在前方，上頭的圖騰印有一顆藍色大衛星，正在空中快速飄揚著，一位裸身揹扛著十字架的男人，似乎還在蹣跚步履，向前行進著。

1 《王者天下》（Kingdom of Heaven）：是一部由雷利．史考特（Ridley Scott）導演的電影。

2 伯利恆：是一座位於巴勒斯坦西岸地區的城市，在耶路撒冷以南十公里處，人口約三萬人。對於基督教而言，伯利恆是耶穌的出生地。目前，以色列控管著伯利恆的隘口，之間設有圍牆和檢查哨。

3 以巴衝突：以色列和巴勒斯坦的衝突，是目前仍在持續中的衝突，也是阿以衝突、中東戰爭的一部分。

14. 人生第一次打擊

二〇一四年三月　臺灣　臺北

故事寫到這裡，先暫歇一會兒。

我停下了正在敲打鍵盤的雙手，起身走進浴室。

「嘶～呼～」我倒抽了一大口氣，冷水從蓮蓬頭裡不停湧出，刺寒地淌滿全身。

自己貫徹全年洗冷水澡已經數年，至於何時開始力行，只記得始於旅行，其餘皆已不復記憶。

姑且不論強身保健之道，尤其是在凜冽的隆冬裡，冷水極其凍寒，淋上赤條條的胸膛，我不逃避，只用純粹的意志與其正面對抗。

對抗誰？當然是自己——怯懦的自己。

對我來說，在那一瞬之間，所產生的自我對話和勉勵，總是藏有一股醍醐灌頂的力量。熱，讓人逐漸昏暈；冷，給人帶來清醒。

我頭腦清醒地，走回書桌，一雙眼盯著發亮的螢幕，兩隻手橫放在黑色鍵盤上，繼續敲打寫下。

我看就來說一些，自己的孩提往事吧！

老實說，我不認為「極限」存在，或者說，極限都是人們所想像出來的，但「想像」理應毫無限界，於是「極限」也就不存在了。

打從自幼，自己就是一位嗜愛幻想、個性矛盾的孩子。看似超齡，其實內心自負至極，喜好剖判思考，不僅分析外在周遭的一切，對於自我質疑批駁，甚至加倍。

尤其更是自命不凡，一切想要攫取的，不得逞便不罷休。好挑戰，所有他人眼中的「不可能」，對我來說都不無「可能」，倘若自己真心殷切想望那人、那事或那物的話，然則所幸抑或不幸，真正令我誠心渴求的人、事、物，人生至今其實還真不多。

矛盾地，我雖睥睨一切，卻又憫人悲天，一副赤心熱腸，好犧牲奉獻，愛幫助他人，我把全然的孤傲都留給了自己，以及身旁的摯愛之人，對外就是一副老好人的模樣，也為自己掙來不差的人緣。

至於方才提到的「自命不凡」，其實範圍可以減縮到，社會體制下虛華的一切，舉凡人們所追求的外貌、才智、名利，只要太早被賦予其中任何一項，其實都是令人擔憂的，縱然許多創造偉大之人，均不乏在其幼年時，就已享有其中數項，但我相信假若沒有後來的命運淬鍊，那些能讓歷史記下的偉大，終究不會出現。

然而在我看來，這些與生俱來「他人」眼中的幸運，卻極有可能為這一人招來不幸，同時也是絕大多數人的後續發展。

當然我說的不幸，是指該人的當下感受，至於那些懷有「信念」，努力走過陰霾之人，若是事後油然再憶起往事時，或許會稱之為「再次接受命運的祝福」。

外貌、才智、名利，眾人皆求，何來不幸？

問題就出在於，這些都是「他人」眼中的幸運，而非「自己」眼中的，至於所謂的「信念」，無人與生俱來，都是歷經世事無常之後，才逐漸凝聚而成的。

自幼出生在中產階級家庭裡的我，成長過程縱然生活樸儉，但卻也未曾受過飢寒，只要家中有所餘裕，父母便會時常捐獻助人，「小康」二字，一直都是家中經濟的自表自述。

猶如諸多的臺北小孩，生活在傳統的升學體制下，可我非但毫無厭惡，反倒覺得喜愛，在課業上遊刃餘裕的我，習慣競爭，也樂於和他人競爭。直白的說，在我十五歲以前，一切都是輕而易舉，絲毫不費氣力的，無時無刻都在玩樂，課業依舊名列前茅，更是時常登臺領獎。

儘管我的課業優異，內在自傲，但是我卻不吝於教授他人功課，一向有問必答的我，喜歡看到人們臉上的喜悅，因為那也使我感到莫大的成就，但是在看到他人伏案苦讀的模樣，偶爾心中還是會悄悄地，浮上一種莫名的優越虛榮，現在想起那就好似毒品，使人著迷沉淪於其中，不知不覺地墜入闇黑的深淵。

國中時期，優異的在校成績，使我認定非得考取眾人眼中的第一志願不可。

一如往常，那一年的夏暑十分酷熱，高中聯招放榜的那天，是一個豔陽高照的白日，我步出家門，走至巷口的公車總站，舊式的大南客運公車，一輛一輛停在水門堤岸旁，坐上三

○二路公車，我從總站關渡宮出發。

沿著知行路，經過一個陡斜的上坡，離開當地居民稱為「橋下」的地方，一個臺北市西北方最邊陲的社區——關渡社區，許多從市區往返淡水的車輛，都會自上方的大度路橋經過，也正因為如此，臺北的繁華喧囂，並沒有在這一塊呵護我長大的地方留下，但卻又是如此地接近，自己也常和人分享，「關渡」就像是臺北市裡的一塊世外桃源，隱祕地藏匿在關渡平原尾端，基隆河與淡水河的交會之處，不受外界打擾。

公車駛入稀疏的車流，從中央北路四段，一路東行至中央北路一段，我在北投國小下車，同一根站牌，陪我走過九年的國民教育歲月，左轉步行至光明路，接續轉上溫泉路，從這裡，你可以步行至新北投，享受來自地心的溫柔熱情。我在途中轉進北投國中，雖然不久前，自己才從這裡畢業。

拿到放榜的成績單後，是的，我並沒考上建中，如果有的話，或許眼前這些文字也不會出現，然而取而代之的卻是自己第一次嘗到挫敗的人生經驗，那是我永遠都忘不了的一天。

我幾近恍惚地，沿路回家，獨自躲進未開燈的廁所，光線微微渺渺地，從受遮蔽的窗戶流洩而入，鏡子裡的臉孔逐漸扭曲，自己終究還是強忍抑壓不住地，雙手掩面、痛哭失聲，一股腦地跌坐在浴室的地板上，背倚著浴缸，浴缸裡頭一滴水也沒有。

是的，人生若要賜予祝福，必定痛擊你所自滿之處。

沒錯，我跌倒了，而這一跌就是四年，一直到我十九歲的那一年夏天，二〇〇二年的六月又發生了另外一件事……

15. 極境・極限・極美

二〇〇八年四月　挪威　特羅姆瑟

極光，是一只精靈
天空，是她的舞臺
她總是悄然地，命黑夜揭起序幕
隨即便在夜空飛舞，絢麗多姿
勾勒出一首名為「光」的詩篇
任人在一片如夢似幻裡，迷離地愛戀

人們常說，一生若能看見一次，就會永遠幸福。

「我要去看北極光！」記得在我離開澳洲，出發上路前，曾經也這麼地對自己說過，同時更是此趟旅程裡的最大想望。

北極圈裡的冬季為永夜，同時也是觀賞極光的季節，在背包下落不明後，原訂於一月的極光計畫，立即陷入膠著延宕，隨著季節入春，日照逐漸增長，觀測機率開始縮小。

「如果沒去，機率就是零。」我那不服輸的性格，又再開始自我鞭策。

離開以色列，在捷克、匈牙利短暫中停旅行數日後，我飛也似地直奔北歐挪威，進入北極圈時已是四月天，儘管後來才得知，一年之中最為壯麗的極光，多在十月或三月爆發，但北極圈裡的四月，日照已長，黑夜僅占全天三分之一，甚至從五月下旬開始，太陽就會持續占據天空數月，形成永晝現象。

挪威（Norway）在日耳曼語中意為「通往北方的路」，國土狹長，其中有三分之一的國土位於北極圈[1]內。

「哇！」我驚訝一聲，從機窗向下探去，那是一片熒熒閃爍的白雪，在臺灣長大的自己，從未見過如此光景。白雪之於我，是夢幻無瑕的，她的純粹潔淨，不時地散透出一種淡雅的誘惑，令人難以抗拒。

飛機溫柔地停降在特羅姆瑟，跑道兩旁的粉雪，恰似一襲白袍，迅速飄捲過來。

特羅姆瑟（Troms，每年均有為期二個月的永晝（五月二十一日～七月二十三日），和二個月的永夜（十一月二十一日～一月二十一日），是觀賞午夜太陽和北極光的最佳城市之一。

人稱「北極之門」的特羅姆瑟，緊鄰大西洋北海，受墨西哥灣暖流調節，縱然這裡有著許多「最北」的稱號，但氣溫卻不算太冷，最冷月均溫仍有零下四度，比起多數同緯度的城市，動輒零下二、三十度的凍寒，著實溫暖不少，再加上氣候適宜，以及兩大極地奇景，因此每年總會吸引無數旅客前來。

「嚓嚓！」走出機場，第一次受白雪圍繞的我，興奮地踢踹兩旁的積雪，隨手抓起一把又細又綿的白雪，捏了一粒雪球，使勁丟出。

隨著拋出的雪球，在天空中畫出一道弧線，旋即落下破碎，自己這才意識到腳下所站之地，已是被稱為「北極」的地方。

鑰匙，就在門口的腳踏墊下，

我猜你抵達的時候，我和勇都還沒回到家，

外頭冷，自己先開門進去吧！

PS. 如果可以的話，請從機場幫我們帶一瓶Żubrówka[2]

——美蘭妮

這是我第二次使用「沙發旅行」[3]，打開智慧手機，再次查看沙發主美蘭妮的電郵。揹上蒼藍色的背包，手上攜著一個密封的塑膠袋，裡面裝有一瓶Żubrówka、一瓶伏特加、一瓶蘭姆酒、一瓶苦艾酒，我從地上的殘雪踏越而過，再走至對街候車，離開機場。

下了公車，循著地址找到美蘭妮的住所，一間樸素平實的雙層木房。我掀開門口腳下的踏墊，正如信中提到的，那是一把預先放好的鑰匙。

「喀啦～」我將鑰匙插入窄小的鑰匙孔中，向右微轉。

走進屋內，迎面而來的暖和，將寒氣擋在屋外，我趕緊將門帶上，放下那只令肩膀發疼的背包，脫下受融雪蘸濕的鞋——一雙Columbia的防水透氣登山鞋。

索性將襪子一併褪去，我光著腳丫，走在北歐的木製地板上，忽然一股暖熱，緩緩地自腳掌底下傳來。

屋裡的客廳有著大尺寸的電漿電視、金屬延展而成的懶人椅、ㄇ字形的舒適沙發，以及一把包覆皮套的吉他，看來這屋子的主人，生活似乎頗為快意。

輕輕靠坐在沙發上，我的身子已溫暖許多，從眼前的陳設風格，以及幾封往返的電子郵件中，我嘗試著想從僅有的線索裡，揣摩出他們的模樣。

「究竟，他們是什麼樣的人？」

「他們，又是用著什麼樣的姿態在生活？」

「為何他們，能夠如此信任我？」屋主對人的信任，讓我感到十分訝異。

暫且不論彼此的交情，就算對方是你的親友，敢問又有多少人，能真正放心到將自己家中的鑰匙交給對方？更遑論之於他們，我不過是一名素未謀面的陌生人。

從更深層的角度思考，這不僅是對他人的信任，同時也代表著一種自信，一種無懼他人檢視自己的生活態度。

路上的陌生人、點頭之交、知己好友，甚至血緣之親，人和人之間或多或少，都有自己的隱祕空間，分別隱藏著專屬於自己的祕密；心和心是否也因如此，而離得越來越遠，變得難以相互了解？

●

「早期貿易、捕鯨，以及冰洋漁業，都為特羅姆瑟帶來繁榮。」

「同時這一港口，也是許多極地探險家，啟程前往探索未知，挑戰偉大的起點。」

美蘭妮向我詳盡解說，有關特羅姆瑟的一切，她是旅居此地的法國人，曾為記者的她，只因嚮往北極的幻美而來，正在學習嚮導知識，將為接下來的當地旅遊工作做準備。

「所以最後，阿里就放你走了？」眾人齊聲問我，我正在說著，那一個在印度發生的離奇故事。

晚餐飯後，我們總會聚在火爐旁，就著昏黃的光焰回顧過往，分享彼此旅行故事。

曾在夏威夷住過的美蘭妮，手抱一把烏克麗麗隨意彈奏著，弦音清脆響亮，就連爐裡的火焰，似乎也跟著旋律而盡情舞動著。

「雪上泛舟（Snow-rafting），有聽過嗎？」勇（Jon）興高采烈的問我，他是美蘭妮的挪威男友，也是這屋子的主人。

勇，他白天是木匠，藉由職務之便，經常得到狀況良好的二手家具，這家中所見之物，幾乎全是免費得來的；一到晚上或假日，他就成了在職進修的學生，曾在服兵役[4]時，派駐阿富汗，同時也酷愛所有雪地上的極限運動。

「沒有耶，雪上泛舟是什麼？」我不解地問。

「非常刺激好玩喔，這次我打算全程錄影。」他精力充沛，就像一位大男孩，實際上，他的確小我一歲。

「所以我們是在雪上，划槳前進嗎？」我把過去的泛舟經驗，套上畫面想像。

「哈哈！我們，不用船槳。」他似乎也見到那畫面的愚蠢，笑得合不攏嘴。

「沒有船槳或動力，如何前進？」我無從想像。

「簡單，我們把船拉到山頂，再從上面衝下來就好了。」

「衝下來？那要怎麼停？」

「到了谷底，不就停了。」他一臉正經，不像是在開玩笑。

「反正明天你就知道了，我敢說你一定會喜歡。」他的嘴角微微上揚，似乎有點邪惡地說：「而且，麥可也要一起去。」

麥可來自英國，同我一樣都是借宿這裡的沙發客，他個性生澀少言，但為人隨和。雖然素昧平生，但同樣喜好旅行的我們，如同老友一般，只要湊在一起總有聊不完的話題，我們在談笑間，揉捻著旅者對於世界的好奇，以及從不輕言放棄的自我挑戰。

隔日一早，我們整好所需配備，全都塞進勇的掀背車裡，啟程上路。

洗練的掀背跑旅車，猶如一個正在移動的火柴盒，馳騁在白色基底下的灰色線條上；車子駛入隧道，淡藍色的光灑散在車底，摻雜車輪的急速轉動，發透出一陣錯亂的幻覺，令人迷眩。

挪威多山，數萬年前的冰河運動，造就出壯麗的峽灣[5]，有的深達上千公尺，綿延數百公里，也因此挪威的隧道工程技術，占有世界領先地位，隧道不只距離長，甚至有些裡頭還有岔路，竟然連四向迴旋的交通圓環都有，若要論其廣度、深度、複雜度，簡直如同迷宮一般。

「旁邊那座山，坡度不錯。」出了隧道，勇一邊開車，一面指著右手邊的山丘，「就那裡吧！」他慢慢將車停下，那一座山頭積滿鬆雪，一片白茫茫。

他從後車廂拉出一袋「傢私」，經過腳踩打氣後，成了一艘小橡皮艇。

我們在前面的鐵勾環上，繫上一條粗麻繩，我和麥可二人踩在窒礙難行的鬆雪上，一起合力拖著小艇向上拉行。

口中呼出的熱，化作縷縷霧氣，向上攀升；額上冒出的熱，凝成粒粒汗珠，朝下滴落。

「好了！就這裡吧！」勇興奮地說。

我們停下腳步喘了一大口氣，一邊拭去汗水，同時也向下探頭望去，那一個又一個踏踩出來的窟窿，記錄下我們一整路的軌跡。

「你確定，我們要從這裡，衝～下～去～？」前面的坡相當陡斜，我有點不安。

「等會麥可你坐中間，」勇似乎沒聽到剛才我的發問，他只顧著說：「我和洛卡一人一邊。」接著他拿出一台相機，固定在小艇前面，鏡頭對著我們，還對我們拍了幾張。

「跳上來吧！」他快人快語地說。

我向著自己，牙一咬地說：「Now or Never!」瘋狂時刻，我總能在一瞬之間，泯去怯懦，補足能量。

「洛卡，等等我喊完一、二、三，就馬上跳進小艇裡。」

眾人各就定位，勇和我一人一邊，負責掌控氣艇的平衡；至於麥可，則像是被趕鴨子上架似的，他手足無措地坐在艇中，一臉獃滯地看著攝影鏡頭。

「一、二、三！」我和勇一起助跑，將小艇推下崖邊，再順勢跳進艇中，動作極其敏捷。

隨著坡度增加，船身開始傾斜，船頭急速下掉，速度不停加快，伴隨著呼嘯而過的冷風，以及船底吱嚓吱嚓的摩擦聲，那些視覺上的光影，迅疾貫入賁張的瞳孔裡，原先固有的一切形體也開始扭曲，拉展成一片又一片的景，就像一排紗簾，敞在我的面前擺動。

此時，船身激烈晃動，開始微微側轉，就某種程度上來說，「刺激」同等於一個人可以承受的恐怖程度，每一個熱愛挑戰自我的人，都沉迷在瀕臨極限的感官衝擊上，那是一種永不歇停的重生感，讓人獲得能量，好以持續熱情。

白雪，完美的六角純潔，漫天匝地而下
宛如一場聖浴，洗淨每一個紊亂的靈魂
若在一片寧靜疾速裡遇見自己

請你務必和它對話，清澈坦然地
因為，那是你自己啊！
你又何必欺瞞自己，如此大費周章地？
直視自己，就是一種挑戰
突破極限，重生才會降臨

「啊～～～」就在快要失控之際，我們一齊大聲狂叫。
「砰！」船底撞了好大一響，人和船都抵達地安然無恙。
「啊～啊～啊～～」從船裡爬出來，我又大聲咆哮了一番，好以舒緩仍在狂奔的心跳。
「我永遠敬愛的父母，請您們原諒孩兒這一刻瘋狂裡的自私，對我來說，生命中的每一個當下都是無悔的，我只求能夠得到你們的諒解，而一切便也足矣。」
平躺在沒有邊際的雪地上，一陣白雪狂濤後，順著漸緩的脈搏，我闔上了雙眼，獨自享受屬於自己的寧靜，徜徉在一片純雪白潔的寂浩裡。
而這裡，就是我的北極。

●

極光（Aurora）——歐若拉，是古羅馬神話中的黎明女神。

她是太陽神和月亮女神的妹妹，日晨時飛向天際，伸出能夠散發玫瑰香氣的手指，拉下黑色夜幕，曾經失去愛人和兒子的女神，將眼淚化為露水，若你見到花瓣上的晨露，那便是她今晨哀傷的驗證。

在凜冽的北陸雪季中，她鮮少悲愁，卻常將光彩攜來，令人看得出神入迷。

在愛斯基摩人的古老傳說中，極光是先靈為升天者而準備的火炬，好以照亮通往天堂的路；古羅馬時代，人們認為那是戰士們死後，仍然爭鬥不休的刀光劍影；直至今日，極光仍被賦予著代表幸福的傳說——看到極光，就會幸福一輩子。

「勇，如果我想看極光，哪裡可以看到？」陪勇瘋狂完後，內心的想望逼我發問。

「我家門口就行。」

「不過你來的時間有點晚，上個月我還看到不少。」他一派輕鬆的回答，一邊開車。

翌日，豔陽無雲，是一個爽朗的天氣。

天空藍，是自由的顏色，讓人輕鬆自在，我獨自來到市區漫步，在世界上最北的木構天主教堂前，找了一張空椅坐下。

路上行人稀疏，我向著漸融的殘雪發獃，她們已然化作涓涓細流，潺動在路面的溝槽上，不願破壞此刻和諧的我，緩緩起身，沒有造出任何聲響，徐步走至港邊。

鮮豔的船，一艘艘停泊在平靜的水面上，五顏六色的倒影漂蕩，使那宛如一幅立體的風景畫，或像是在豔陽底下，書報攤裡的明信片上，總是流洩出粼粼亮亮的浪漫，於是我緩緩地將之藏入記憶，心裡充滿溫柔。

從跨海大橋望去，遠方是一座不知名的雪色山脈，如果不是它將海的湛藍和天的蒼藍分隔，我還真分不出大海與天空，畢竟它們是如此的相似，尤其在這一塊純然的極境裡。

木造小屋分居兩岸，無論是座落在市區，或是布綴在緩和的坡地上，它們都色彩豔麗，彷若北歐童話一般。突然間，一艘船緩緩駛入眼簾。

它拉起的波紋，皺摺了原先無瑕的深藍，延開的漣，緊緊貼附著船身，持續前進；隨後的漪，再順著時間層疊擴展，微微渺渺地直到觸岸的瞬間，才因受制而逐漸消弭，最後再回盪至原有的寧靜。船過，水非無痕，只是曾經的悸動，亦被浩瀚大海融至深處醞釀，就像方才片刻裡的浪漫，早已摺印在我的心底一樣。

「從斯托斯坦恩山[6]上，可以俯視特羅姆瑟的全景。」心中一閃，美蘭妮昨晚的推薦，於是我走過大橋，朝登山纜車方向前進。

北極大教堂，以巨大十字架做為前主體結構，兩側如鱗片般的造型，就像一條幻白的極地之魚，隨時準備躍進大海，遨遊在一片無際的深藍裡。

兩條黑色電纜，筆直劃過晴空，我沿著它們走至轉角，一陣童言童語忽然傳來，探頭查看，原來那是一群幼齡的北歐小孩。

極地的天寒，在他們稚嫩的臉蛋撲上兩塊紅暈，頂上的豔陽刺烈，他們瞇著眼，可愛的小手都搭在同一條線上，列隊前進，但路面實在滑溜，只要其中一人跌倒，隊伍便會停下，等候跌倒那人爬起站穩後，才會繼續前行，在這之中沒有一人嚷嚷，或顯露出一絲的不悅。

一、不要以為你很特別。
二、不要以為你和我們一樣好。
三、不要以為你比我們聰明。
四、不要想像你自己比我們好。
五、不要以為你懂得比我們多。
六、不要以為你比我們更重要。
七、不要以為你很能幹。
八、不要取笑我們。
九、不要以為有人很在乎你。
十、不要以為你能教訓我們什麼。

——洋特法則（Law of Jante）

洋特法則[7]，出現至今未足一世紀，卻深深影響斯堪地納維亞人[8]，其特點在於否定個人成就，去精英化，團體至上，但若要論起洋特法則，理應先談Lagom。

這一只盛滿蜜酒的角杯，請接續傳下，
這裡的每一位，都要恰足能夠喝上一口，
最後若不足，代表有人貪杯；

倘使有餘，則是有人不夠盡興。

——北歐民間故事（維京時期）

根據流傳下來的故事，或許在西元八至十一世紀的維京時期（Viking Age），就有Lagom概念。Lagom原為瑞典文，意有「適當、足夠」之意，一切不鋪張浪費，也不儉省吝嗇，適當合宜才是最好。

此外，單靠一人努力，在極地中是難以生存的，唯有共享資源，講求團隊精神才易存活，因此凡事，均依全體福祉來考量，力求平等公正，不能厚利個人。

生活在極地裡的人們，大多壓抑，但內心卻是瘋狂的，就像俄國的塔蒂安娜，還有這裡的沙發主人——勇。

Lagom是斯堪地納維亞人的核心，也是潛意識，要求一切「適當」的本意固然良好，但在天生民族性的強制壓抑下，為了維持「團體」的「適當」性，每當有人出類拔群時，便易遭受輿論攻訐，但在貶抵的聲浪中，卻也不難嗅到「妒忌」的氣息；洋特法則的出現，就是在諷刺這種「集體壓抑」，不允追求自我卓越的社會風氣，乃至於「妒忌」之息的竄流。

後人臆測，「洋特法則」是要發人省思，回歸Lagom的核心價值——過猶不及。

越過那一群孩童後，我鑽進一條小巷，尋路前往登山纜車，正當摸不著頭緒時，一間白色平房就在前方不遠處，陽臺上的木板扶手，漆著一整條的暗紅，在這一片雪白裡格外顯眼，一位鬈髮的「老太太」身體靠在邊上，似乎有些察覺，直向著我望。

「請問？」我趕緊跑了過去，抬頭詢問。

「……」就在四目交接時，她一臉無辜，不動聲響。

「噗哧～～」我忍不住笑了出來。

原來她是「牠」，一隻棕色毛絨的狗兒，前腿撐著牆，將頭探出陽臺，自己可真犯傻，竟然人狗不分。摀著嘴，我一邊竊笑自己，一邊走離，留下那隻狗兒滿臉茫然地，繼續靠站在陽臺上，向著我望。

後來我終於走到纜車站，趕緊一股腦地衝上去搭乘。纜車車體不算太舊，鵝黃車身，車頂和底盤均一紫紅，不過幾分鐘，便將人拉升至海拔四百公尺。

步出車廂，儘管豔陽高掛，甚是刺眼，但山上的狂風，卻吹得我直打哆嗦。我從山崗向下看去，景致分外鮮明，不自覺地深吸了一大口氣，屏息欣賞眼前的純淨。

獨自想像著特羅姆瑟，那些刻劃人類探索極地的歲月，探險家們在這短暫靠停，待機出發至那廣闊極寒、充滿未知的疆域。

風，不斷自後方吹來；轉頭，是一片滄闊的雪景，被拂起的細雪，粉碎飄下，一位身著大衣的女子，腳步踉蹌地，向著不規則起伏的白色線條走去。

望著她滿是寂寥的背影，我也選擇離去。

午後，偶然停在枝梢或是屋上的雪，都不約而同地滑溜落地。

一名老婦牽著一隻小狗，越我而過，狗兒身上的毛，又長又鬈，和剛才我鬧笑話的那隻有些相似。

小狗在一棟現代公寓前逗留停滯，老婦踏在雪上，走過來對著牠說話，那棟公寓風格俐落，從透明玻璃可以見到裡面只有幾張藤椅，除此之外，簡約悠適沒有一絲長物。

走過一座學校，一群挪威少年正在雪地上互踢足球，看著他們滿臉通紅地，將體內的熱氣狂呼而出，讓人不難體會，在雪地上奔跑是一件多麼累人的事，這可不比跑在沙丘上輕鬆多少，至少曾到過撒哈拉沙漠的我，是這麼認為的。

我曾獨自跑在淡水河畔，前方是一座橘紅色的拱形大橋，理著小平頭的我，正踏著步伐，搭配呼吸、心跳，喘著氣，心神抽離到虛無縹緲處。不知那一段過去的身體記憶，是否也和前方的孩子相同。

金黃耀眼的餘暉，如聖光般地貼浮在水面，或是鑲在房舍的屋頂上，使得彩色小屋成了一間間打上金箔的黃金屋，而這也正宣告著黑夜即將降臨。躺在前方的斜影，受光芒圍繞著，那是我的影子，一個孤伶的圖像，也就只剩下它，還伴著自己踽踽獨行，隨我踏上歸途。

「如何？山頂很美吧？」一台筆電擱在她的膝上，美蘭妮一見我進門，便停止鍵盤上的敲打，熱情問我。

「真的好美，我好喜歡這裡。」

「是啊，所以我才決定留下。」她愉悅地向我微笑，表示贊同，然後又將視線移回她的筆電。

夜裡，幾杯苦艾酒[9]入喉，一份熾灼開始蔓延，如同夏日裡燥乾的山林，遭逢野火燎燒著，無法遏止。

我從背包裡拿出一本小說，或臥或坐地，任由炙熱在體內流竄，最後又移至沙發，望了瓶中的碧綠一眼，它們看似聖潔無害，可你我都再清楚也不過，無數的人們甘願醉沉於其中也不願甦醒，只求換來短暫的迷幻，好得以忘卻充滿苦痛的真實。

瞬間，原本一片漆黑的窗外，湧起一層若有似無的淡綠，蕩漾在黯黑邊緣，那裡的氛圍似乎有些詭譎，剎那間，一縷青光襲出天際，我貼著窗戶，驚訝地咧開了嘴。

「那就是極光，對吧？」我不經意地脫口而出。

早已顧不及室外的低溫，我還未搭上外套就直奔而出，但，頭才剛探出門外，就被眼前的一片驚豔懾服。

一襲搖擺的婀娜，時而輕飄倏速，時而泱鬱徐緩，沒有固定形體的她，就像一位不停變換面容的綠色精靈，或像一隻剛羽化完成的綠蝶，在空中舞出一道又一道的自由弧線。

滿天空的極光將我圍繞，沒有固定形體的她，每一分每一秒都在變化，還化成一條綠茵的河，自屋上川流而過，我目不轉睛地抬望，深怕一個眨眼的瞬間，這美麗的妙曼，就會一溜煙地消失在黑夜裡。

「洛卡，你真幸運，今晚的極光比之前的，都還大上許多！」

究竟是，極光會帶來幸運，還是幸運，會把極光帶來？

在不同的世紀裡，女神歐若拉攜來不同的綠色傳說，親眼見證此刻的我，確定自己是幸運的。

此時綠仙子仍在體內不停翻飛，令人心頭發熱。如果說，看到極光會得到神的祝福，此刻的我，只想和妳一起看見，我用雙眼記下，並將這一份絕美的感動，投入心湖……

漣漪，它又散開了。

●

翌日清晨，我走至客廳，坐上昨夜乍見極光的沙發，打開電子信箱。

二〇〇八年四月六日　上午七時二十五分

來自：阿聯酋航空客戶服務部

個案編號：DXB/X/CL/020108/6596235

親愛的林先生，再次感謝您之前的來信，請容我向您報告，這一案件的處理進度。

首先，在我們大規模的追蹤後，您的行李已判定為「遺失」，根據航空條例，我們將以每公斤二十美元的方式來賠償您，在我們的電腦紀錄上，您的行李是從印度德里機場掛出，共二十八公斤，因此總金額為五百六十美元。

此外，您先前在開羅機場，已領取的緊急救助金——一百五十美元，將會從總額五百六十美元裡扣除，最後需要再補給您的金額是四百一十美元，為了盡快可以把餘款給您，請在填完索賠文件親署姓名後，寄回本公司辦理。

最後，感謝林先生的來信，並給我機會來向您說明。

蘇（客服部經理）敬上

打開信件後，因為昨晚的苦艾酒，頭還在暈，我先用右手撐著頭，隨後用手指在太陽穴的位置撫揉，眼睛盯著螢幕，從上至下，一字一句，反覆共看了三次。

隨後我笑了，也許是那可笑的賠償，或是對方以大欺小的嘴臉，皆令人發噱；接著又想起昨夜的光之禮讚，還有一直以來的自我堅持，似乎一切都明瞭了。

任何事物的消長，都是一種能量的移轉，宇宙中發生的每一件事，其實都是帶有意義的，原來冥冥之中，當時祂所要給我的生日禮物，其實是最為難得的「勇氣」。

當我的視線離開豔亮的螢幕後，自己又笑得更加大聲，而且盈滿喜悅，因為再多的賠償，也都無法和那一份珍貴的勇氣相比。

1 北極圈：是指緯度數值為北緯六十六．五度的一個假想圈，是北寒帶與北溫帶的分界線，與黃赤交角餘角。北極圈以北的地區被稱為北極地區（Artic Region），俗稱「北極」。

2 Żubrówka：一款波蘭產的伏特加，酒瓶裡有一根茅香，臺灣俗稱「野牛草伏特加」。

3 沙發旅行（Couch Surfing）：又譯「沙發衝浪」，是一個跨國際的社群網站，旨在幫助旅行者和當地人建立聯繫，提供住宿、導覽、文化交流等非營利性的服務。

4 挪威目前仍為徵兵制，役齡十八至四十四歲，役期十二個月，實際多數已縮短為八至九個月，二〇一三年挪威國會通過，徵兵性別擴大至女性，旨在施行兩性平權，而非欠缺兵員。

5 峽灣（Fjord）：冰川由高山向下滑時，不僅從河谷流入，還將山壁磨蝕，成為峽谷。當這些接近海岸的峽谷，受海水倒灌後，便形成峽灣。

6 斯托斯坦恩山：海拔四二〇公尺，是特羅姆瑟的熱門景點，鄰近市區，可以輕易抵達，並搭乘纜車上山。

7 洋特法則：一九三三年，首次出現在挪威裔丹麥作家艾克塞爾．桑德摩斯（Aksel Sandemose）的一本挪威語小說〈*En flykting korsar sitt spår*〉，小說裡的虛構小鎮洋特（Jante），為確保鎮內的和諧穩定，於是小鎮裡的人們心中自成一套規範，人人奉為圭臬，稱之為洋特法則。

8 斯堪地納維亞人（Scandinavian），嚴格上指居住在挪威、瑞典、丹麥的人，其語言大致相通，文化歷史也有深厚淵源；廣義來說斯堪地納維亞，甚至泛指北歐國家，包含挪威、瑞典、丹麥、芬蘭、冰島。

9 苦艾酒（Absinth）：「法語：la fée verte」（綠妖精、綠精靈、綠仙子），歷來有一種天然的綠色，但也有無色的，是一種高酒精度數（45%-89.9%）的蒸餾酒，特有的茴香味是從植物性藥材中萃取，其中包括苦艾，又名「大艾草」的花和葉，綠茴芹，甜茴香。

16. 挑戰雪場工作

二〇〇九年四月　澳洲　墨爾本

「所以阿聯酋航空，最後就真的只賠你美金四百一？」

「沒有，我沒拿。人窮，志不窮。」

「你可真有個性！」

他們是一對澳洲中年夫婦，居住在西澳伯斯近郊，趁著假期來墨爾本度假，先生態度溫和，眼中懷有遠見，是一位猶太裔的成功商人，在西澳當地擁有多家連鎖商店、加油站；太太感性熱情，愛好旅行，聽聞我曾住過伯斯，並且還從那裡，購買一張環球機票[1]去世界各地遊走，對我懷有極大的好奇。

因為在北極那一次的瘋狂嘗試，使我愛上了滑雪，於是繞完世界一圈後，便打定主意要回澳洲，決心要去雪場工作。

於是我在二〇〇八年底，回到澳洲的墨爾本，當時的我已倦於旅行，在冬季來臨之前，只想待在市區工作。

二〇〇八年九月十五日，美國雷曼兄弟正式宣告破產，六千一百三十億美元的債務，成為美國史上最高額的破產案，這一場全球性的金融海嘯，同樣也從太平洋的東岸蔓延至澳洲。

當時十二月的墨爾本，太陽持續熾熱，但街上店家的生意卻是蕭瑟冷清。

我的履歷上，有著過去在伯斯高級餐廳的工作經驗，以及更為熟練的語言能力，還有著豐富的旅行故事，原以為這些資歷，可以很快地讓我在市區裡找到工作，可惜發生在我身上的事，從來都不曾容易，不論是人生抑或旅行，雖然最後也都能夠否極泰來，一向如此。

關於這一點，在我事後回想起自己的生命歷程，除了在十九歲的那一年夏天，發生那一件幾乎就要令我粉碎的事情以外，隨後的困頓當下，我也的確認分不自高自大，同時對於生命，依舊懷有桀驁不馴的態度，而這一信念，了然矗立於心，不曾動搖。

後來經過一個多月的沿街尋找，終於覓得兩個兼職的餐廳服務工作，兩家都是義式餐廳，一間是在金融商區科林斯街[2]上的高級餐廳——「義大利人」（The Italian），另一間就是這一家在市區周圍的阿瑪雷托（Amaretto），一間讓人感到溫馨的家庭餐廳。

「洛卡，你形容的極光好美，我們也好想去。你建議何時去呢？」同樣的，先生總是安靜微笑，又是婦人發問

「噹噹～」從廚房傳出一陣喚鈴聲。

「喔喔！你們的甜點好了，」耳尖的我，迅速辨認出來，剛才那一段喚鈴聲的含意，

「我先去幫你們端出來，再和你們慢聊。」最後還幽了他們一默：「記住！看極光是需要耐

心的。」

聽著他們開懷的笑聲，我轉身自靠窗的位子離開，從兩張桌子中間穿越，緋紅、白淨的兩條桌巾，相互交疊在每一張方桌上，上面擺放的餐具、高腳杯，都相當樸素，沒有一絲鋪張；一面大型輸出的《蒙娜麗莎的微笑》釘掛在牆上，幾乎就要占去角落的那一整片牆。

餐廳裡時常播放同一首歌，一首混雜西班牙文和義大利文的歌：〈飛翔〉[3]

我想，像這樣的夢，不會再出現了。
那時，我將雙手和臉龐都塗上藍色，
瞬間，一陣疾風將我席捲而起，令我在無垠的蒼穹裡飛翔。
噢，飛翔吧！
噢，歌唱吧！
藍色的天，藍色的我，置身其上不停飛翔的我，好不快樂，
我飛得好高，甚至還較太陽更高，當底下世界逐漸隱沒消失時，
出現一種甜美的音樂，就只為我一人而響。

●

「洛卡，」一位襯衫白潔，領口拉得直挺的男人，朝我走來，「二樓那邊，需要你的幫

忙。」大衛，他是這一間餐廳「義大利人」的總經理。

「沒問題，我這就過去。」優雅地，我將手上正在擦拭的高腳杯，輕放在白色大理石面的吧檯上，並整了一下身上的黑色襯衣，朝著二樓的樓梯走去。

這是一家專做義式料理的高級餐廳，成立於二〇〇五年，位於墨爾本的金融中心地帶，曾經榮獲澳洲美食指南多次推薦。

樓梯左邊，一排豔紅的皮製沙發，既摩登又現代，帶有設計感的壁燈，皆已打亮蓄勢待發，柔黃色的光，灑下一整桌的尊貴，擺放在白潔桌巾上的餐具，無一不是出自名家之手。這裡的氛圍，又讓我想起二〇〇七年，我在西澳伯斯的餐廳工作。

在這一段歲月裡，我總是不停地朝向目標前進，每完成一項，就接著做下一項，不論快慢，從不停止。我總認為這世界從來就不缺想法，少的只是，那些貫徹到底的實踐。

是啊，離家至今，就快兩年半了。

「大衛，二樓都弄完了，」自二樓返回吧檯後，我又忙了一會，對著剛走出廚房的大衛說：「冰櫃裡的飲品也都已經補齊，還有什麼需要幫忙？」他手裡拿著一杯咖啡，聽我說完後，又啜了一口。

「不用了，洛卡謝謝，你可以下班休息了。」他勾著小拇指，拿紙巾擦了一下嘴角。

「記得自己拿一瓶沛羅尼去喝，」他在走上辦公室的樓梯前，突然轉頭對我說：「今天謝謝囉！」他面帶微笑。

「啵！」打開直立式的冰櫃，我將手伸到最裡層，取出一瓶沛羅尼啤酒。

窄長的綠色瓶身，貼著由紅、白、藍三色組成的商標，印有「PERONI」的紅色字樣，下面則是該酒款名稱藍絲帶（Nastro Azzurro），以及該啤酒廠成立的年份一八四六年。

換完便服後，手中握著一瓶啤酒，我筆直地穿過餐廳，拉開一整片的落地玻璃門，走到戶外中庭找一個位子坐下。

這裡是餐廳中唯一允許吸菸的地方，可我並不抽菸，不過只是來到室外，享受一陣忙碌後的閒暇，就只有啤酒和我，當然有時也還有其他同事。

氣候雖已入秋轉涼，但今日卻一反常態，格外悶熱。

拿起酒瓶，我將瓶口對嘴，頸部順勢上揚，好讓瓶裡的冰涼流入喉中，晶透的一粒水珠，從環繞著瓶身的手掌之間流落而下。

「鈴鈴鈴～鈴鈴鈴～」就在這時口袋裡的手機，恰巧響起。

「咕嚕～咕嚕～」我接起手機，一口吞下嘴裡的啤酒。

「你好，請問是洛卡嗎？」電話裡，傳來一個陌生的聲音：「我是亞當，阿斯特拉旅館[4]的老闆。」

「是的，我是洛卡。」仍舊，我毫無頭緒。

「我們有收到你寄來的履歷，要應徵今年的雪季工作。」

「對喔，我有寄去阿斯特拉。」他方才的一語，似乎點醒了我。

「洛卡，我會打這一通電話給你，」亞當接著我的話說：「就是想要了解你是否還在尋找雪季的工作？」

「目前是有一、兩家正在等我回覆，不過我仍在考慮。」不假思索，我誠實答道。

「考慮的原因是？」

「因為他們應允的工作，多是廚房或房務打掃，我個人則是較為傾向外場的服務工作。」

「那恰好，我們這一份工作，就是旅館餐廳裡的服務生。」亞當迅速回應：「在雪季開始前，山上會辦一個外燴美食展，希望你能來幫忙，就當作是雪季前的工作面試。不知你是否有興趣？」他接著說完，不拖泥帶水。

誠如前言，這一次回澳洲的目的，就是要去雪山工作，住在銀白世界的浪漫裡，而在所有寄出的應徵信件中，其中最高級的一間旅館，正是阿斯特拉旅館。

想當然爾，遇上這天殺的大好機會，我便迅速答應了，殊不知這一個應允，卻給之後的自己，帶來許久未嘗的極大失落，甚至失去了，心中最重要的平靜。

掛完電話後，我踏出義大利人，牽出銬鎖在路邊的自行車，沿著科林斯街緩慢騎行，一列古典的路面電車，和我一起並列同行。

科林斯街上歷史悠久的建築，和商業高樓比鄰而居，在這精華街區裡，滿是窗明几淨的高級服飾店，或是舒適典雅的咖啡小館，路上行人熙來攘往地，他們多穿搭時髦或著正式套裝，相形之下，我的衣著就顯得有些窮酸。

穿過展覽街（Exhibition St.），來到泉水街（Spring St.），我向左前方騎去，三位青春洋溢的少女，坐在城市博物館的階梯上，她們金黃色的髮絲飄逸，輕舞飛揚，我不自主地瞥了幾眼才騎越而過，接上麥克阿瑟街後，遇上醒目的哥德復興式尖塔，那是不遠處的聖派屈克大教堂。

直至街底的聖文森私人醫院，順路右轉，醫院門口站著一位中年男子和一位婦人，他們雙手交叉在胸前，各自別過臉去，沒有任何交談。一位穿著牛仔連身裙的小女孩，望著那婦人，一臉無措。

他們三人的影像，逐漸被我拋在腦後，頭也不回地，我直行騎在維多利亞商業街，兩列對開的路面電車，駛在寬闊的馬路中央，底下的鐵軌井然有序，兩旁各種有一排大樹，一直綿延到北瑞奇蒙車站，樹梢上的葉子，已逐漸轉黃，不再是春、夏裡的盎然綠意。

沒有騎到北瑞奇蒙車站，我在史密斯街口前，就壓了煞車，令車停下，並將車子和一支站牌扣鎖在一塊兒，停在阿瑪雷托餐廳前。

隨後我走進餐廳，接續工作至晚間十一點，回家前也和餐廳老闆戴斯（Des）告了假，說明要去雪山試工的事。

●

「嗨！」一輛車，在我面前停下，一位性格帥哥下車問我：「想必你就是洛卡吧？」

「是的，我是洛卡。」站在Mt. Beauty的加油站旁，我已發獃好一陣子。

Mt. Beauty是最鄰近佛斯奎克山的一個小鎮，此時正值五月，四處一片秋意，天空藍得一如往常，不約而同地，周遭的樹兒也正換上秋裝，有的是一身金黃，有的則是橘紅夾雜，但在那之中有一棵樹，紅得又穠又豔，不停地對我散出誘惑，我的目光就這麼不爭氣地，被她攫住了好久。

「哈囉，我是德魯（Drew），路上還順利嗎？」他彈掉菸灰，又抽了一口。

「嗨，德魯，」我這時才回過神來，「今日火車仍有些狀況，但還算順利。」和德魯握完手後，我將背包丟至後座，坐進車裡，朝山上駛去。

德魯家住伯斯，喜愛衝浪、滑板，他同我一樣，都是第一次來到阿斯特拉旅館工作，主要是負責吧檯裡的工作，而我則是餐廳服務。

其實若非自己大意，昨日午後早該抵達阿斯特拉旅館，而非現在才到Mt. Beauty。更何況昨日一早，自己還特地提早到墨爾本的南十字車站候車，結果竟然搞錯登車的月臺，讓一天只有一班的火車，就這麼眼睜睜地從我眼前開走，只要一想起這糗事，自己就羞愧到無地自容。

車程約莫四十分鐘，德魯將我載至旅館門口，揹起背包，我踏了一層樓高的階梯，蹣跚地走進旅館。

「嗨，洛卡。」一位身形瘦長的中年男子，朝我走來，「我是亞當，路上還順利嗎？」他的下巴留著一撮山羊鬍，相當有型，略像知名影星強尼戴普。

「哈囉，亞當，昨天可真不好意思。」我迅速為自己的遲來道歉。

「哈哈，不打緊的，」雖然他外表纖瘦，但和我握起手來，卻厚實有力，「對了，這是沃利（Wally）。」另一位男人，正好從辦公室裡走出來，手上拿著一疊文件，他雖白髮銀鬚，卻仍氣宇軒昂，眼神銳利，和我點頭致意後，他狀似忙碌地走出門去，我們沒有多談。

「來吧，將背包放下，我帶你繞一下阿斯特拉。」亞當指了一下門邊，我將背包倚放在那一處的角落，並隨他走進高雅華奢的餐廳。

酒吧裡，站著一位身材挺拔的年輕帥哥，正在為客人調製一杯波蘭男孩[5]。

他手腳俐落地，同時從後方抽出一瓶透明的Żubrówka——與之前美蘭妮託我買的那一瓶相同——和一瓶黑色的黑醋栗利口酒，雙手倒舉呈V字形，一黑一白的玉液瓊漿各自流入透明的調酒杯中，倒入葡萄柚果汁，最後還擠了幾粒新鮮的萊姆。

他將那杯攪拌後嚐了幾口，再舀進大量冰塊，接著就把雪克杯甩得飛高，再俐落接住，同時還蓋在調酒杯上，動作熟練自然，沒有絲毫頓停。

兩個杯子壓緊拿起後，就是一陣搖甩，接著拆離調酒杯，架上隔冰器[6]，令一涓朱紅優雅地淌在一只雞尾酒杯裡。

「嗨，你一定就是洛卡了。」他擦擦手，將那一杯酒遞給客人後，便走過來和我熱情握手。

「洛卡，這是丹尼爾。」亞當居中，正式幫我介紹：「洛卡，你看！你人都還沒來，大家就都已經認識你了。」

「亞當，你就別糗我了，不然我還真對不住大家。」一想起昨日的糗事，我又摸摸頭，顯得有些不好意思，他倆靜站在一旁竊笑。

亞當，是這一間旅館的經營者，他的父親沃利，則是前任經營者兼投資者，至於吧檯裡的帥哥丹尼爾，他是沃利的小兒子，亞當的弟弟，同時也是旅館的吧檯經理。這三位男子，都具有鮮明的人格特質，同時也是旅館內的靈魂人物，缺一不可。

當然除了德魯，以及他們三位，旅館裡還有廚師魁克（Craig）、服務生艾德琳（Adeline）、房務員潔妮（Jenny）。亞當和我說，這是雪季前的人員編組，當雪季開始後，將再陸續增加員工，人數會是現在的兩倍。

「好了，等會六點，客人就要用晚餐了，」亞當收起笑容，「洛卡你可以立即上工嗎？」他一本正經的說。

「當然沒問題，不然我來幹嘛！」我聳聳肩，一臉自信，蓄勢待發。

我將行囊丟進房裡，再從背包裡拿出皮鞋、皮帶、西裝褲，迅速換完裝後，便至餐廳報到。每一家餐廳，都有各自不同的習慣或規矩，來到一個新環境，首先要做的不是糾正或改進，而是先試著去融入學習，「新人沒有嘴巴！」至少沿途，我是如此告誡自己的。

人美，心更美的艾德琳，短髮俏麗，總是滿臉笑容，精力充沛，能和她一起共事，真是一種福分，時間自然過得飛快，我在阿斯特拉的第一晚工作，就這樣馬不停蹄地忙到午夜。

「洛卡，謝了！」亞當走進餐廳，「今晚很好喔，你先休息吧，剩下的東西，留給德魯收拾就可以了。」他對正在收拾酒吧的我們說。

「因為明日一早，你還得早起服務早餐。」他挑了一下眉，好似在暗示我，明天才是重頭戲。

「好，我再幫德魯洗完這幾個杯子，就去休息了。」我的動作並未因此停下，僅僅抬頭回應亞當。

還記得那一晚，真正躺下休息時，已是凌晨二點。

「噹噹～嘀鐺嘀鐺～噹噹噹噹～」我從床上驚醒，趕緊切掉手機的自編鬧鈴。我記得自己好像才剛躺下不久，是的，因為手機上顯示的時間是清晨六點，迅速梳洗整裝完畢後，我上樓往餐廳的方向走去。

「早安，洛卡。」艾德琳，正從大門走進來。

「早，艾德琳！」我趕緊挨過去，幫她拉開大門。

「謝謝，來，我們來準備早餐吧！」她精神抖擻，完全未見疲態。

「那有什麼問題。」回答完後，我在她背後偷偷地，打了一個好大的哈欠。

「首先你看，」她帶我走到廚房門口，「這些早餐要用到的東西，昨晚我都已經依序備好，放在這了。」那裡設有一個屏障，在廚房和餐廳之間形成一個緩衝空間。

「哇！」對於她的細心，我有些吃驚，一排需要用到的器具和沖泡穀品，都依序排列在櫃檯上。

「東西都已經備好，我們現在只需要把它們依序移至餐廳就行了。」她聳聳肩，朝我咧了一下嘴，並抱起幾個玻璃罐子，準備搬移。

「等等，艾德琳，妳先等一下！」我快速地，發聲制止她的動作，「給我一分鐘，一分鐘就好！」我伸出右手，示意要她停下動作。

「讓我回房間拿一下相機，我想拍下來，這樣能幫助我，快速記下這些前置作業。」我彎著左腿，隨時準備起跑。

「哈哈哈！沒關係，我等你去拿，不急。」

見她停下動作，我迅速奔回房間，拿著相機衝回餐廳拍了幾張，還有接下來各項器具精確的擺放位置。

和昨夜把酒喧嘩的晚餐相比，早餐的步調也較舒緩慢適，看著窗外尚未全然融化的初雪和沁藍的天空，以及眼前每一個滿足的笑容，似乎我的心，也不由得快悅了起來。

上午收拾打掃完後，已是下午一點半，可自己卻早已等不及，要到外面的雪白裡好好探索一番，似乎血液裡的探險因子，又在蠢蠢欲動。

佛斯奎克山和多數寬敞的滑雪場不同，倒像是歐式傳統的滑雪村莊，所有補充物資都是由大貨車載至村莊口，接下來再由各旅館餐廳，用雪地摩托車載運回去。

沿著山路向下走，我在村口見到昨日上山時，見著的一個白色巨帳，就這麼張牙舞爪地，搭立在寬大馬路旁，好似一個馬戲團班子。

混著人群，走入帳篷裡，原來裡面沒有在演馬戲，而是雪季開始前，眾人為何前來的目的——葡萄酒暨外燴美食展。

在入口，我做了一張個人名牌，但還沒套上脖子，就被幾位昨晚的客人認出我來，紛紛邀我去他們的攤位上嘗嘗。

西式外燴不如台式料理繁瑣，多是一些炸雞、烤派、三明治，但最為大宗的還是酒類飲品，從各式啤酒、調酒、到眼花撩亂的葡萄酒，在這裡都免費試吃試飲，為的就是希望能夠獲得青睞，好在接下來的雪季裡，能夠多拿到一些村莊裡的訂單。

不過一會兒，就已來到下午三點半，回旅館小憩二十分鐘後，旋即上工。晚餐一如昨日，因為客人有些是下午的熟面孔，所以工作起來又更為快意。

亞當和沃利，同樣也在餐廳用餐，他們兩人開了一瓶紅酒，一邊享受晚餐，一邊討論接下來雪季裡的各項規劃。

「洛卡，」毫無預警地，亞當朝向正在收拾餐具的我走來，他手上的那一杯紅酒還剩下一口，「明天艾德琳請假，只有你一個人負責早上的服務工作，你應付得來嗎？」說完後，他看著我，把那一口紅酒喝完。

「那有什麼問題！」我快速答道：「流程我都記下來了，以防萬一，我今早還拍下早餐各項擺置的照片。」我從桌上，拿起最後一個盤子，端在右手。

「喔！很好很好，」他表情有些訝異，直對著我點頭微笑，「那你收拾完，就早點休息吧！」他轉身離去前，還拍了一下我的肩膀。

梳洗完，躺上床，又是凌晨二點。

翌日還沒六點，自己就已起床，因為昨晚睡前，我還刻意將鬧鐘調早半小時，好以提早起來準備。

來到餐廳後，我依照先前拍好的照片，依序將牛奶、麥片、優格、水果、吐司、麵包、烤吐司機……等，一一擺放至確切的位置。

「洛卡，謝謝你喔！」一對夫婦用完早餐，起身準備離去。「我們都很喜歡你的服務，希望這一個雪季可以看到你。」頭髮灰白的先生，特地走過來對我說。他們是一家葡萄酒的供應商。

「先生您客氣了，能為您們服務是我的榮幸。」握著他的手，我尊敬地點頭回禮。

我在忙完餐廳的收拾後，又主動到廚房裡幫忙清潔。

「洛卡！」亞當突然拉開廚房門，「你來我辦公室一下。」他探著頭，迅疾說完。

「好，我馬上過去。」我擦一擦手，理了一下衣服，走進大門旁的辦公室。

「來，」放下手上的一疊文件，他推了一下架在鼻梁上的眼鏡，指著前面的那一張藍色辦公椅說：「你自己拉椅子坐。」

打從走進這一間不到兩坪的空間裡後，我就沒有發過任何一語，亞當這時卻做了一個耐人尋味的表情，起初他先刻意微笑，顴骨都隆了起來，但眼神猶如老鷹一般，鋒利地直盯著我，好似要將人瞧個透底，有些詭異，讓人有些不自在。

但我也絕非等閒之輩，單單看著他，沒有絲毫閃避，只是簡單地微笑，因為離家至今，再生死攸關的時刻，我都不知經歷多少回了，當然那些故事，皆已寫在應徵的信件裡，想必亞當和沃利也都看過。

「洛卡，你好嗎？」他終於開口打破沉默，但表情還是沒有改變。

「我很好啊！」我從容地回答，但雙眼仍盯著他瞧，「一切都很好。」同時還繼續保持著微笑。

「洛卡，昨晚你在工作的時候，我和沃利都在討論你。」這時他的眼神，從銳利轉為柔和。

「我和沃利都見過不少的員工，有些人的勤奮是假的，那些都是為了得到機會，而刻意喬裝出來的，但你的卻不是。」

「勤奮，就是你的本質！」他點頭，對我表示讚賞。

「亞當，謝謝你的讚美。」我點頭謙遜地回應：「我不過是盡力，去做好每一件事情罷了！」

「很好，洛卡，謝謝你，感謝你這幾天的幫忙。」他馬上接著說了下去：「由於目前，我們收到的房間預訂尚未確定，有關雪季的工作，現在還無法給你保證，大概還要再等十幾天，才能給你回覆，希望你能諒解。」

「好的，這我可以理解。」

「那好，廚師魁克現在要回墨爾本，我問過他了，他可以載你一程。」

就這樣，我再次衝回房間，僅僅用了十五分鐘，便束裝完成，中午十二點十分，我們和眾人道別，往墨爾本出發。

三天兩夜的試工，睡覺時間合計不到九小時，一天工作最長十四小時，就連最後也是急急忙忙地離開，連好好喝一杯茶的時間都沒有，聽起來雖然有些辛勞，但可以確定的是，我喜歡阿斯特拉的氛圍，也喜歡佛斯奎克山的環境，更加期待能在這裡度過我在澳洲的雪季，達成今年所設定的目標——在滑雪場工作，並學會滑雪。

●

「洛卡，不好意思，」電話那頭傳來亞當的聲音，「或許是受到金融海嘯的影響，截至目前為止，訂房的銷售狀況仍然不佳，就我們現有的編制來說，其實員工已經足夠，真的得和你說一聲抱歉。」

「你的意思是？」我繼續追問：「這一個雪季，我沒法去阿斯特拉工作了？」我打從心底，希望能得到一個確切的答案。

「也不是絕無可能啦，只是得要等到七月中旬之後，倘若屆時生意有好轉的話，我們會再和你聯絡的，但就以往的經驗來判斷，今年的情況真的很差。對你很不好意思，因為又過了兩個星期才告訴你，我們也希望可以好轉，可惜就目前的狀況來說，並非如此，希望你能諒解。」

「好的，亞當，我知道了，謝謝你的告知。」

天氣日趨寒涼，葉子紛紛褪下秋日紅黃的衣裳。

回到墨爾本，確實又已過了兩週，從一開始受到亞當讚賞的滿滿信心，一直到接續而來的不安忐忑，以及方才電話裡的終結宣告。

這一種感覺、這一種記憶，我也曾經深刻而切實地嘗過，那就好似，無論你一人再努力、再拚命，也對抗不了外在環境的現實，儘管這一痛苦非常相似，但這一次，卻仍給我帶來徹骨的痛楚。

曾有那麼一刻，那些過去的闇黑回憶，全都襲逆而來，使我顫寒不止。

「一定還有什麼辦法，全力以赴吧！」蜷縮在被窩裡的我，再一次地自勉自勵向自己打氣，這才得以勉強入睡。

儘管隔日起床後，又寄了幾封應徵的履歷，打了幾通電話，只是五月下旬，多數雪山上的職缺早已補滿，於是內心也開始盤算著，等雪季正式開始後，再親自上山尋找機會。

●

終於在六月中，下了一場大雪，我又持續觀察一週，等到山上的溫度和雪量皆漸趨穩定後，這時雪季才算正式開始，相信山上的遊客，必會逐漸浮現。

買好前往布萊特（Bright）的火車票，由於Mt. Beauty並無青年旅館，所以只好選擇離佛斯奎克山較遠的布萊特，在那住上一晚，隔日一早，再搭便車上山。

抵達布萊特時，已是下午五點，離佛斯奎克山還有六十公里，這是一座寧靜的小鎮，同時也是，前往另外一座雪場Hotham的必經之地，隨處都是租售雪具的商家。

下榻於青年旅館「布萊特健行者」（Bright Hiker），我向櫃檯的格雷克詢問不少資訊後，又在廚房前和一位韓國背包客聊上一會兒，他說自己工作的農場就在附近，這倒也又勾起了自己二〇〇七年在農場工作的回憶。由於明日還得早起，於是晚上不到十一點，我便回房休息。

躺上床，忽然一陣黯黑力量，掐住自己，那是一股令人感到窒息的壓力。說實話，這還是我第一次要在澳洲搭便車，儘管自己之前曾在歐洲做過，但仍有些不安，再加上雪季工作仍無著落，更何況只要一想到，自己訂下的目標就要失敗，心中難免徬徨不安，但說也奇怪，打從十九歲那年夏天，發生那一件事情之後，無論再愁緒如麻的時刻，心中總會響起一個熟悉的聲音。

「盡力吧！」一個聲音，自我內心深處傳來：「你的人生，早已了無憾恨。」

或許就是，那一股教人安定的聲音，一掃方才掐住自己的陰霾，讓我在奮力一搏的前夕睡得格外安穩，原來全力以赴，可以如此爽快。

翌日清晨六點半，帶有拉丁曲風的自編鈴聲，再次將我從睡夢中喚醒。

揹起背包，帶上雪衣、睡袋、露宿袋[7]，以及足夠撐上一天的乾糧和水，還有最重要的堅定決心，我啟程出發。

太陽尚未升起，街上空無一人，只剩兩排街燈，孤丁丁地站在晨霧裡，為我指引方向，伴我前行。

上午七點二十六分，我站在馬路旁，舉起右手拇指，臉上帶著誠懇的陽光笑容，前方陸續來了幾輛車，皆飛馳而過，令人有些心寒。

約莫二十五分鐘後，一輛殘破的舊車，停了下來，不修邊幅的古格是一位建築工人，他還好心地幫我開了車門，儘管只有短短的五分鐘便車，但卻足以讓我感受到他的古道熱腸。

下車之後，我是大笑著，心是雀躍不已的，彷彿過去數日的憂鬱，都消失得無影無蹤。

不到十分鐘，開著卡車的肯也停下車來，一部建築機具架在卡車後頭，他在運送的路途中，恰巧也會經過Mt. Beauty，於是便給了我一段四十分鐘的便車。

站在Mt. Beauty的交叉路口，不禁朝向前方山脈望去，此時天空一片淡藍，如琉璃一般透亮，延綿不絕的山脈成了一片黑色的剪影，從那上緣升起的初日，將大地照得光芒萬丈，好不燦爛，山腳下的霧氣，好似一席乳白色的柔軟地毯，鋪展在暗綠色的草原上，猶如幻夢一般飄邈，不大真實。

「永遠都不能停止步伐，我要持續向前。」望向無盡的路，我一邊自我勉勵，同時步行向前，此時豔陽已經高照，天空藍得開闊，徹徹底底。

我和絕大多數人搭便車的方式不同，與其站在原地攔車，我會選擇持續向前步行，當有來車接近時，才回頭比出手勢攔車，因為多走一步，機會也就會多上一步，你永遠不會知道，或許前面轉角進來的車，就是那一部，會給你一程方便的車。

「嘿，年輕人，你要去哪裡？」搖下車窗，一位蓄有大鬍子的中年男人，左邊坐著他的太太，後座還有兩位可愛的女娃兒。

「我要去佛斯奎克山。」我將頭低下，和坐在後座的二位女娃兒熱烈招手，並親切微笑。

大鬍子布萊恩邀我上車，他們一家人每年都從吉隆來佛斯奎克山滑雪，由於山上住宿昂貴，所以特地選擇住在山下，每天開一個半小時上山，他們的做法，聽起來倒是和我有些異曲同工之妙。

抵達佛斯奎克山不過才上午九點半，沒有想到第一次在澳洲搭便車，比我想的還要順利許多，在和布萊恩全家道謝告別前，我還特地拍下一張他們全家的合照，好記下他們燦爛可掬的笑容。

相較於搭便車的順遂，接下來尋找工作的狀況，可真有如天壤之別。

「不好意思，」從裡頭走出來的女老闆，笑著臉對我答道：「我們目前不缺人喔！」

「沒有關係，還是謝謝妳。」點頭回禮後，我轉身離去。

「加油加油，盡力就好，」面對一次又一次的拒絕，我總得在拉開門後，向自己打氣一番：「只要不放過任何機會，就已經沒有遺憾了！」並同時保持微笑。

幾乎都要問遍整座山頭了，無論餐廳或是旅館均無斬獲。

村裡的小路，皆已覆上一層薄雪，路旁還堆有一大團的積雪，以及一涓已經化融的雪水，我小心翼翼地，從那一道潺潺流動的澄澈上方，跨步越過。

「去阿斯特拉吧！」我將左腳彎曲抵住山壁，獨自靠站在一旁，心裡有些不甘。

或許有人會問，為何不一到佛斯奎克山就去阿斯特拉詢問，畢竟自己也曾替他們工作過。

是的，我是刻意賭氣避開阿斯特拉的，對於沒被他們僱用一事，自己其實有些怨懟，於是之後我就決定要證明給亞當看，就算沒有阿斯特拉，自己同樣可以來到這裡，並且找到工作。

「就算不找工作，好歹也和他們打上一聲招呼吧，畢竟人都來到這裡，心胸沒那麼狹隘吧！」我一口又一口地咬食著背包裡的乾糧，混著開水一起吞下，靜靜地自我思量一番。

「仇恨」無法讓人平靜，但「愛」卻可以。

走到阿斯特拉的門口，手錶顯示為上午十一點，再次踏上熟悉的迴旋臺階，我毫不猶豫地開門走了進去。

「欸，洛卡！」丹尼爾恰好在門口玄關附近，「你怎麼會在這？」他一臉驚訝地問我。

「洛~卡！」聽到丹尼爾的聲音，亞當也從旁邊的辦公室走了出來。

「嗨，丹尼爾、亞當，我今天是專程上山來找工作的，」處變不驚地，我微笑答道：「但都找得差不多了，剛好路過這裡，就順便進來和你們打一聲招呼囉。」

「是喔！」對於我的回答，亞當似乎感到有些詫異：「那情形如何呢？」他鎮靜地，微笑問我。

「似乎他們人都已經找好了，目前都不缺人，我正打算下山。」聳聳肩，我回答得一派輕鬆。

「洛卡，」亞當，突然指著我脖子上的衣領，「你的衣服可真特別。」那是一件自己從未留意過的登山排汗衣。

不假思索地，我低頭拉了一下衣領查看，上面印有「ICE EAGLE」（冰鷹）的圖騰字樣。

雖然自己，從未真正留心注意過，但就在看到那一個圖騰的瞬間，我將右手舉起，指向外頭的雪景，我說：「ICE」（冰），接著又反射性地指向自己說：「EAGLE」（老鷹）。最後再抬起頭來，眼神堅定地看著他們二位，沒有絲毫猶豫。

「哈哈～」我的即興回答，先是讓亞當露出淺淺的微笑，「哈哈哈哈～」隨後才是我們三人的一陣大笑。

「洛卡，那你手上拿的那一顆東西，又是什麼？」亞當又突然指向，我拿在手上的黑色袋子，一臉疑惑。

「這個喔！」我左手提起睡袋說：「這是睡袋。」，我將黑色袋子轉了一圈，秀給他們看。

「為了省錢，我昨晚住在布萊特的青年旅館，今天清晨才搭便車上來，因為不確定能否順利，說不定得在野外露宿過夜，帶著睡袋，以備不時之需。」我回答得一臉認真，表情不卑不亢。

「洛卡，我想，」聽完我的回答，他知道我剛才說的絕非玩笑話，於是他便微笑地點頭，並對著我說：「現在，我這邊有工作可以給你了。」

不到二十分鐘，我們便已洽談完工作內容，亞當希望我能盡快上山工作，在得到他的承諾後，我就像吞下一粒定心丸似地，那些連日以來的憂愁，都在一瞬之間消逝殆盡。

走出阿斯特拉後，我打算趕緊回去打包行李，一回到馬路上，就看到一輛車子接近，便反射性地舉起搭便車的手勢，自己甚至連等都還沒開始等，真沒想到那一輛車，竟然還真的停了下來。

坐在車上，往事浮現心頭，我想起了北極光，想起了勇、美蘭妮，還有許多過去曾經令我痛苦，最後卻又意外綻放喜悅的故事。

當你真心渴望某樣東西時，整個宇宙都會聯合起來幫助你，

但首先，你還是得先學會幫你自己。

---

1 環球機票（Round-The-World ticket）：一種使用同航空聯盟的航程套票，費用較單程分開購買便宜，效期多為一年，價錢沒有固定，取決於總里程數、稅金、停靠洲際數、中途停靠次數、艙等、淡旺季出發……等，多數價位組合大約在三至七千美金。

2 科林斯街（Collins Street）：是墨爾本市的金融商街，許多五星級飯店、名牌服飾店都在這裡。

3 〈飛翔〉（Volare）：原唱者是義大利男歌星Domenico Modugno，此曲受多人翻唱，文裡提及的翻唱版本，是Gipsy Kings收錄在第四張專輯《Mosaïque》的版本。

4 阿斯特拉旅館（Astra Lodge）：一間雪地（高山）旅館，位於澳洲維多利亞省的佛斯奎克山（Falls Creek），聞名於住宿、用餐環境的奢華，和專業美味的餐飲，曾經多次入選澳洲年度最佳雪地旅館，以及多次獲頒雪地（高山）最佳餐廳、酒吧。

5 波蘭男孩（Polish Boy）：一種特調雞尾酒，主要由波蘭伏特加（Żubrówka，臺灣俗稱野牛草伏特加）混合黑醋栗利口酒、葡萄柚果汁、新鮮萊姆，調和而成。

6 隔冰器（Strainer）：調酒器具，外觀像一個金屬線圈，鋪在雪克杯口，倒出酒液時用以隔阻冰塊。

7 露宿袋（Bivouac sack）：英文簡稱Bivy，一種野外登山用具，當成睡袋的外袋來使用，提供抗水、抗雪、抗風性，有些也兼具透氣功能，但價格較為昂貴。

17. 七段相遇、七個人、七個故事

二〇〇八年四月　挪威　特羅姆瑟

「勇，你有朋友利用搭便車的方式，」我的視線離開電腦，對著他說：「從這裡搭到芬蘭過的嗎？」

「芬蘭！」他有些驚訝地，轉頭回答：「芬蘭的哪裡？」

「羅～瓦～涅～米～（Rovaniemi）」看著螢幕，我用英文，嘗試唸出那一個陌生的地名，儘管發音不甚正確。螢幕上的Google地圖顯示：特羅姆瑟到羅瓦涅米[1]，五八八公里。

「羅瓦涅米，沒有人做過喔，至少我的朋友沒有。」斬釘截鐵地，他一口否定。

「過去曾有人搭便車南下，」美蘭妮抬起頭來，將書闔上，「但從這裡到羅瓦涅米得跨越挪威、瑞典、芬蘭邊界，全程都在北極圈內，以現在的節氣來說，入夜之後，溫度仍會降至零下一、二十度，的確有些冒險。」她帶有一絲擔憂，用著溫柔的眼神看我。

「不過在歐洲，搭便車不是一種常見的行為嗎？」我企圖尋求一點信心。

「話是這麼說，沒錯！」她的表情，有一點在苦笑。

「所以我該怎麼做？站在路邊比手勢攔車就行了？」我比起大拇指，在他倆面前。

「你沒做過？」她有些詫異。

「沒有耶，第一次。」當我一說完後，他們二人一言不發，面面相覷。

「這樣確實，」美蘭妮終於開口說：「有點瘋狂。」

「果真是洛卡。」勇在一旁咧著嘴竊笑。

「如果真要準備，」美蘭妮，她一臉認真地緩緩道出：「我們會在一個紙板上，寫下要去的方向，通常是下一個地區的名字。」

「那好，我來查一下，」我又看回電腦，滾了幾次滑鼠滾輪，好讓地圖放大，「有了！下一個地區是Storfjord。」那是一個九十公里外的地區，我率直地答道。

她原先還有些猶豫，但就在看到我的一臉認真後，她從房裡拿出一張瓦楞紙板，和一枝黑色原子筆、麥克筆，她先用黑色原子筆，在上面勾畫出「STORFJORD」的字體外緣，接著才讓我用黑色麥克筆，負責把裡面塗滿。

「洛卡，走吧！」翌日清晨七點，勇特地起了一個大早，他要開車送我離開市區，這樣也較好攔到要去遠方的便車。

「好……等我拿一下背包。」我離開沙發，揹起行囊。

在這季節裡，北極的天空也起得早，凌晨三點便已逐漸敞亮，不知怎麼地，昨晚又徹夜未眠，可能是對於未知的恐懼或是興奮造成的，抑或也有著那麼一些對於特羅姆瑟的不捨吧！

車子緩緩駛上大橋，數日前的上午我還在這兒讚歎了一番，駐足拍照。過了橋，迎接而來的是北極大教堂，宏偉佇立在左側，晨曦灑下一片和煦的聖潔，披拂在十字架上，發散出一團的莊嚴。

「洛卡，只要是經過這裡的車，都可以攔，」勇把車停下，轉過頭來說：「從這裡一直過去，就是下一個城鎮了。」他的手指著前方，就像過去一樣神采奕奕地對著我說。

打開後車廂，他大力地提起我的重裝背包，自己原想上前過去幫忙，但我卻突然止住了動作，只是靜靜地，看著他把背包自後車廂卸下，或許仍然有些不捨吧！

原以為自己早已習慣別離，但其實，並沒有。

「兄弟，」接過背包後，我有些不捨地說：「你可一定要來臺灣拜訪我喔！」

「那有什麼問題，你也一樣啊！」我倆握著手，無論何時，勇都是一貫的熱忱笑容，「洛卡下次何時要來，給我捎一封信，要住上多久都行。祝你好運了，兄弟！」

「謝謝你……」我的手又握得更緊，好似從他身上攫住滿滿的力量，以及那些教我如何直視恐懼、突破自我極限的熱情。

初次的握手，串起你、我的生命連結；現在的握手，卻更加堅定彼此的友誼，而這一刻裡的相互微笑，正代表著最後給予對方的無聲祝福。

從這一秒鐘開始，又回到看似寂寞，而且充滿未知的道路上，可是自己並不孤獨，因為還有許多故事，在前方等我一同前去參與，而它們也將伴著自己，直至旅程的盡頭。

我先將行囊暫放在地上，左手高舉著自製的搭便車紙板，右手握著拳頭翹起大拇指，擺出搭便車的手勢，但迎面而來的車子，似乎不大領情，停也不停地呼嘯而過，二十分鐘就這麼地消逝過去。

「不然來唱歌好了，反正這裡空曠，不會影響他人。」正值沮喪之際，我卻突發奇想，同時還憶起一些背包客，他們曾和我分享一邊跳舞、一邊等待的搭便車經驗。

「初戀愛情酸甘甜，五種氣味喔～咿咿咿咿～喔喔喔喔～～墓仔埔也敢去～墓仔埔也敢去～」一個人站在路旁整個唱到忘我，還一臉欣快愉悅，身體更不時上下擺動，敲打節拍。

「軋～吱～」一陣尖銳的煞車聲，一輛車突然在我後方停下，那是一輛黑色的ＢＭＷ轎車。

「不是吧！」就在我轉頭看清楚後，大叫了一聲。

沒有想到，人生第一次坐上ＢＭＷ轎車，竟然會是搭便車攔到的，當然這一句話反過來說也行：人生第一次搭到的便車，竟然會是一輛ＢＭＷ轎車。

「天啊！」我忍不住開心地在心中大喊：「這真是太酥胡了！」

「來，上車吧，我載你一程。」她是一位中年女性，穿著西裝，似乎正要去上班。

「真是太好了，女士，謝謝妳！」我一邊謝謝她，一邊將行囊放置在後座，小心翼翼地，深怕割壞她的真皮座椅。

她以前是一位照顧老年人的護士，現在則是一家療養院的負責人，雖然服務於相同領域，但角色從職員轉換到老闆，讓她學習很多，看待事物的角度也更加多元。

「所以妳的療養院，不在特羅姆瑟？」事實上，我們已經開離市區許久。

「沒有喔，在另外一個小鎮。」

「另一個小鎮！這樣你每天要開多久的車啊？」

「來回兩百多公里，大概兩個多小時。」

「兩百多公里！每天都開這麼遠，妳不累嗎？」

「不會累，我很喜歡開車。」她稍微踩了一下油門，車速逐漸加快。

「但在下雪的路上開車，難道不會危險嗎？可能會打滑，還是什麼的。」

「不會，只要一握到方向盤我就很開心，我哥也都說我開車像男人。」她俐落打下高速排檔，車速瞬間上升。

過了不久，我就在前面的岔路和她告別，這是我和第一個人的故事。

●

在和第一輛便車告別之後，我就一直站在路旁，除了天空上的蒼藍，還有柔情純淨的白雪，綿軟地披覆在山巔，或是優雅地占據了周遭的一切。

一棟朱紅色的木屋，清新地佇立在湖岸，屋頂有著魆黑的錐角，幸好湖面已全然凍結成冰，否則定要在那湖面上映出一冉迷魅，但或許那樣也就變得有些矯情；側邊的白雪，受幾條平行軌跡劃過，想必是現代交通機具無意中留下的。

眼前的畫面，活脫脫地，就像是在旅遊叢書「寂寞星球」[2]中見過的那一張照片，在一片昊天白雪中，存有最後一絲無冀無欲的純淨，儘管身旁經過的車輛，絲毫沒有停下要給我一程方便的跡象，可心裡卻是歡愉的，因為在這裡每多待上一秒，眼前的美景，又將在自己的心中深刻一秒。

我站在路旁，咧開了嘴，欣喜地笑著。

約莫又等了三十分鐘，迎面駛來一輛大卡車，車身是鮮豔的蜂黃色，車子慢慢減下速來，緩緩地停在我的面前，他自裡邊將車門推開。

「你好！」我拉開厚重的車門，並踮了腳尖探長了脖子，和他問好。

「小夥子，進來吧！」他是一位壯碩的中年男人，光頭有型，就像馮迪索一樣。

我用雙手推著背包底部，奮力抬起，他迅速伸出厚實的臂膀，與我合力將背包拉進車內。我的右手拉著車門把，右腳抬高順勢躍起；同樣地，這也是我生平第一次坐進大卡車裡。

「剛剛我站的旁邊，看起來像是一個湖，景色好美。」我坐在卡車前座，居高臨下地，看著方才那一棟逐漸消逝的朱紅小屋。

「是啊，除了滑雪，我也時常在這附近釣魚。」

「釣魚！這麼冷的天氣，湖面都結冰了，你要怎麼釣魚？」

「冰釣（Ice fishing）啊！難道你沒聽過嗎？」他驚訝地，轉頭看了我一下。

「好像有聽人說過，但不知如何操作。」

「我們會在結冰的湖面選定一個地點，向下鑿洞，再用釣繩進行垂釣，你應該試試，很有樂趣的。」他眼睛盯著前方，一邊開車，同時比手畫腳地示範給我看。

「聽起來挺有趣，有機會一定試試。」我也熱烈回應他。

「其實以前，我是一位船員，每次出海最少都是半年，地球也繞了不少圈。」他轉過頭來，看了我一下，像是想起往事一般。

不管是徜徉在海洋的碧藍裡，或是翱翔在蒼穹的湛藍之中，或許都有幾分相似吧！我很清楚那一份相似，是來自於藍色，一個象徵「自由」的顏色。

我看著側邊的後視鏡，黑色膠邊的長形框架裡，浮現出一幅幻美的圖畫，湛藍的天空，就像是一座顛倒的山，倒掛在鏡子裡，方才途經的馬路，開始逐漸沒入在等邊的藍色頂端，那些不斷依附在山稜的白雪，一路上始終陪伴著我，不曾離去。

難道天與地，曾經是顛倒的嗎？

鏡中的影像，竟給我捎來彼時的一瞬虛幻，過了不久，他也放我在岔路下車，這是我和第二個人的故事。

下車之後，又是一陣憂鬱，對於站在路旁、等待接受他人幫助的自己，我又開始感到不安。

因為一直以來，我都不是一位故步自封的人，總是不斷想方設法，來突破當下的困境，於是便立馬決定，一邊走一邊攔車，而在這之後，竟也成了自己一貫的搭便車風格。究竟還有多少故事會在前方發生，我不知道，只知道目標定了，每多走一步，就代表著多一步的前進。

邁開步伐，走進白色的溫柔裡，似乎藍天也在為我鼓舞著，前方路上不時出現的紅色小屋，總是沿途牽引著自己；我在早已乾枯的枝頭上，找不著一片綠葉，因為新芽仍在沉寂，並靜候春天的到來。

我又抬頭仰望著天，雲就像是天上的雪，總是眷戀著山，輕柔地依偎在峰巒之間。漫步在如此壯麗的極地景色中，自己就像走在一幅畫裡，似乎也心生眷戀，不願受人拉離。

走走停停，大概也又流轉了一個小時，此時前方來了一輛小客車，緩緩停下。

「你為什麼會載我？純粹好奇，別無他意。」上車後，我總會找一些話題來聊，「因為我已經攔了一段時間，很多車子都沒有停下。」我看著正在開車的他。

「因為我們的教義，教導我們必須幫助，任何自己能夠幫助的人。」他是一位年約六、七十歲的長者，面容和藹。

「對了！你來自哪裡？」

「臺灣，你有聽過嗎？」

「當然有啊，臺灣也有我們的教友喔！」

其實我有問及他的信仰，但卻無法憶起該宗教的名稱，只依稀記得並非世界三大宗教之一，可一聽聞他知曉臺灣，便趕緊和他分享，更多有關臺灣的美。

過沒多久，前方的路牌上，標寫著不同的地名，分別標示著右轉和直行，我知道那也代表著再一次的分離。

旅行總是如此，有聚有散，儘管前一秒你們還在把酒言歡，下一秒，或許就是一輩子的別離。這是我和第三個人的故事。

整路都在歐洲E8公路上，這是一條國際公路，起點就是特羅姆瑟，終點為芬蘭的圖爾庫（Turku），全長一四一〇公里。至於腳下所踩之地，是薩米（Sami）地區，是薩米人傳統居住的文化區域，昔日又稱拉普蘭（Lapland）。

薩米人是北歐地區的原住民，絕大部分都住在北極圈內，根據研究，可能早在一萬年前的冰河時期結束後，他們便已遷徙至此。長年在嚴峻的氣候下生活，身為游牧民族的他們，起初以狩獵、捕魚和採集野果維生，隨後才轉以馴鹿為主。

走在路上，遙想當時薩米人的遷徙，走著走著似乎就在幻象裡，看見他們穿越北極時的身影，還有馴鹿拉著雪橇的聲響。

「所以你也住在特羅姆瑟？」我坐在一輛老舊的紅色工作車裡轉頭問著駕駛。

「沒有，我住在挪威和芬蘭的邊界，」他戴著眼鏡，是一位六十多歲的老伯，「這幾天剛好過來工作，剛才八點半才離開特羅姆瑟，要去下一個城鎮希博滕（Skibotn）工作。」體態健朗的他，舉起左手，給我示意方向。

「真巧，今日一早，我才剛從特羅姆瑟過來。」我看一看手錶，不過是上午十點二十分，距離稍早離開的特羅姆瑟，還不到三小時。

從同一個地點出發，我倆卻在一百公里外的此地相遇，此刻我才深刻了解到，旅程中遇見的任何人、事、物，其實都是有所關聯的，不論是在過去、現在、抑或是未來。

每一段相遇，雖然看似毫無關聯，可卻總有著說不上來的命定機緣，其實你和我原是緊緊相連的，只是從前的我們，彼此都不知道。

我下車，拿完背包後，車子就離我而去，我又站在原地看了一會，這才發現自己沒有關好他的後車廂門，本想追上去提醒，但卻已經來不及。

「希望別因此，而惹出麻煩事才好。」我歪著頭，看著後車廂一開一闔地開遠，這是我和第四個人的故事。

●

不知覺地，已經抵達瓦楞紙板上的地名——STORFJORD，眼前卻還有四百餘里的漫漫長路。

「從現在起，臉上的微笑可得再加大啊！」握著拳頭，我對著自己說。

零星經過的車輛，似乎沒有一輛願意停下，我只好又浸淫在純白的披覆之下，接受她的一片柔情。雖然這些日子以來，我還未曾真正見過她從天上落下，但尚能踏在殘雪上面玩耍，其實每一步，也都盛滿了自憐的幸福，再一次地，我又望著遠方的白雪發獃。

那些不經意的注視，若不是為了好奇，就是遇著了熟悉，至於在好奇之中，我們是不是也都在尋找一種熟悉？或許這也是，自己著迷於她的原因吧！

望了十多分鐘後，天空徐徐飄來數朵白雲，感覺有些起風了，我在添上幾件衣物後，趕緊邊走邊比手勢攔車，這時從遠方駛來一輛深藍色的大卡車，出乎意料地緩慢減速，並靠邊停了下來。

「你要去哪裡呢？」坐在駕駛座的，是一位剛步入中年的男子。

「芬蘭的羅瓦涅米。」

「雖然無法載你到羅瓦涅米，但可以載你到芬蘭，沒有問題。」

「太好了，謝謝你！」由於今早已有經驗，我俐落地躍進車內。

「不會啦，我以前年輕的時候，有時也像你這樣，在歐洲四處搭便車旅行。」他有著一頭金色的中長髮，感覺浪浪宕宕。

「那現在呢？不旅行了嗎？」我把門拉上。

「現在不了，結婚以後就很少了。你可別看我這樣，我的兩個女兒都上中學了。」他慢慢踩下油門，車子緩緩開動。

「是喔！真是看不出來。」

「做我們這一行的，平常幾乎都沒在家，今天在挪威，明天在芬蘭，」他開始侃侃而談：「對了，我住在瑞典的一個小鎮。」他轉頭看了我一下。

「所以只要一有空，我就只想待在家中，算是休息，也可以好好地陪陪家人，哪怕只是窩在家中，我都覺得幸福，也很滿足。」他深情款款地道出對家人的眷念，從那透露而出的目光裡，彷若看到父母正盼著我回家的淚光，此刻自己才深刻地體認到，其實「愛」的本質都是相同的，不分你、我，無分人種或是國界。

「洛卡，你知道嗎？」他將車子緩緩駛進一間休息站，「其實你下次可以問問加油站，或是休息站裡的人，畢竟在當面接觸後，會增加不少成功搭上便車的機率。」

在休息站稍作歇息後，我們聊著家人，聊他年輕時的旅行，還有我的旅行，沒有察覺地，我們已經穿越挪威和芬蘭的邊境，急行了將近三百公里。

最後他把我放在加油站下車，這是我和第五個人的故事。

站在芬蘭某處，一個不知名的加油站裡，我啃食著背包裡預備的巧克力，些許的停頓讓人開始裹足猶豫，畢竟在路旁等待是消極被動的，就像在人力銀行中開放履歷，等著接到面試機會的待職新鮮人，別人先選你，你再選別人。

直接詢問則是積極主動的，就像打不死的超級業務員，你選別人，別人拒絕你的時候，你還是得給予對方微笑。絕大多數的人都是消極被動的，因為那是身為「人」的惰性。

「天快黑了，你該不會真想要在這冰天雪地體驗一下露宿街頭的感覺吧？」當我這麼對自己說時，心中一股力量油然而生，我打了一下哆嗦，咬下手上最後的一口巧克力。

揹著大背包，我硬抓著頭皮，找了幾位正在加油的人詢問。經過簡單問好表明來意後，儘管結果不如人意，但我總會在最後，給予對方一個表示沒有關係的誠心微笑。

「沒有問題，我可以載你一程，上來吧！」他是一位中年男子，剛加完油，正準備開車。

「真是太感謝你了。」經過半小時的奮鬥，終於有人願意給我一程方便，趕緊坐進了車內。

「開始變天了。」他一邊開車，一邊低頭探查前方的擋風玻璃。

「是啊，今天早上，從特羅姆瑟出發的時候，還是一片晴空呢！」

「哇！特羅姆瑟，你今天跑得還真遠。」他驚訝地，轉頭看了我一眼。

「是啊，你沒看我的腳那麼長，哈哈。」

「哈哈哈，那倒也是，」他推了一下眼鏡，回過頭來問我：「對了，你來自哪裡？很少看到亞洲人這麼高的。」

「我來自臺灣，」不好意思地，我摸一摸頭，「你呢？你也不像一般的北歐人。」下意識地，我看了一下他的黑黝膚色。

「北非的摩洛哥，我是移民過來的。」

「那你的家人呢？他們也都在芬蘭？」

「父母親都過世了，我們有七個兄弟姊妹，只有我到芬蘭，兩個妹妹在德國工作，剩下的都還在摩洛哥。」他向我娓娓道來。

「人，若出生在貧窮落後的國家，」他注視遠方，眼神發散出無奈的惆悵說道：「注定都是要受苦的。」

看著他的眼神，我靜默不語地思索著，他是在擔心其他親人？還是居住在自己國家的人們？

一時之間，找不著答案的我，因此也無法接續回應，車子直行於芬蘭和瑞典的邊界公路，右邊是瑞典，左邊是芬蘭，國界邊境切割出彼此的疆域，是否也劃分了彼此不同的命運？

我又再一次地，陷入沉靜的思考中。人生本來就不容易，每一個出生，都代表著一段磨練的開始，那是不分國籍的，從馬斯洛[3]的需求層次理論裡，談到人人都在追求最終的自我實現，依此理論，我以為每一個人本著自身條件的不同，進而產生不同層次的需求，無論是在貧窮、富裕的國家或家庭，都會因為環境上所給予的不足，而導致受苦的層級有所不同。

但其實說穿了，「痛苦」的本質也是相同的，更不應該拿來相較，唯有將彼此的心，適當地貼近與釋放，苦難才會減少。無論現況如何，你的心綑綁著你的身，倘若你的心是自由的，那麼你的身，也將會是自由的，電影《刺激一九九五》中播放的《費加洛婚禮》，彷彿此刻又在耳邊響起，彩色蝴蝶也在眼前翩翩飛過。

同樣的我請求他，讓我在岔路前的加油站下車，這是我和第六個人的故事。

天已經暗了下來，僅剩些許微光，但距離羅瓦涅米還有一百公里。

我拉開門，拖著疲憊的身軀，蹣跚地走進休息站，電視牆上正在轉播冰上曲棍球，看了一下櫃檯邊的幾位顧客，希望能在裡面找到等會兒的便車，但問了幾位都沒結果。

走到馬路上，太陽才剛落下，室外真的變冷了，我不敢想像入夜後的低溫，趕緊一邊問，一邊伸出手勢攔車，不知是新手的好運道，還是天公疼憨人，竟然不到半小時，就攔到恰好要去羅瓦涅米的順風車。

「真是太感謝你了，」我上車後，趕緊向他致謝：「剛才我還在擔心如果攔不到車，就要在路邊過夜了。」車裡的收音機，也在轉播著冰上曲棍球的賽事。

「不客氣。」帶有強烈的芬蘭口音，他是一位年約四十的男子。

「好像在芬蘭，大家都看冰上曲棍球（Ice Hockey）。」我有些不解地問。

「是啊，我們唸書的時候就有打了。」他回答得有些嚴肅，似乎是一位安靜沉默之人，因為之後的兩小時我們幾乎沒有交談，總是一片靜默。

坐在窄密的空間裡，對於不懂芬蘭語的我來說，持續放送的廣播賽事，就像一首連續的催眠曲，由於昨晚徹夜未眠，今天又奔波了一日，我已超過三十小時，沒有闔上雙眼，只覺得此刻的眼皮，宛如千斤一般的重。

恍恍惚惚中，車外已是黑夜，因為昏黃的車燈，讓路旁的雪看起來不再雪白，車子持續南進，直到車子停在羅瓦涅米的火車站前。

「羅瓦涅米到囉！」他好心地，提醒坐在一旁搖搖晃晃，半睡半醒的我。

「喔……到啦！」我還有一些恍惚，回答得迷迷糊糊。

「我直接載你到火車站吧！」

「那怎好意思！」我揉揉雙眼，趕緊說道，「如果不順路就不用了，我自己再想辦法就好。」玻璃外面一片漆黑，街上只有幾位穿著厚大衣的路人，他們正在等紅綠燈。

「到囉，這裡就是火車站。」他將車停在火車站的大門口，側身和我說。

「先生，實在太感謝你了。」我對他微微鞠了一個躬，心中滿是感激地下車，真沒想到，這逼近六百公里的路程，我竟然在一天之內就辦到了。

就這樣，看著他離開車站的車尾燈，我才揹上背包，走進羅瓦涅米火車站，這是我和第七個人的故事。

「哇！就在半小時前，最後一班列車才剛離站。」走進火車站後，我站在月臺上，看著火車時刻表上的班次。

「凡事豈能盡如人意。」我看著時刻表上的玻璃，那一個映射出來的身影，「至少我現在人在市區，也好過在凍寒的荒野裡過夜。」對著玻璃上的自己，我微笑地說。

走出車站，溫度大約零下十度，趕緊從背包裡，拿出一件禦寒毛衣穿上。

走入加油站的便利商店，至少室內還有暖氣，找了一張塑膠桌椅坐下，將背包放在腳跟旁。自從上一次背包讓阿聯酋航空運丟後，我可不想再次失去，這一個獨身旅人的全部依靠。

夜，也逐漸深了，商店裡幾乎沒有客人，除了斜角那一桌的兩個年輕人，他們染著豔紫色的龐克頭，穿戴一身皮衣和閃亮的銀件，坐在那裡，各自喝著手上的汽水。

因為桌椅實在太過低矮，對於身材高大的我來說是一種折磨，早已筋疲力盡的自己，只想好好地躺下伸直身軀。

又坐了一會兒，還是難以成眠，於是便憤然地揹起背包，踏出商店，走向室外的一片悽寒裡。我將周圍繞了一圈，本想在旁邊的一個屋簷底下，將就過上一晚，可實在太過凍寒，於是便又起身四處走走，朝著對街的光亮走去。

「請問，有人在嗎？」推開一扇玻璃門，那是一間四層樓的辦公樓，「有人在嗎？」我就像是在對著空氣說話一樣，毫無回應。

室內廊道相當光亮，而且溫暖，底下是超耐磨的北歐地板，我上下繞了一圈，想要覓得一處角落，好能度過今晚。最後來到地下室，拿出背包裡的睡袋，攤開在旋轉樓梯底下的空間，才一躺平，便隨即入睡。

「這位朋友，你打哪兒來的？」一身豔紅的毛絨大衣，戴著一頂大紅帽、一副老花眼鏡，和一捧過胸的白鬍，他就像故事裡描述的那樣。

「我從臺灣來的。」我瞪大了雙眼，如同孩子一般。

「臺灣！臺灣好棒，我也去過臺灣呢！」他笑哈哈地，我這才發現，他比故事中形容的還要年輕得多。

「哇！真沒想到，你也來過臺灣。」我和他握手，他雖然沒有故事中的慈祥和藹，但也還稱得上是親和友善。

「當然囉，我是聖誕老人，只要有小孩的地方，我都會去的。」我們握著手，還一起看著鏡頭，拍了兩張照片。

沒有錯，就在我今早起床後，去了一趟羅瓦涅米的遊客中心，才發現這裡原來就是大名鼎鼎的聖誕老人村，我就這樣誤打誤撞地，來到孩童們的夢想之地。卻還渾然無覺。

旅行的奇妙之處，就在於那些看似命定，卻又無法預料到的魔幻安排，和聖誕老人的意外相遇並沒讓我駐留羅瓦涅米太久，當天晚上我便打算搭乘夜車南下赫爾辛基，與羅瓦涅米告別，也正式和北極告別。

當我坐上過夜火車後，卻又想起昨日受人幫助的七段小旅行，那一種被愛包圍的感動，仍在心頭徘徊，釀醞發酵，如果說「抵達」是代表另一段旅程的「開始」，十四小時、五百八十八公里，是時間和距離的量化符號，那麼七段相遇、七個人、七個故事，就是永存心底的感動印記。

謝謝你們領我跨越北極，我的人生因為有你們的幫助，而變得更加感恩、知足，雖然外面的風，嚴寒刺骨，但此時此刻，我的心卻是溫暖的。凝望火車窗外，他們微笑的臉龐再次浮現心頭，向著他們，我微微地一一點頭致謝，並朝著車窗上映照出的自己微笑，因為從現在開始，又是另一個更為瘋狂的挑戰——連續一個月的歐陸夜車旅行。

起風了，掛在探險船上的旗幟，也隨風飄動了。

由於本身所學為資訊工程，芬蘭之於自己的印象，就是昔日知名的手機大廠諾基亞（Nokia），於是經過昨晚十多小時的夜車，清晨來到赫爾辛基，短暫拜訪離市區不遠的諾基亞公司後，便朝向港口圖爾庫直奔而去，那裡才是今晚要出發的地方。

從圖爾庫至瑞典的斯德哥爾摩（Stockholm），必須搭乘郵輪，也是歐洲國鐵票[4]中少數的船行路線，就算持有歐洲國鐵票卷，仍需負擔數十歐元不等的艙房預訂費。

或許是淡季的關係，四人住的普通艙房，竟然只有自己一人入住，梳洗完畢後，我取出登船前在超市買的雞蛋，還有背包裡的電湯匙，煮了六顆水煮蛋，剝完殼、依序切片後，打開一個鮪魚罐頭和一罐美乃滋，通通加入並攪拌均勻，再細心地將它們平整鋪在白軟的吐司上，立馬大咬一口，享受這二天以來最美味的一餐。

儘管船艙底部的輪機聲，不停地竄進房裡，可大概是太累了吧，在用完特製的晚餐後，便躺下歇息進入夢鄉，昏沉直至天明。

抵達斯德哥爾摩要拍照時，才發現相機有些故障，鏡頭不能伸縮，無法定焦，可能是在勇的家裡曾經小小摔過，而且後來在攔車穿越極地時的低溫環境，或許也加速了它的損壞。

在斯德哥爾摩，只有數小時的短暫停留，不到中午便接續南下，列車行駛在瑞典馬爾默至丹麥哥本哈根的跨國大橋上，原先兩旁的繁忙地景，突然變成一片單調的寧靜海色。

就像坐在《神隱少女》的海上列車，千尋帶著無臉男要去錢婆婆的住所，我的身旁當然沒有千尋，也沒有無臉男，卻有著幾位相似的落寞乘客，橋墩上的黑色樑柱，不停自眾人身旁掠過，同時也把車內的孤寂放大，好在不久之後，列車又接回繽紛的路面，這才遏止了方才心裡持續放大的幽暗。

哥本哈根車站門口，整整併停了四排的新式賓士汽車，雖然這裡「貴」為丹麥首都，但也是我至今看過，使用最多新款賓士轎來當作計程車的地方，這又讓我想起不久前才剛拜訪的以色列的耶路撒冷。

7-11便利商店裡，一包標價三歐元的洋芋片，就算自己嘴饞也買不下手，一般來說北歐的物價，大概是臺灣的三至四倍左右。

因為相機有些故障，我也不好拍照，在市區瞎晃兩小時後，隨即跳入前往德國科隆的夜車，斜躺在火車的座椅上，向昂貴的北歐道完再見後，我這才緩緩入睡。

清晨，抵達德國科隆，想找一間青年旅館來寄放我的大背包，並打算以科隆為根據地，用放射狀的方式到歐洲各地旅行。

在德國，許多青年旅館都有提供住宿者免費寄放行李的服務，就近詢問一家在車站附近的青年旅館，雖然沒有要住，但我仍表示願意付上一晚的住宿費用以取得此項服務。出乎意外地，櫃檯人員竟然慷慨地讓我免費寄放並暫借浴室以盥洗。

1 羅瓦涅米：位於北極圈上，是芬蘭北部拉普蘭區的首府，旅遊業興盛，世界著名的聖誕老人村就在這裡。

2 寂寞星球（Lonely Planet）：是第一個針對背包客撰寫的旅遊系列叢書，深受鄺背包廣大們的喜愛。

3 亞伯拉罕・馬斯洛（Abraham Maslow）：美國著名心理學家，受人尊稱為「人本主義心理學之父」。

4 歐洲國鐵票：一種歐洲鐵路通行證，可以用來搭乘許多歐洲國家的火車，票價依年齡、人數、車等、時效性、搭乘天數，而有所不同。其中青年票，僅限定十二至二十五歲的青年購買，為了鼓勵青年使用，票價通常為成人票的六五折，使用的車等也有所不同。

18. 展開歐陸夜車旅行

二〇〇八年四月　德國　海德堡

一切打理就緒後，我又回到科隆車站，在中午以前趕上前往海德堡（Heidelberg）的列車。

德文裡「berg」代表「山」，因此若以「berg」做為字根的地名，也代表「地勢較高」的意思。海德堡是德國最古老的大學城之一，同時海德堡大學也是德國最古老的大學，建於西元一三八六年。

步出海德堡車站，我想著等下就要見到之前在澳洲做環境保育志工時認識的珊德拉，個頭不高的她有著一頭如絲的金髮，和一對湛藍的眼珠，還有永遠掛在臉上的笑容，這一點和大眾印象中嚴肅的德國人有些不同。

其實，在我後來旅行時遇到的德國背包客，他們多數都是有趣而不嚴肅的，或許也和年齡有關吧，因為他們普遍都很年輕，平均皆為二十歲左右。

「算一算，也有一年多沒見了！」我們在車站門口，很快就認出彼此，她一開頭就說。

「不，正確來說是一年三個月，又兩個星期。拜託，妳是做事嚴謹的德國人耶！」我淘氣地糾正了珊德拉，接著是彼此的一陣大笑。

「班（Ben），哦不對！還是我應該叫你洛卡（Loca）？」

「沒關係，妳可以叫我班。」儘管那一個名字我已不再沿用，但我知道，那代表著一段彼此的共同回憶。

「走吧！我帶你逛逛。」她爽朗的聲音，又使我憶起去年在澳洲志工生活的日子。

「奇怪，海德堡和我想像的不大一樣。」車站前的道路寬敞，在一面極富科技感的帷幕玻璃前，是一個巨大的裝置藝術品，充滿疑惑地，我對著珊德拉發問：「我原以為這裡，應該是一個充滿藝文氣息的古老城市。」

「一到舊城區，你就能夠感受到很大的不同。」她點點頭，信誓旦旦地回我。

未消多久，從新城進入舊城區，早先平整的柏油路面，一併換為歐式傳統的石板路，走在陡斜的上坡，我們來到海德堡的城堡旁，那是一棟相當古老的建築，有些石牆上還攀有青鬱的藤蔓，數百年來就這麼靜靜地，佇立在內卡河（Neckar）畔。

走上卡爾．特奧多橋（Karl Theodor Brücke），望著前方滔滔不竭的河水，攜著更迭不止的歲月至此，透過人們心裡的不停印記，或是用此來緬懷過往，抑或突感惆悵。

在無窮盡的歲月裡，萬物無法避免的，都要成為彼此的過客，猶如自己之於海德堡，抑或自己之於珊德拉一般。若真要說，有什麼真實留下，或烙印在心底的，就暫且先說是那一束映射在石牆青藤上的餘暉，或是人在異鄉和友人相聚的真情時刻吧！

「巧克力傳情，有聽過嗎？」珊德拉忽然俏皮地問我。

「願聞其詳。」我跟在她身旁，走在舊城區的巷弄裡。

「由於從前民風保守，當時來海德堡求學的女生們，都會有年長的女家庭教師隨行，好預防登徒子的接近，可這也同時扼殺了青春年華的愛情。」她像賣弄關子似地，看了我一下，「這些年輕學子們的煩惱，一位咖啡廳的老闆都看在眼裡，於是他便推出一款巧克力，並命名為『學生之吻（Student's Kiss）』，好讓學生得以藉此傳情，互表愛意。」

「老實說，這老闆還挺聰明的，不過那些隨行的女家庭教師，應該都對他恨之入骨吧！」我笑著回應她方才的話題。

「哈哈，我猜也是。」她噗嗤地笑了一聲，我們轉過街角。

「喏，這就是那一家專賣『學生之吻』的巧克力店。」她指了一下上方的招牌，那是一對年輕男女的側面剪影，他們相互凝視，雙唇之間僅有一毫米的距離。

於是，我倆也走了進去。

「當時如果男生想對女生表白，就會特別來買這款巧克力送給女生，倘若女方接受，就等同暗示她也對他有意思；當然若是遭受婉拒，則是代表了郎有情，妹無意。」她詳盡地說道。

「這可真有意思，我也來買一顆嘗嘗好了。」這才想起自己的學生時代，雖然也有各種相似的傳情方式，但我卻從來未曾試過。

爾後，我倆來到鎮上的一間酒吧裡，珊德拉一坐下，就立即點上一杯香蕉啤酒要我嘗嘗，自己則將方才買的「學生之吻」折半，和她分享。

最後，我帶著她的祝福乘上夜車，繼續上路。

義大利　米蘭

在前往義大利米蘭的夜車上，我坐在一個六人隔間的車廂裡，裡面已有四位乘客，這也代表著今晚不能斜躺或翹腳，看來又是一頓苦仗要打，我向著對面的年輕旅者微笑，心裡卻是苦不堪言。還不僅如此，夜深時，國界員警和車上的驗票人員猶如串通好似地，輪流進來「問候」我，一下是要查看護照，一會又要檢驗車票，一個晚上就反覆進來五次。

幾近整夜未眠的我，睜開惺忪的雙眼，終於還是在清晨七點半，抵達歐洲的時尚設計之都米蘭。

我走出正在翻修的中央火車站，穿過寬直的馬路，再走進一座小公園裡，純白色的花朵在湛藍的晴空下，盡情綻放。

穿過綠茵草地，一群人正在踢著足球，雖然我不懂足球，但也知道米蘭的足球隊，一直都是歐洲聯盟裡的佼佼者。

一顆黃亮的足球，忽然被踢得飛高，我不自覺地望向踢球者，出乎意外地，那竟然是一位穿著洋裝的長髮美女，接連又踢了好幾球的她，修長的體態和優雅的抬腿起腳，輕盈得就像是一名芭蕾舞者。

就在不遠處，還有人自在地彈唱著吉他，於是我一邊隨著旋律搖擺，一邊欣賞著眼前揉雜著力與美的景象，就這麼躺在草皮上，小憩在晨露的清爽裡。

過了一會兒，終於來到融合古典與時尚的長廊——艾曼紐二世拱廊（Galleria Vittorio Emanuele II），囊空如洗的我，只能手持新購買的相機，將眼前的奢華拍下，以供日後回憶留念。

就在我徐步走出拱廊時，卻讓一片聖白莊嚴給震攝了住，腳步驟然停下，並抬頭向上仰望。在一片蔚藍的天空下，哥德式的尖塔高聳入雲，受日光照耀的大理石，顯得格外白潔純淨，無以數計的鴿子，在廣場前盤旋飛舞著。

矗立在米蘭大教堂前，我曾想試著用相機，將眼前的一切攝下，最後卻也作罷，因為當前的畫面，或許能用數位編碼的方式來加以記錄，然而當下的感動，卻是無法被量化記下的。唯有透過已被開啟的自身感官，去接受在那之中最根本的元素，再佐以自己內在的熱情，才能純然地，將此刻的感動記下。

於是我闔上相機，慢慢地深吸了一口氣，就在閉上雙眼的瞬間，那一份真、善、美的能量，果真不停地湧入心底並且成像，而我的心，也同時獲得了平靜，世事的紛紛擾擾，彷若皆已不再重要。

「什麼！從米蘭去巴塞隆納的夜車，是臥鋪夜車？」

「對，你得額外負擔差額。」他坐在售票亭裡回答，顯得有些不耐煩。

「晚間七點五分，有一班車要去威尼斯，」不願多付差額的我，趕緊衝到公用電腦旁，查詢其他車次，「然後再從威尼斯，接去法國的尼斯。」匆匆忙忙地，我快步走上月臺。

「喔，好險，再晚五分鐘就趕不上了。」坐下來後，我吐了好大一口氣，可又不安地翻閱著身上的火車時刻本，「哎呀！從威尼斯到法國尼斯的夜車，又是限定臥鋪的夜車，怎麼和剛才在電腦上查的不一樣？」此刻我不免懷念起，德國車站的查詢設備。

「這一節車廂是去威尼斯的，」列車長從走廊走過，大聲喊道：「要去德國慕尼黑的乘客，請移至四號以後的車廂。」

我趕緊將手上的火車時刻表，翻至慕尼黑的頁面，仔細檢閱一番，這才發現，原來這是一班隱藏的夜車，列車會在途中的波隆那一分為二，一半繼續開往威尼斯，另外一半則是稍待停頓後，直行北上穿越奧地利，預計明早抵達德國的慕尼黑，之後還能接續前往斯洛維尼亞的首都盧比安納，或是奧地利的維也納。

打定主意後，我趕緊起身，朝向後面的車廂走去。

直到五分鐘前，自己還一心向西，但就在方才的隨機應變下，突然更改預定的行程，先向北行，之後再往東走。旅行是這樣，或許人生也是如此吧，如果少了當時出發的那麼一點衝動，是不是，我就不會出現在現下的時空裡？

又或許，這一切都是注定好的，我只不過是走在自己該走的道路上？

早上醒來後，我在慕尼黑車站換至前往盧比安納的列車，看著獨立車廂裡的空蕩座位，我放肆地拉平座椅躺下，打算好好地補上一眠。

隱約之間，列車逐步駛離市區，都市建築上的稜角，也逐漸化為天地萬物間的圓融，色調更從人造的豔麗，置換成大自然裡的協調色澤。

突然為這一刻感到驚訝的我，或許是連日以來坐的都是夜車，也因此無法好好觀賞窗外的景色，於是我便打消睡回籠覺的念頭，拉起座椅，開始凝視窗外。

列車在音樂神童莫札特的故鄉——薩爾斯堡進入奧地利，蜿蜒在阿爾卑斯山脈裡。湛藍的天空下，兩旁的綠，深淺上有著明顯的不同。淺色的綠，是廣大平緩的牧草，令人容易親近；深色的綠，則是群簇的針葉林，儘管眾人難以在一時之間融入其中，卻也不減獨自遠眺的欣悅，搭配上遠方山脈的銀白雪色，一種世外桃源般的幻美頓時乍現，可真令人不捨閉上雙眼。

列車沿著山稜，繼續蜿蜒上行，隨著海拔的逐漸攀升，山也不再遙遠，兩側V字形的稜線，和持續在中央谷地上行駛的列車，宛如一群奔向母親懷抱的孩子們，伴隨著嘴裡不自覺哼出的莫札特的《魔笛》（〈我是一個快樂的捕鳥人〉），畫面在輕快的旋律中跳動著，而散落在山坡旁的零星小屋，它們就像坐在位子上的觀眾，靜候一旁，等著觀看這一齣溫馨戲碼的反覆上演，彷彿沒有絲毫厭膩。

這一切來自大自然的芬郁，正化為一種靜謐的能量，持續灌進自己體內。列車穿越谷地，持續攀爬上行，很快的，那些五顏六色的小木屋，早已被遺留在山腰底下，我回頭望向漸緩縮小的它們，就像是孩提時的樂高玩具般地精巧。

瞬時之間，撲天蓋地的大霧襲來，窗外的景色不再蓊綠，也不再清晰，車廂內外不同的溫度，更讓一層霧氣，悄悄地覆披在玻璃窗上，就像是一層糖粉平鋪在精巧的甜點上。

為了看清窗外的變化，不自覺地我抬起了右手，輕輕抹去一個半圓的弧形。

剎那之間，一片一片的白，緩緩飄下，我趕緊揉揉雙眼並拉開窗戶，冰寒的風就像是突然找到出口似地強行灌進車廂裡，沒有錯，這是雪，現在正在下雪！

咫尺外的針葉林早已覆在一片銀色的柔情裡，雖然不久前我才剛從北極離開，但這卻是自己生平第一次，看到正在下雪的情景，我在車廂裡興奮到跳腳，想要立馬和人分享此刻心中的狂喜，但就在轉過頭去後才發現到空蕩蕩的車廂裡只有自己一人。

雀躍不已的心，鼓動著寂寞的靈魂，持續前進的車體，拉展出一條細長的車身，好似一襲綿延無盡的綢緞，向後不停地延伸，不停地延伸，此刻內心裡寂寥，竟也和它如此相似。

半開著窗，我沿著手把緩緩坐下，將頭靠在窗旁，只為了能更接近這持續下落的白色浪漫，同時也讓那些爭相搶進的寒風，不斷向我砥礪，因為它將使我得以習慣孤獨，並且茁壯。

很快的車身向前微傾，純白的雪花不再飄下，霧也開始散去，我看到遠方座落在村莊裡的古堡，以及逐漸接近的河谷，墨綠色的溪水不停地流淌，在河面上滾滾地律動著，甚至發出潺潺的聲響。探出頭去，仍可見著靄白的雪，綴點在後方的阿爾卑斯山脈上，我這才驚覺方才發生的片段，是真實存在過的，雖然當下無法和人分享，但能置身在如幻似夢的美麗裡，也已經心滿意足。

斯洛維尼亞　盧比安納

抵達斯洛維尼亞，已是當天下午的事了。

首都盧比安納的車站裡，沒有熙來攘往的遊客，就算是大街或廣場上，也多是當地居民。在這一座人口不到三十萬的城市裡，學生就占了七分之一，走在街上也不難發現牆上的塗鴉藝術，皆與鄰近的文藝復興或巴洛克式建築，構成一種強烈的對比。

漫走在乾淨的街道上，來到分隔新舊城區的盧比安納河，我向來鍾情擁有河水流經的城市，於是便沿著堤岸緩步前行，順手拍下幾張河畔的春天綠意，再次同樣覺得自己怎樣都拍不好，索性又收起相機，好好地用心來感受。

斯洛維尼亞，是一個位於中歐南部，比鄰阿爾卑斯山脈的小國，國土面積約二萬平方公里，略大於臺灣的一半，人口二百萬人，人口密度在歐洲算是偏低的國家，二〇一一年人均所得每年二萬四千美金，是東歐之最。全國平均海拔五五七米，最高海拔二八六四米，約一半的國土受森林覆蓋，森林覆蓋率在歐洲排名第三。最冷月均溫（一月）為攝氏零下二度，最熱月均溫（七月）為攝氏二十一度。

依稀記得，在飛來歐洲大陸的飛機上，是一本機上雜誌的專欄介紹，為我揭開了斯洛維尼亞的面紗，在那之前，自己幾乎從未聽聞過這一個國家。

專欄中推薦著一個名為布萊德湖（Lake Bled）的地方，在那一組圖片裡，一座小島就在湖水中央，島上有著一間巴洛克風格的教堂，屹立不搖，至於湖畔崖壁上，威嚴聳立著一座中世紀的古堡，它們一高一低，相互凝望，好似讓人拆離的一對戀人，飄散出一襲夢幻般的朦朧，爛漫四溢，唯美誘人。

於是我便再次轉乘客運，來到這一個距離盧比安納五十五公里遠的地方，前去尋找那一個記憶中的美幻。

下車後，我迫不及待地走進環湖公園，迎面而來的，就是一大片銜著淡銀湖光的青草，一間教堂就這麼迷濛地出現在湖中，數隻小水鴨游至湖岸，紛紛抖去方才浸漬在身上的湖水，在陽光的照耀下，牠們均發散出七彩的光芒。

循著步道，走至那一座矗立於山壁的古堡，眺望遠方的阿爾卑斯山，我又想起了今早是從那裡橫越而來的，還有那一場下得令人驚奇的雪，不食人間煙火的它們，似乎還依戀在峰巒之間，不願化成涓流離去。至於島上的教堂，就這麼孤丁丁地座落在湖水中央，彷若遭到世人的拋棄與孤立。

隨著太陽的下落，我搭上最後一班回到盧比安納的客運。

已有三天未「完整」清洗的身體，開始有些發癢，於是回到市區後，我便打算和青年旅館借用浴室來做梳洗。

「請問一下，不知道方不方便，借用一下你們的浴室？」我在一間青年旅館門口，撞見一名女子，她才剛從櫃檯走出來，正要點起拿在手上的香菸。

「？」等我說完後，她抽了一口菸才轉頭看我，表情很是疑惑。

「是這樣的，我是一名背包客，」我看著她，一臉誠懇地，趕快補上幾句：「因為我等會要趕搭夜車去德國，所以才想和妳詢問，能否借你們的浴室來做快速的盥洗。」

只見她又抽了幾口，右手夾著菸，輕輕一叩，灰燼從菸頭掉落至地面，一輪一輪的菸圈，自她一圈圓嘟的小嘴裡面冒出，她的雙唇抹有一捲嫣紅。

「小心別吵到其他客人。」幾秒鐘後，她叮嚀幾句，就做了一個隨便我的手勢。

「沒有問題，沒有問題，謝謝妳了。」我迅速允諾，在點頭和她致謝完後，才入內進行盥洗。

在這一段長途的夜車旅行中，平日愛好清潔的我，真心覺得無論吃得再好，或睡得再好，都比不上能夠好好地洗一次澡。

順著水氣的攀升，在身、心、靈上獲得一番洗滌後，自己也才得以恢復昔日的愉悅和清爽。

「這輛列車，要開往哪裡？」

「今天，是何日何月？」

當時的我，可真無法回答你這些問題。

午夜時分，鏈結的車廂門，喀喀作響，在火車末端的車廂裡，一個灰色露宿袋平躺在地面，裡頭還包裹著一個人的身軀，如果這時有人經過，鐵定會被嚇得魂不附體，因為那實在和一具屍體太過相像。

已經有好幾個夜晚，沒有伸直背部躺平，特地走來這一節，專門放大件物品的車廂，就是為了可以好好地躺下休息，儘管背部是冰涼的金屬地面。

凜寒的孤寂，再次無來由地侵襲著我，究竟是誰要執意如此？

「如果真買下去，你就給我連續坐一個月的夜車！」我又在半夢半醒間，憶起這一句話，這一句，自己和自己賭氣的話。

記得那天一早，埃及開羅市區的街上如同往常地繁忙，我慢慢地走著、看著，警察已站定崗位，正摩拳擦掌地，準備迎接一日的繁忙，我手裡拿著已經預查好的價錢，走進一間國際連鎖的旅行社。

「您好，請問歐洲國鐵青年票，一張多少錢？」站在潔白的櫃檯前，我向她詢問。

「你要買哪一種時效的？」坐在櫃檯後方的她，倒像是剛忙到一半似地，驟然停下，抬頭反問我。

「不限次數，連續使用一個月的。」看著她深邃的眼睛，我從容答道。

「好，我查一下……有了！五百三十一歐元。」她低頭，查詢她面前的電腦。

「折合現在的臺幣，大概是兩萬五千多元，」我低頭尋思：「因為青年票的年齡限制，今年是我的最後機會，下一次買就得貴上近一倍的價格。」

「先生，你考慮得如何，有需要購買嗎？」她微笑地問我。

「如果真買下去，你就給我連續坐上一個月的夜車！」我握著拳頭，眉頭深鎖，咬緊牙地對自己說。

是的，我當然買了那一張票，所以現在才會躺在這裡，這一輛特急夜車的冰冷地板上，而那一句和自己賭氣的話，其實是這樣發生的。

起初自己，只是為了暢遊一心嚮往的歐洲，所以才打算利用跨國夜車來移動，這樣做不僅省時也省錢，但卻相當費力，畢竟每天都睡在火車座椅上，連續睡上一個月的夜車我還真沒聽人做過。那麼為何不選擇臥鋪列車呢？因為加選臥鋪，得再額外負擔費用，那相當於一晚的廉價住宿，因為拮据的盤纏，便也沒有考慮。

當然這也同時解釋了，為何當初要沿途攔車，從挪威的特羅姆瑟，到芬蘭的羅瓦涅米，那時我若直接南下，便無法順道去芬蘭和瑞典，必須再耗上數日的往返，同時也浪費了國鐵票的最佳使用效率，無法達到經濟效益的最大化。

把東西用到極致，同時也將自己催逼到極限，我總是那麼地逞強，沒人壓迫我，也無人強逼我，這一切的一切，可都是自己的決定啊！

我想自己也早已習慣自虐，就像後來的自己，堅持要全年洗冷水澡一樣。

醒了，已難再入睡。

方才睡夢中，埃及街道上的喧囂，仍在耳際徘徊，還有無來由地憶起，初抵澳洲時的自己，那時候的我根本沒有料想到，往後竟然還有這麼一大段的旅程要走。

從冰涼的金屬地板爬起，拾起在義大利添購的露宿袋，我緩緩地走回車廂。

為了讓艱辛的乘客得以歇息，夜車裡的光線總是特別昏暗，小心翼翼地坐回原本的座位，肚子感覺有些飢餓，於是便提起腳邊的塑膠袋，從裡面拿出一條前天買的吐司，還有一瓶半透明的草莓果醬。

拿出一支廉價的塑膠湯匙，挖了一口凝膠狀的草莓果醬，在昏暗之下，那真像一顆暗紅色的QQ軟糖，我將果醬裡細小的的草莓顆粒，均勻塗抹在白色的吐司上，最後才一起把它們送進口中咀嚼。

嘴中熟悉的味道，令人憶起一年前的澳洲時光，在西澳伯斯的青年旅館裡，連續吃了一個月的果醬吐司，其實這種事情，我在學生時期也曾做過數次，搭配那時正夯的偶像劇，還因此得了「吐司男」的稱號。

倘若那是之前的自己，為了現在的自己而事先做好的準備，那麼現在的自己，又是為了將來什麼樣的自己，而預先所做的磨練？

在這兩星期中，只要天一黑，我就來到車站搭乘夜車；天一亮，人已抵達另一個歐洲城市；昨夜在德國的柏林，今天在法國的巴黎，明日在西班牙的巴塞隆納，每天都在不同的城市醒來。

隻身穿越在歐陸網狀的鐵路裡，利用夜車不斷的移動，來減少時間或金錢上的耗費，不停地穿梭在這一塊蘊藏無數文化，或珍貴寶藏的大陸上，不論那些文化或珍寶是他們與生俱來，或是茹苦含辛創造得來的，抑或是從他方之處相互砍殺、奪掠而來的。

對我來說，那些剎那間的感動都是真的，卻也教我更加深思，在那些感動背後，全體人類所付出的代價，究竟值不值得？是否每一個體生來都有其必須擔負的責任或義務？

當我跨越的國境愈多，似乎國與國之間的界線，也開始變得模糊，同時更顯得不再重要。若能從現下開始，學會尊重對方的不同，建構起相互之間的信任，還有對於彼此最為重要的同理包容。

那麼國與國，又何需劃分界線？

人和人，又何必刻意區分彼此？

此時，天空開始微微泛紅，在這一瞬之間，日出和日落看來竟是如此相同，全新的一天又將開始，對於一位羈泊他處的異鄉人來說，肉體上的折磨早已微不足道，但精神上的孤寂，我卻還難以慣習。

「加油，撐下去！」真是要命，又是那一句發自內心的堅持，我大口咬著嘴裡的吐司，望向窗外的黯黑山巔，一輪旭日獨自升起，散透出金澄澄的光線，和一敞明亮的希望。

究竟為何要如此地折磨自己？是因為不斷追求極限的自己，抑或只是一個不肯屈服就範的狂妄自我？

或許在旅程的最後，一切終將明瞭。

瑞士　蘇黎世

下車後，我再次來到阿爾卑斯山脈，探訪一個純淨絕美的高山國家——瑞士。

享有世界花園之稱的瑞士，全境幾乎都是高山或湖泊，不僅環境優美，同時人民也享受著富庶的生活。走進國際金融之都蘇黎世，浮揚在半空中的鮮紅旗幟，正中央是一個象徵自由的白色十字。

又是一個明亮爽朗的日子，伴著銀鈴般的陽光，天上的藍，又清又透，宛若來到碧藍的加勒比海沿岸，令人耳目一新地不染一絲塵俗；一朵又一朵綿軟的柔白，無憂無慮地蕩漾在蔚藍裡，就像一位嗜好閱讀的牧羊人，總有一群自由自在的羊兒在身旁。

藍、白相間的列車，沿著軌道而來，相互映襯的自由色澤，宛如天空正在路面上悠然地翱翔，使人感到舒適。粉潤的花瓣，一片一片地闡緩落下，溫柔地疊在彼此身上，猶如一杵深情的花塚，在這一幕裡，沒有任何鋪張或是華麗的炫耀，或許也因為這一光景裡的和諧，才有著眾人對於此地的喜愛與癡戀吧！

坐上列車，前往玉特利山。初春乍暖，樹林如翡翠一般蓊綠，佐襯著遠處白靄的山峰，前方的一間小木屋旁，疊放著一堆整齊的木材，切面上的年輪大小、形狀、深淺，均不相同。

附近的牧草裡，靈活輕巧的小黃菊綻放得一片燦爛，令人訝異地，如此美麗的山中小徑，一路走來竟沒碰著多少人，我也因而得到一段和自己獨處的山野時光。

坐著纜車下降至市區，步行在靜謐的蘇黎世湖畔旁，人們閒適地走走停停，或是倚在岸邊閱讀，純白的天鵝在水中優雅地划水，清新脫俗。

眾人紛云，這裡是金融犯罪的洗錢天堂，但我卻沒能嗅觸到匿藏在這裡的銅臭味道，或許也是因為眼前的宛若仙境，才會令人無法覺察那些刻意隱藏在眾人背後的醜陋吧！

倘若所有的金融犯罪者，皆能行旅至那貧病交迫之鄉，再回來此地欣賞自然，禮讚生命一番，是否主宰這個世界的經濟力量，會被使用得更為完善，或是能為眾人多添上一分公平正義？

又或許，都還欠缺了一點什麼吧！

回到車站，月臺上停著今晚要搭乘的夜車，但就在即將走進列車時，我若有所思地回了一下頭，發現空氣仍是清新，天空卻已逐漸暗下，世界在這一刻裡，依舊如此地轉動著，看來希望的種子，仍需時間才能發芽。

這兩個星期以來，身上的行囊總是盡量輕便，和之前行李遺失在埃及旅行時的狀態相差不遠，身上僅揹著一個土黃色的隨身背包，以及一個塞滿食物的塑膠袋。因為負荷過重且使用過量，塑膠袋的手提部分數次斷裂，我老是打上一個死結，再另外找一個大小相仿的塑膠袋，將它裝入繼續使用，幸好最外層的袋子，總是具有些許的設計美感，才不至於向人透露出自己的窮酸。

說到那一個「美觀」的塑膠袋，還是方才自己厚著臉皮，特地從百貨公司要來的，從此我便拿著，這一個雙層塑膠袋來闖遍歐洲大陸。

仔細想想，倘若沒有前幾個月遺失行李的慘痛經驗，向來思慮縝密的自己，又怎能得以想像現在的自己，正用著如此簡陋的方式來旅行，更遑論具有切實的決心，來施行這一個，以夜車為家的歐陸旅行計畫。

走入列車，我趕緊挑了一間沒人的車廂進去，放下手上塞有各式物品的雙層塑膠袋，再拿出乾淨備好的貼身衣物，輕聲地走回廊道上，向著尾端的廁所走去。

說真格的，身高一九〇的我，站在窄小的廁所裡還真有點綁手綁腳，甚至看來有些滑稽，就像是秀場裡的魔術師，選了一位觀眾上臺，硬是將他塞進貌似靈柩的木櫃裡。

迅速褪下全身衣物，我將手上的毛巾蘸濕，拿它來擦拭全身，再換上乾淨的貼身衣物，接著才洗臉、刷牙，最後又拿出洗衣粉，搓洗剛才換下的骯髒衣物，隨即沖洗擰乾。

打開廁所拉門，我反射性地看了一下手錶，不過是十分鐘的消逝，所有動作敏捷熟練，猶如軍營裡的士兵，這就是自己每日在列車上的盥洗過程。

回到車廂，已另有兩名乘客坐進六人座的車廂裡，他們面對面地各坐一排，見我走進來後，都不約而同地抬起頭來。

「不好意思！」我禮貌性地打了一聲招呼，低頭坐回靠窗的位子，默默地從袋子裡拿出衣架，吊起已經洗淨擰乾的貼身衣物，好讓空調將它們自然風乾，以便明日繼續使用。

隱約之中，兩雙狐疑的眼神，似乎不停地在我背後打量著，於是我又拿出一件衣服，將之稍微遮擋，心想若是沒有做足這些個人的清潔動作，身上所散發出來的「氣味」，可能早已令他倆奪門而出。

通常在夜車裡，大家是很少交談的，因為彼此都很疲憊，大多也都希望能夠把握時間休息。如果車廂裡只有兩位乘客，那麼還能一人躺上一排，稍做歇息；若是四人以上，長夜鐵定漫漫，毋庸置疑；但最為尷尬的，剛好就是今晚遇到的情形，車廂內的人數不多不少，恰巧三人。

在這情形下，和我同坐一排的人，他自然沒得躺下，我們勢必都得忍上一夜的不適，但坐在我倆對面的那一位，如果他仍懷有惻隱之心的話，通常也不會就大喇喇地舒服躺下，畢竟這樣，也對坐在對面的我們有些不好意思。

望著這裡唯獨的兩排座椅發獃，我這才又想起，自己也已許久沒有躺下歇息了，我再轉頭看一下車廂內的另外二人，他們一語不發，場面一如往常的尷尬。

「如果你們不介意的話，」我率先發難說道：「我可以躺在中間的地板上，椅子讓給你們睡。」

「？」他們一臉疑惑地望著我，仍舊沒有出聲。

「這樣下去大家都不好受，」我誠懇地看著他們說：「因為我已連續搭了兩週的夜車，這種情形之前也遇過幾次。」

「連續搭了兩週的夜車？你要去哪裡？」身旁的那一位歐洲旅者，率先向我發問，對面的另外一位，也朝我盯著猛瞧。

「不瞞你們說，」向著他們，我侃侃說道：「我正在環遊世界，由於盤纏不足，卻又想拜訪整個歐洲，於是我買了一張歐洲國鐵暢遊券，可以無限次數地使用火車一個月。」

「所以你每天晚上都像這樣，睡在火車上？」對面那一位，終於忍不住發問。

「是的，如果你認為這樣算是睡的話？」我有些無奈地微微點頭。

「這真是太瘋狂了！」他們二人異口同聲地說。

「是啊，所以你們才會看到我一進來，就晾起貼身衣物，還真是對你們有些不好意思。」我摸摸頭，表情有些靦腆。

「如果你們兩位都同意的話，」我從座位站起來，「位子就讓給你們，地板請讓給我。」我從背包裡拿出露宿袋，在空中甩開。

「還是我和你交換，這一排位子讓給你睡？」對面那一位熱心地對著我說。

「是啊！」坐我旁邊的那一位，趕緊補充說道：「還是我坐過去對面，這邊讓給你睡好了。」他還抬頭看了一下對面的人，像是達成某種共同讓利的協議。

「不用不用，你們也很累，位子讓給你們睡，只要注意下來時，別踩到我就好了。」隨即我將露宿袋平鋪在地板上，「對我來說，只要能將身體伸直躺平，就已經是求之不得的恩賜了。」一口氣地，我鑽進去露宿袋裡，捲裹著身體。

很快地，車廂裡除了此起彼落的打鼾聲，再也沒有其他聲響。

德國 柏林

走在科技新穎的街上，公車、電車川流不息，以及隨處可見的地鐵站，這裡是德國的首都柏林，一個國際級的都市，擁有世界級的大眾運輸系統，由於交通網路密集，遂以英文字母加上阿拉伯數字來標示路線，多數市民出門都不開車，因為根本沒有必要。

走在柏林圍牆旁，那是在冷戰時期，由德意志民主共和國（東德），所築起的一道水泥牆，三、四公尺高，共一百五十五公里長，將西柏林完整地包圍。當然這樣的做法，仍無法停止人們對於自由的嚮往，許多東德人曾不顧被射殺的危險，紛紛冒死翻牆逃至西柏林，進而轉往西德，甚至是西歐各國。

這一道隔絕自由的牆，看來低矮，卻又讓人感到莫名的巨大，近在咫尺的自由，是那樣的近，卻又那麼的遠。

我獨自一人，漫步穿梭在圍牆兩邊，看著牆上人們留下的憤怒印記，當自己愈是詳加翻讀這一段歷史時，無來由地，時間洪流不斷強襲而來，不停衝擊著自己原先舊有的思想桎梏。望著牆上殘破的磚瓦，我先是站在一旁，繼而思索了半晌。

共產主義的平等齊進，或是資本主義的自由競爭，一個沒有對與錯的思辨。因共產平等而築起的牆，任何一座阻擋自由的有形之牆，終會倒下，因為那是人們對於追求自由的想望；因資本自由而產生的失衡，一堵隔絕平等的無形之牆，早已不知覺地立起在你、我之間，它又將在何時才會倒下？

相互對立的兩邊，總是想方設法地私下竊取，或是公然奪搶對方重量，好以用來鞏固自己，而這一座暗藏危機的翹翹板，也就在這一來一往的消長中，相安無事地晃盪了數十個年頭。

過度的自由開放，終將引發眾多不平等的發生；然而視平等為圭臬的法規，又會招來對自由的諸多限制，若要訴求絕對的平等，同時又要擁有絕對的自由，那就好像是在翹翹板的兩端同時加壓，終將導致整體的崩塌和毀壞，猶如眾人心裡，想要同時向左又向右，或是兼得魚與熊掌的矛盾心態。

矛盾地支持、矛盾地反對、矛盾地愛人、矛盾地恨人，最後再矛盾地死去。

矛盾，似乎困擾著許許多多的人，無物刺不穿的矛、無物能刺穿的盾，這二項東西若要同時得以並存，當然更少不了人類的矛盾相信。

究竟，是人類自己選擇相信矛盾，還是矛盾，親自揀選上了人類？

離開柏林圍牆後，拖著疲憊的身軀，走進一家位於市區的青年旅館，或許問一問又能獲得一次盥洗機會，如同過去一樣。

心裡如此盤算的我，順著手扶梯緩緩攀升，就在準備開口詢問時，我卻一反常態地避開櫃檯前的三雙目光，這才發現，眼前是一棟飯店式管理的大型青年旅館，難道是和預期的有所不同，自己才不敢直視他們？

故作自然地，我走至一旁的交誼廳坐下，眼神失焦地，向著電視螢幕發愣。

「自己進去吧！你這一身裝扮，沒人會起疑的。」耳邊彷彿聽見一陣細語。

「不不不……，怎麼可以有這樣的想法。」我坐在沙發上，內心正在天人交戰。

還記得自己一直以來，總是不停地自我告誡，不能做任何不入流的事，難道早在避開那些目光時，我的靈魂，就已經讓自己給出賣了？還是肌膚上連日未洗的髒穢，也同時玷汙了內在的心？

此時心中的魔鬼，儼然已經戰勝一切。

站在淋浴間裡，整個公共浴室就只有自己一人，我伸出右手轉開水龍頭，傾洩而下的水聲，硬是壓下內心所有的正邪對抗，以及糾結不停的是非掙扎，狂蠻的心跳也同時放大了自身的感官，瀰漫的霧氣，更是將無盡的昏沉攜來……在渾沌的迷濛裡，彷彿我又看見了，那幾位身穿青綠色運動服的國中生。

有說有笑地，他們似乎才剛上完夜間的課後輔導，一群人走進一家書店，較高的幾位利用身材擋住監視器，好掩護較矮的同學來犯案偷竊。

一開始，他們一次只敢偷一本，但犯罪就好比慾望一樣，是一個深不見底的無底洞。直到最後，他們是一次一整個布袋地裝，還相互戲謔地說，要去幫忙老闆搬貨。

或許在旁人眼中，他們只是一群單純尋求刺激的小鬼頭，但令人諷刺的，其中幾位還是時常上臺受獎的「模範學生」，擺在書桌前的獎座，還用燙金的漆打印著「品學兼優」四個字。

誠如我說的，犯罪的刺激就好比慾望一樣，令人難以抑制停下，最終這事兒還是捅出簍子，他們才趕緊收手，不知道是不是那四個漆金的字救了他們，如果不是如此，他們是否還能幸運地，獲得店家的寬容？

或許大家都是，用過去的表現來評斷人，過去表現良好的，總能獲得再一次的機會，過去表現不佳的，就只能讓人遠遠地拒在門外。

是否每一個人，都應獲得饒恕的機會，無論他的過往是黑抑或是白？

捲著白色泡沫的熱水，迴旋地流入排水孔中，我將水龍頭拴緊，斜傾的蓮蓬頭上還是凝了幾粒水珠，極其緩慢地，它們一粒一粒落下……

「滴咚～滴咚～」在這空無一人的浴室裡，水滴落在地上的聲音異常清晰，而在那之後緊接而來的安靜，令人感到頭皮發麻，很是恐怖。

「為人不做虧心事，半夜不怕鬼敲門。」耳邊，好似又傳來了一個聲音。

我不願多想，趕緊拭去身上殘留的水珠，走出隔門，前方是一整排的鏡子，閃得銀銀亮亮地，可我卻下意識地別開頭，避開鏡中閃動的身影。

難道是自己明瞭做了虧心事，才擔心「鬼」會出現在鏡子裡？

還是害怕鏡中的自己，會變成「鬼」的模樣？

儘管夾雜著恐懼，我卻還是從容地穿過櫃檯，走出旅館。洗淨的身體總是令人感到舒爽，就在這時，一陣風從背後吹來……

「你真的洗乾淨了嗎？你可千萬別越洗越髒啊！」那一陣聲音，匿藏在風裡，令我心裡起了一些疙瘩。

盧森堡　盧森堡市

從高處望去，盧森堡市是一座充滿立體感的都市，其實整個盧森堡的國土面積僅有兩千五百八十六平方公里，略大於臺北都會區，城裡綠意盎然，除了運河旁的綠林小徑外，還棋布星羅著中古世紀的高塔、城堡，或是古典寓所，再襯上遠處的新穎建築，整個城市存有一種世代相融的悠然。

橋墩上，是一排正在通過的紅色列車，伴著肆意流竄的餘暉，和攀爬在磚瓦上的熠燿金黃，看來美好的一日又要過去了，我有些垂頭喪氣地步行，走回車站。

「看來今晚，真的得睡車站。」頭頂上布告的火車班次，不停翻動，我猷然地站在原地，束手無策。

悄悄地走進車站大廳，找了一排鐵椅坐下，我靜靜地拿出一本小說來讀。

不知覺地，大鐘上的指針，就這樣來到深夜十一點半，我從隔壁位子取來一疊報紙，一張一張地攤開，鋪在站前的大理石地板上，就在我正準備躺下時……

「嗶～嗶嗶～嗶～」一陣急促的哨音吹來，我半趴在報紙上回頭查看，一位身穿制服的站務人員向我走來。

「抱歉，我們要關門了！」他走近，對著我說。

「這火車站，不是二十四小時的嗎？」我起身，滿臉疑惑地問他。

「沒有喔，我們營運的時間是從早上五點，到午夜十二點。」他一派輕鬆地答道。

就這樣，我連人外帶一疊報紙，通通地被請出了火車站。

真是沒有想到，自己原本還心有不甘地，打算窩在車站的角落過上一夜，如今卻落得連車站都沒得睡，必須淪落街頭的下場。

這就好像之前行李運丟的事一樣，竟連一次循序漸進的機會都不給我，就被人強迫跳級了。

蕭瑟莫名地，我只能站在車站門口，眼睜睜地望著鐵門，讓人慢慢拉下。

「唉，」低頭看著手上拿的那一團報紙，我輕嘆了一口氣，並小聲地向自己說道：「隨遇而安吧！」

腳步落寞地，走至路旁的木板凳坐下，我將背拉直，勉強地靠躺在木板上，沉重的眼皮，終於再也經不起周公的熱情吆喝，緩緩慢慢地闔上。

突然的一陣哆嗦，令人驚醒，原來那是入夜之後的凍寒之氣，起身望向空無一人的街道，我探了一下手錶，也不過只是十多分鐘的消逝，昏黃晦暗的路燈，孤零零地照打在柏油馬路上，身軀微微顫抖，心想如果只是一夜的冰寒，自己都無法忍受，那麼長年累月以公園、馬路為家的街友們，又該如何生存下去？

一想到這，我便站起來跳一跳，冀望這一身的皮囊能因而暖和一些，可是很顯然地，這方法並不太有用，於是我便在街上不停地遊走，想要覓尋一處，能夠安度今晚的地方。

打開路邊電話亭的拉門，我瑟縮地坐下，為了保有些許的體溫，我將身體蜷曲，伴隨著不自主的間歇性顫抖，直至太陽再次升起，自己才從昨日一夜的痛苦裡解脫。

是的！

陽光，總是給人帶來溫暖，以及無窮盡的希望。

義大利　羅馬

「嘩啦～嘩啦～」嘈雜的水聲，將其餘的一切隔絕在外。

從自備的盥洗袋裡拿出肥皂，並同時探了一下擺在架子裡的手錶，打自方才走進浴室，只過了兩分鐘。

「嘩啦～嘩啦～」水聲持續地響著，我一心只想趕緊洗完走人，希望能趕在老闆回來之前。

早先才幾個小時，我人還走在一條狹窄的馬路上，端詳著那一張，從羅馬特米尼車站取來的免費地圖，以及上頭標註的藍色記號。

每到一座城市，我總是先衝進遊客中心裡的服務櫃檯，請他們幫忙標示出鄰近的青年旅館，盡量去拜訪每一間可能得到盥洗機會的旅館，似乎已是我每日的例行公事。一踏進旅館門口，我總是快速向櫃檯人員表明來意，並親切而且有禮貌地詢問，雖然大多數的答案都是否定的，但偶爾還是會遇到善心人士的幫忙。

「今天的運氣，似乎不是太好。」已經連續槓龜了好幾家，我走得滿身大汗，而且似乎又有好幾天沒有好好洗澡了。

「下一條巷口，好像還有一家，再試一下好了。」距離所要搭乘的夜車，時間有些緊迫，我只能孤注一擲。

「奇怪，地址明明就是這裡，但怎麼沒有招牌？」眼前是一間平凡無奇的普通公寓，丈二金剛摸不著頭緒的我，只能在門口不停徘徊，滿是困惑。

「@%^&$．」身邊突然出現一位，揹著大背包的韓國男生，他直接用韓語問我。

接著我用英文回他，自己不是韓國人，他才不好意思地向我道歉，也沒再和我多說什麼，但我卻打從心裡相信，自己一定沒有找錯，依循自己過去積累的經驗，凡是只要有亞洲背包客的地方，大抵就是便宜旅館的所在。

他又查看一下自己手上的韓文旅遊書，就逕自入內，我使尾隨他走進舊式的歐洲電梯裡，就是那種在電影裡時常看到，在環狀的樓梯中間，有一座垂直向上的老式電梯，而且還有一扇鐵門，你得親自用手拉上，電梯才會啟動。

電梯在某一層樓停下，他按了幾下門口的門鈴，過沒多久，來開門的是另一名韓國背包客。

「老闆出去辦點事，一會兒就回來。」他開完門，先用韓文和我身旁的韓國人說明，並在得知我不是韓國人後，又用英文和我說了一次。

於是，我先四處走走看看，就當我的腳步來到浴室門口時，雙腳重如千金，忽然定住不動，我轉頭望向櫃檯，他們二人正在用韓文聊起天來。

「現在該怎麼辦？算一算也有三天沒好好洗澡了。」我又看了一下腕上的手錶，離火車發動也只剩下一個小時，迫在眉睫。

對我來說，這就好像是一個餓了好幾天的饑民，來到一間自助餐店門口，就在這時提醒居民倒垃圾的〈給愛麗絲〉樂聲，正好就在巷口響起，老闆拎著垃圾，頭也不回地衝了出去，從店裡不斷溢出的香味，將飢腸轆轆的我牽引入內，保溫檯上剛好擺著一盤剛起鍋的雞排，炸得金黃酥脆不說，旁邊還有一塊紙板寫著「特大」二字。

猶豫不決的我，恰巧想起上一次人在德國柏林，偷溜進去青年旅館洗澡的事，這樣一想，也就一不做二不休地走進浴室，真沒想到，自己竟成了偷洗澡的慣犯。

其實魔鬼一直都潛伏在，每一個人心中的暗處，伺機而動。

「嘩啦～嘩啦～」我趕緊褪去衣物，轉開水龍頭，浴室裡迴盪著水聲。

「叩叩叩～叩叩叩～$％&＊&……」就在我的右手拿起肥皂，正要快速塗抹時，傳來一陣又急又促的敲門聲，以及一個模糊的聲音。

「等等！」我匆忙地回應門外的聲音，趕緊再將衣服穿上，奔出浴室。

「你是要來住宿的？」一段夾帶濃厚義大利語調的英文，他是一位稍有白髮的中年男子，一臉狐疑地問我。

「其實沒有，我只是要來借用浴室洗澡的。」我迅速澄清答道。

「借用？你在未經允許的狀況下，剛才已經進入使用了，這算哪門子的借用？」他一臉驚訝地回應。

就在我欲加解釋時，他立即撇過了頭去，一隻手橫在空中，擋在我倆之間。

「這是偷竊，你知道嗎？」他一臉盛怒。

「你不用解釋了，現在就給我出去！」

沒錯，他說得對，這是「偷竊」，我又何需再多作一些無謂的辯解？不論再多說些什麼，都已無法改變這不爭的事實，頓時的懊悔，更令我羞愧地低下頭來，感到無地自容。

「對不起，對不起，真的……真的很對不起。」我低著頭，不停地向他道歉，再朝門外走去。

垂喪著頭，我走出門外，所有的一切，就像是被按下慢速播放的黑白默劇，在緩慢的畫面裡，沒有顏色，也沒有聲音，而我就只是一臉默然地，站在繁忙的街道上，讓絡繹不絕的行人自身旁穿越。

「偷竊」二字，猶如是綑綁在我身上的無形枷鎖，再加上強烈的自尊和自責，更是令我動彈不得，只要一想到方才的行為，就為自己感到羞恥，為何一向正直的自己，卻會抵擋不住連日以來未能洗淨的狼狽？

難道只是為了省下十幾歐元的盥洗費，就願意拿自己的正直來做交換？

做一位正直的人，是父母親對我的唯一期許，現在的自己終於可以了解，蘸在身上的骯髒，或許可以被清水洗去，但藏在內心裡的汙垢，卻是不容易被沖洗乾淨的。

那一條綑綁著自己的鎖鏈，愈綑愈緊，直至難以呼吸，胸膛也不停地激動起伏，我感覺到那些鑲嵌在眼眶中的淚水，正在慢慢凝結，在那一刻裡，我真想大聲哭泣，但我卻難過到發不出任何聲音，只能站在路旁無聲地啜泣，並不停地向自己的靈魂懺悔。

「我，再也不會出賣祢了！」在向自己的靈魂允諾之後，那一副又厚又重的枷板才逐漸鬆去，徐徐緩緩地，一淺清泉流淌過了心田，才將心中那些淤積已久的汙垢帶走。

坐上離開羅馬的列車後，我刻意把車窗拉開，任由窗外溫暖的夜風輕撫著自己，希望它能溫柔地將我身上的枷鎖卸下，但那一幢幢的身影又在眼前出現，青綠色的運動服上烙印著「北投國中」四字。

我知道，解脫的那一天還沒到來，它會一直箍綁在身上，直到某日，我將它們赤裸裸地坦誠寫下。

屆時自己也終將明瞭，認錯的「勇氣」，遠大於任何形式的挑戰，因為「我」就是自己最大的敵人，而我所需要挑戰的人，也將永遠都會是「自己」。

勇敢地面對自己，才能挑戰自己，進而超越自己，到了那時，我的心會是藍色的，會是自由飛翔遨遊的，並和蒼穹的湛藍、汪洋的深藍，相互融合成為「一體」。

19. 生命，是向「愛」的

二〇一四年四月　臺灣　臺北

老實說這一陣子，我深刻感受到自己的體內，有一種力量正在消失。

自從那一夜，在打開許久未曾開啟的電視後，看到怵目驚心的衝突正在眼前上演，儘管自己，也曾經歷過不少的危險時刻，但是那些，畢竟都是發生在他鄉異國之處。

二〇一四年三月十八日事件爆發後，這島上的氛圍開始驟變，兩天後的凌晨，天還未亮，我剛完成當日的寫作，便騎著YouBike來到立法院的周圍，成群的學生披著黃色的輕便雨衣，一團一團坐在青島東路上，架立在舞臺旁的熾熱白燈，照射出一束一束的耀亮，細濛濛的雨，在那些白光之中，就像是一場漫天而下的白雪，螢螢亮亮。

靜靜地，我走繞了幾圈，無論是現場工作人員的編組、整體動線上的規劃、各項物資的配發，都井然有序地讓人驚訝。此時天仍然有些凍寒，許多人躺在路邊，蜷縮在睡袋裡，看著他們青春的疲憊面孔，令我憶起自己在旅行時，也曾流落至凜冽的街上，內心更是百感交集。

不久之後，天光逐漸明亮，我在路口買了一杯杏仁茶和一節油條，又濃又純的杏仁香氣，使人不禁憶起孩提時的純粹，於是我，趕緊將那一節酥脆蘸上杏仁茶，再塞進口中，並挑了一個在街角的位子坐下。

打從自己在世界旅行時，我就不相信媒體，親眼所見的都不一定真實了，更何況是被渲染報導的，我想起了，自己曾經去過的以色列，還有那一天拜訪過的法國巴黎。

記得那一天在抵達巴黎後，一如往常地，自己才剛踏出列車，就來到火車站旁的遊客中心，取了一張免費的市區觀光地圖，這才發現，巴黎市區比想像中的還要大上許多，貧窮如我，必定奉行省錢之道——步行，時常一天都要走上十幾公里。

似乎在巴黎市區，四處都可以見著那一座高塔——艾菲爾鐵塔，行走數公里後，我在鐵灰色的塔下走繞幾圈，但沒花錢登塔。

接著走至戴高樂廣場上，眺望那一座拱著驕傲、光榮的雄獅凱旋門，從那裡你可以通達到任何地方，穿過陳列時尚的香榭大道，漫步在塞納河的左岸，浸淫在一片充滿文藝的氛圍裡，當然隨後，我又拜訪了極富盛名的聖母院。

巴黎啊，巴黎！

在這裡的一切，似乎都是如此地美好，宛若眾人形容的那樣。

乘著快意和愉悅，我決定步行離開知名的景點鬧區，前去探訪尋常的在地風景，不過幾里外的社區，遊客便寥寥無幾，街景也從明亮几淨的精品櫥窗，變成昏灰暗色的矮房公寓，擺放在人行道上的垃圾桶早已滿溢，還露了一截袋子出來，巷弄牆壁上，噴滿雜亂的線條，雖然看似毫無秩序可言，但我知道，那是代表著另一群人的生命掙扎。

道路兩旁沾黏著不知為何物的汙穢，而且就在這時毫無預警地，一陣刺鼻的阿摩尼亞味向我突襲而來，這是我在歐洲其他地方未曾有過的經驗，雖然比起印度的德里，或是埃及的開羅，這也不過如同小兒科一般，但任誰都沒料想到，這會發生在一座受眾人讚歎的浪漫之都——巴黎。

當然這絕對不是巴黎的全貌，但卻也是巴黎生活中確實的一角，並非媒體追捧揀選過後，而加以渲染過的巴黎，僅僅擁有著單純的文藝浪漫。

我打從心裡慶幸，自己是用步行的方式，來探索這些歐洲城市，否則不過短短數小時的停留，幾乎絕無可能見到或是發現此景，儘管它們並不全然美好，可卻有著再真實也不過的純粹，以及那些和生命掙扎過後的奮鬥。

用自己的雙腳去走，用自己的雙眼去看，用自己的雙耳去聽，最後，再用自己的大腦去想。或許旅行，純粹只是給自己一個機會，去真真實實地感受，而非單一方面地，去接受群眾的想法，或是聽從他人的觀點。

●

是的，這就是我要親自來到現場的原因，就在這時天亮了，學生們逐漸醒來，舞臺上下一齊呼喊著口號，聲嘶力竭地，我只是靜默地聽著，任憑那些充滿憤怒的青春，劃破天際，響徹雲霄。

短短的數十年間，生活在這一座島嶼上的全體人民，如同這座島嶼上的歷史一樣，在經歷過諸多的苦難更迭後，卻仍強韌地活著，甚而活得百花齊放，宛如十六世紀，那一座曾讓西方世界讚歎的美麗之島——福爾摩沙。

華人世界中，民主進程相對迅速的臺灣，一直以來政治都是擾擾攘攘的，或許有人會說，這是通往「自由」的必經過程，但在臺灣諸多市井小民的生活裡，在經過一天的工作勞苦後，多數也只能隨手打開電視，跟著螢幕上的名嘴一起叫罵，好宣洩出積壓已久的鬱悶；不然就是，老早就對政治絕望的另一群人，他們只能不停地辛勤工作，並自求多福。

起初，這一座美麗的島嶼，具有一種神奇魔力，她是善良，可以療癒心靈的，只要你走進她所孕育的自然山野裡，當可見證這一神祕。

早在一萬五千年前，這裡便有人居住，南島民族[1]也在六千多年前抵達此地，更將這島上的神祕，以及先住民族間的故事，以口述的方式傳承留下。數千年來，儘管他們也會因為自身族人的生存，而相互廝殺、爭鬥，但是他們確實是和這一塊土地共生共存，就如同這世界上，所有尊敬自然的眾生一樣，然而這島嶼上的光景，打從西元十七世紀開始，一切就都變了。

西方的航海強權國家，開始覬覦這一座島嶼的優越位置，以及富饒的自然環境，於是他們陸續在島嶼的南部、北部上岸，挾著自身優勢的武力，聯合原住民族建立封建政權，進行殖民制度，他們有的身材高大、紅毛藍眼，有的鼻梁高挺、黑髮碧眼。

當時在島嶼上長住的漢人，僅有數千名，人口較原住民族要少上許多，然而殖民政策，確實需要大量的勞動人口，於是身為殖民者的西方民族，提供諸多鼓勵的農業政策，以及稅收優惠等誘因，誘引中國沿海省分的漢人前來，恰巧當時的中國正值動盪紛亂，此舉也切實奏效，著實吸引不少漢人前來共殖開墾。

數十年後，一批明朝末代的漢人，在失去中國的政權後，大肆舉軍前來，將這一座島上的西方民族擊敗，隨後便遷居至此。許多漢人遠渡重洋，背井離鄉而來，儘管有人成功上岸，但其實有更多的人，是葬身在駭浪驚濤的海上，淹沉到無盡的闇黑裡。在他們之中，多數人都是襟懷希望，不顧生死前來的，但成功上岸的人們，雖然勇敢地克服了大海的險惡，卻沒把「愛」帶來。當然我這裡所談及的「愛」，絕不是單指對親朋好友的愛，而是對世間芸芸眾生，以及對於這一片土地的悲憫之愛。

為了滿足私慾，無數的原住民族被漢人屠殺，土地遭受掠奪，甚至漢人還將逮到的原住民，煮來食用或是販賣，但那並不代表，漢人之間就是和平共處的，他們也常因為彼此原鄉的族群不同，為了搶奪土地或資源，時而發生械鬥殺戮。

沒有多久之後，這島嶼上的人民被遺棄了，這一塊島嶼讓人割給了大和民族，於是日人乘著戰艦前來，為了確實接管，他們殺掉更多的漢人和原住民，在這一段慘痛的歷史中，我看不到大和民族的勇敢，當然也看不到「愛」，或許比起漢人，他們真的較為懂得利用這一塊土地上的自然資源，而非濫墾濫伐，但若真要比起原住民族，他們還是差上好大一截，畢竟一個是在利用自然，一個是尊敬自然與大地共生。

經過半個世紀大和民族的統治，儘管臺、日雙方民族特性差異甚大，但在日人有效的現代化建設和管理之下，生活進步、經濟繁榮，這島嶼上的人民還稱得上是安居樂業，人口迅速成長，甚至數量還翻了倍。

那時居住在這一塊島嶼上的人們，幾乎就要被大和民族同化了，就像當初漢人同化原住民族那樣，只是更具規模，更有系統且兼具效率，但若要論起當時的社會制度，就拿臺人（原住民和漢人）來和日人相較，雙方仍然隔著一道階級藩籬，難以跨越，或許假以時日那一道藩籬終能卸除，也許還得再多上半個世紀才夠，但是大時代的更迭動盪，從來不曾放過這一座島嶼上的人們。

這是一種「宿命」，或「輪迴」吧！

二戰結束，同時也象徵著大和民族的戰敗，此時臺灣的政權又再一次地移轉，另外一批漢人乘著炮艦，攜著槍桿前來接收，就像當初日人來臺一樣，他們帶著同樣的驕傲、蠻橫，一樣瞧不起這一座島嶼上的人們。

更何況這一群臺人，竟然還曾經臣服於大和民族，嘴裡說的不是他們聽不懂的方言，就是他們最為憎恨的日語。

於是，他們和所有其他的外來政權一樣，欺壓原先居住在這一塊土地上的人民，就像數百年前移民來臺的漢人們，也曾如此地對待原住民族，如同這一座島嶼上的血腥歷史，西方人的殖民壓榨，漢人欺壓原住民，漢人械鬥漢人，日人欺壓臺人，漢人欺壓臺人。

儘管這些漢人和諸多臺人血脈同源，但那又如何？誠如先前說過的，早先移居來臺的漢人們，也是時有摩擦，甚而廝殺砍鬥。

是的，這就好似「輪迴」一樣，「原先」和「新來」的漢人之間，嫌隙與日俱增，在諸多「人為操控」和「歷史因素」的構成下，衝突終究還是爆發了，欲來鎮壓臺灣的軍隊，一艘接著一艘地上岸。

其實類似的情節，在這島上已經不是第一次發生，早在日治時代，乃至更早的清治時代就已發生數次，只是從那些倖存活下的耆老口中說出，才讓人聽來覺得恐怖，在那一次的事件裡，好多人死了，或是人間蒸發，眼看世代對立、相互仇恨的種子，終究還是不敵「運命」的安排，更讓「歷史」悄悄地種下。

因為國共戰爭失利，在不到三年的時間裡，漢人一批又一批地撤退來臺，軍和民擠滿了一艘又一艘的艦艇，他們飽受戰亂，被迫離開故土，被迫和親人分離，比起不停遭受外來政權欺壓的臺人，其實他們也沒好過多少。你又怎能期望這批「新來」的漢人，能把「愛」帶來，畢竟起初，他們真沒打算將這裡當作「家」，無一不是冀望，有朝一日能夠攻打回去，早日和對岸的家人團圓重聚，能夠待在這島嶼上的時間越短越好，但他們壓根兒也沒有料到，自己會在這裡待上那麼久，而且這一待，竟然就是一輩子。

自古以來，凡是挾帶優勢來到這一塊土地上的人們，對於這一座島嶼，無論他們是「被迫」而來的，還是「勇敢」冒死前來的，或是受到「慾望」驅使過來的，他們都沒將「愛」帶來，無一不是殘忍或是自私，正也因為他們都缺乏了「愛」，所以「被迫」、「勇敢」、「慾望」，這些元素才得以相互牽引，「輪迴」不止。

至於那一種尊敬自然、悲憫世間眾生的「愛」，其實一直都在，就在這一座島嶼的森林、山巔、河谷裡，或是和這世界相連的汪洋大海裡，當然也在原住民的神話傳說裡，儘管那些故事，多數都將面臨失傳，就像這島嶼上原有的「愛」一樣。

我站起身來，靜靜盯著一束又一束的向日葵，或許有人喜愛它的光明燦爛，有人棄嫌它的外表醜陋，喜愛、仇恨、信任、猜疑，這些都是他人的「自由」，沒有任何一人可以強加干涉他人的。

我期望在這當下，你們必須更加傾聽多元的聲音，不能期待人人都是支持你們；又或許，不一定所有生命都是向陽的，更何況和你們相對的另一群人，並不認同你們足以代表陽光。

每一個初春的生命，縱然懵懂，卻也是最為接近那一神祕力量的，因為那是生命中最初的奧祕，就像這一座島嶼起初具有的神奇魔力。

「愛」是雙向，或是多向的，是最為容易，卻也是最為困難的，也唯有這一神祕且充滿力量的「愛」，才能終止這島嶼上的「輪迴」，以及過去人們所積累下來的仇恨對立。

最後我誠摯地希望，此時坐在地上的你們，都能在每一畝的心田裡，種下向陽的種子，並綻放出「愛」的花朵，永不凋謝。

於是我起身離去，對於這一座島嶼，我的內心充滿著「愛」，可是也溢滿著令人糾結的「矛盾」。

當我感奮地，打下這些文字的同時，終於明瞭自己是和家族、人民、天地、宇宙相連的，在這之間的相互對立衝突，便是造成自身能量驟減的最大主因，無論支持或反對任何事物，對於那些懷有「使命」之人，堅持去做他們認為該做的事，我皆允予支持，只要他們心中仍然存有，對於另外一方的「愛」，誠如我先前說過的，「愛」是雙向，或是多向的，如果只是單一方面的以為，仍然稱不上是「愛」。

「愛」，是否可以給人帶來更好、更富裕的生活？我想答案不盡全然肯定，可是「愛」，確實得以讓人活得心靈富足，因為那是祂最根本的存在意義。

至於生命，毋庸置疑都是向「愛」的，因為那是生命，得以存續下去的原因。

忽然之間，似乎那些力量又都回來了。

1　南島民族：指在大洋洲和東南亞各國講南島語系的海洋民族。

20. 歐陸夜車旅行的終點

二〇〇八年四月　義大利　拿坡里

「碇碇～碇碇～」

「碇碇～碇碇～」

一聲又一聲持續敲撞的巨響，無端地將我從睡夢中喚醒，躺坐在獨立車廂內的椅子上，早已累到猶如一攤爛泥的我，下意識地抬起左手，輕輕拭去嘴角流下的口水，努力嘗試睜開像是被強力膠黏住的雙眼，我眼神迷濛地朝著腕上的錶，探了一下。

這才驚覺，現在不過是清晨五點半，但那一整晚敲撞不停的金屬巨響，究竟是何時響起的？又是從何處傳來的？

「碇碇～碇碇～」古怪的巨響仍舊持續著，毫無歇停跡象，不甘願的我終究還是起了身來，靠近車窗，向外查看。

「奇怪，為何列車是靜止的？而且，最怪的地方是……」

「窗戶外面，看起來就像是一面……牆壁！」我趕緊拉開窗戶，詳加查探一番。

我用手摸著外頭，那一堵牆和車窗之間，不過半公尺距離。

當我把頭探出窗外時，更是絕妙，在昏暗的光線下，後面是一列列的火車，相互交叉並排地停在後頭，整輛列車，就像是停在保修廠裡一樣，一動也不動。

「怪了，而且身旁的車廂，人都還在裡頭，我該不會是還沒睡醒吧？」我捏了一下自己手臂上的肉，確實會痛。

「硿硿～硿硿～」還是沒有弄懂，那聲音究竟是從何處傳來。但又總是覺得，在那之中似乎藏有一種規律，嘗試理出頭緒的我，正在努力喚回昨夜在拿坡里（Napoli）車站的記憶。

如平常一樣，我又因為夜車的問題而苦惱，一個人孤伶伶地，看著一班又一班的列車駛離月臺，原本都已有睡在車站的打算，但只要一想到，這裡可是全義大利最惡名昭彰的城市，便也作罷。就在我努力查看車次時，告示牌上迅速跳轉出一些地名，趕緊再拿出手邊僅有的資料，仔細翻查一番。

「西西里島！」我驚訝地看著，手邊的資料，「該不會就是那一個，以國際黑幫組織黑手黨而聞名海外的西西里島吧？」

向來好奇的我，總是希望能夠一探傳言的真假，但絕非魯莽草率，於是我便懷著一顆既冒險又謹慎的心，興奮地跳上夜車。

不因旁人的看法而去停止自己對於事物的嚮往，或是追尋心中的那一刻美好，一直以來我都是如此堅定地走著，或許偶爾有些孤單，但總能在那之中，鑿掘出激發自我的突破力量，同時也再一次地給予自己微笑。

「奇怪，昨晚跳上夜車後，過沒多久自己也就睡了，」我自言自語地，再次不安地起身，對著窗外探了一下，「記得那時，火車還是在鐵軌上跑得好好的，怎麼這時，卻像是火車出了問題似的？」

走出車廂，我滿頭霧水地想要問個究竟，但隔壁車廂的乘客，卻都睡得平平靜靜，於是便也作罷，反正當地人都還在，想必出不了大事，況且自己搭乘夜車的目的，不過是貪圖一晚人身安全的保障，好避免流落街頭的困窘，更何況現在又不趕時間。

「碎碎～碎碎～」我內心平靜地坐回位子，但持續的巨響，還是困擾著我。

約莫一小時後，那一陣陣規律且令人煩躁的巨響，突然消逝得沒了影蹤，取而代之的卻是，更為刺耳嘈雜的輪機運轉聲，以及外頭大聲嘶吼的喧譁，好像有人正在指揮現場似的，緊接著車體開始搖晃移動，我向著窗外猛瞧，希望多少能捕捉一些到線索，好以解除自己整夜以來的疑惑。

突然，我在遠處見到一口光亮，火車也正朝著那裡駛去。

「哇！」我在邊際線上抬頭仰望，那是一片晴朗的藍天，前方則是一個接有鐵軌的碼頭，「拜託，這也太誇張了吧！」就在我迅速回過頭後，這才發現原來整列火車，正從渡輪的船艙裡，慢慢地行駛出來。

火車一下前進、一下後退，原來整列火車，當初是採用分段拆解的方式一節一節地塞進船艙內的，這時若要開出來，想必也要運用相同方式，才能完整銜接回去。一直以來，我都以為開往西西里島的火車，會是走在跨海大橋上，或是使用海底隧道，還真沒料想到，竟是使用搭乘渡輪的方式，因為那畢竟是一列冗長的火車。

「原來如此啊！」我在這時，忽然憶起昨晚的一夜巨響，原來那是我們在橫越地中海的墨西拿海峽[1]時，火車和渡輪之間，各項機械器材的震盪合奏曲，而那一規律，正是大海的深沉脈動。其實這麼一想，那響了一晚的怪聲，也就不再令人煩躁，反而讓人心裡感到平靜。

其實內心會煩躁，或許是來自於不安，以及這些日子在肉體上的煎熬折磨，都一直不停地考驗著自己內在的平靜。

看著天空上的一片清藍，和不斷衝上堤岸的海水，以及火車持續向前又向後地相互銜接組合，我悠然地享受著這一段瑰異的過程。

過沒多久，火車組合完畢後，一對年輕的義大利情侶，打情罵俏地走了進來，他們和善有禮的和我點點頭後，才又繼續相互嘻笑。

「請問一下，對於初次來到西西里島的人，如果時間有限，真的只能拜訪一個城市的話，你們會推薦哪裡？」

「卡塔尼亞（Catania）。」男孩想了一下，才和我說。

「我們住的巴勒摩（Palermo）也很棒啊，為什麼你不推薦給他？」女孩嘛著嘴，俏皮地反問男孩。

「但是，他是第一次來西西里島耶。」男孩輕輕地，捏了一下女孩的鼻頭，再迅速親了一下她的小嘴。

「我們住的巴勒摩，雖然是西西里島的第一大城，也有著更久遠的歷史，但卡塔尼亞在文化藝術、觀光旅遊方面都更為發達。如果你有時間，我會希望兩個城市你都能夠拜訪，但若真要硬選一個的話，就卡塔尼亞吧！」男孩眼神充滿誠摯，耐心地和我分享。

「是啦，剛才我是硬鬧著他玩的，去卡塔尼亞吧，那裡真的很美。」女孩甜美地笑著對我說，男孩聽完後，又將厚實的嘴唇湊了過去，親她一下。他們兩人之間的熱情，相當令人感到可愛，就像此時西西里島的豔陽，熾熱普照。

義大利 卡塔尼亞

在歐洲旅行時，對於目的地幾乎毫無設限的我，總是隨機應變，或是將當地人給的意見，視為最佳的參考選項，而這樣隨性的旅行方式，也就決定了，自己和西西里島以及卡塔尼亞的意外相遇。

海港城市卡塔尼亞，是西西里島的第二大城，雖然歷經多次地震和埃特納（Mt. Etna）火山噴發的摧毀，卻仍不減卡塔尼亞一向繁榮的歷史，因為她總是富滿生命力地，在短期之內又重新復甦了起來。

在義大利遊覽的最大樂趣就是，每一座城市都是一個實體的戶外博物館，處處皆是古房、古蹟，哪怕已成廢墟的，都還另外圍起柵欄，供人駐足遠觀。卡塔尼亞當然也不例外，牆上的一磚一瓦，都代表著一段歷史、一份記憶。

就在我開始遙想，這一座海港城市的昔日榮景時，忽然空氣中，飄來了一陣熟悉的魚腥味，嗅尋著味道，我來至傳統的魚貨市場。

一條魚，微微起伏的鰓蓋，正透露出一個生命的垂死掙扎，原本徜游在地中海裡的牠，現在卻斜躺在砧板上，牠會知道在接下來的一秒裡，自己就要死去了嗎？

每一刀，下得越是俐落，那朱紅的鮮血就噴灑得越是狂亂，四處飛濺。

記得小時候，外公最愛釣魚了，我們時常都有鮮魚可吃。

「愛吃魚的小孩，頭腦總是特別聰明。」人們總是這樣反覆地說，專家學者這麼說，電視媒體也就這麼說，周圍的人們，更是如此一般地，時常向著我說。

直到自己在高中聯考挫敗以前，也很理所當然地，將那一堆得到滿分的考卷，和自己喜愛吃魚的習慣畫上等號，儘管到了現在自己還是無法確定，那究竟和愛吃魚的習慣有著多大關聯，但我終於了解，之於自己那不過就是一個說辭，一個用來包覆自大的說辭罷了！

就在我回顧過往的同時，一涓赤紅，沿著砧板的邊緣流下。

離開魚貨市場後，我走到一棟巴洛克建築的古典寓所旁，站在它的陰影底下，西西里島的日頭實在熱情，令人舌燥口乾，我拿出一顆紅澄澄的小橘子，那是方才和攤販購買的。

我用大拇指尖，使勁兒插進橘黃色的果皮裡，雙手一掰，鮮紅色的汁液，從裂縫裡汩汩流出，我怕被這突然湧出的赤紅沾汙，於是身體反射性地向後彈開，但嘴巴卻又同時靠上吸吮那一涓鮮紅，真是一個好不自然卻又滑稽的動作。

豎躺在白茸隔膜裡的，是一瓣瓣的鮮紅果肉，它們宛如紅寶石般耀眼，我不假思索地大口咬起，並一再咀嚼，飽受地中海滋潤的甜，不停地從嘴裡泌出。

水果，是大地之母轉換最為平靜的甜，享受它們是沒有任何痛苦表徵的，方才魚貨市場裡的記憶，此刻又浮上心頭，魚販們的叫賣聲，以及四處濺灑的朱紅鮮血，還有隨風飄來的魚腥味，都在翻攪著嘴裡的這一口甜，想到這裡，我趕緊將它嚥下，趁它還是甜的時候。

●

二〇〇八年　四月　荷蘭　阿姆斯特丹

「在你去過的這麼多地方，哪一個是你的最愛？」

「臺灣。」

「那好吧，除了臺灣以外，再來是哪裡？」

「太多了，說不完。」

「……」

許多遊走世界的旅人，回到家鄉後，難免總會讓人問到這一系列的問題，而我也是這麼真誠地回答他們。

我既好奇興趣又廣泛，旅行時總希望能夠盡量遊覽，以免錯過那些人們口中所謂的美好，除此之外，我尚能在平凡的生活瑣碎中找到自己的樂趣，卻又隨時保持自我，盡量避免深陷其中，而導致無法抽離的窘困；畢竟旅程，終有結束的一天，而那也代表著難以避免的分離。

也因如此，除了家鄉以外，我總是難以選出最愛，畢竟世界如此廣大，各地的民俗風情皆有特色，也都曾令我感到喜愛，但若以歐洲來說，多數城市我皆只有去過一次，除非位居交通樞紐，或是非常吸引自己的，才會額外再多一次的拜訪，可是在這之中有一座城市，我一共造訪了三次。

「哇，真是好一個豔陽高照的大晴天！」原本昨晚在夜車上，還在擔心連日以來的陰天，不知是否會影響到今日的天氣。

看來之前的擔憂都是多餘的，頂著頭上的熾熱，我踏出火車站，滿懷欣喜地走至運河邊，突然想吃一些冰品來犒賞自己，就當作是初次拜訪這座城市的慶祝吧！

走進附近超市裡，一盒香草口味的巧克力甜筒，上面貼有這家連鎖超市的自有品牌，就在拉開透明冰櫃的瞬間，我忽然想起愛吃甜食的妳，如果此時妳在身邊的話，一定會開心的和我一起共享它們吧？三個星期以來的一人孤獨，不禁讓我想起學生時代的記憶，其實那些時光，也早已消逝得沒了影蹤。

水，流向何方？

光陰，又流向何方？

與人分享，可以排解寂寥，其實自己向來都喜好和人分享，倒也不是單純為了消除孤獨，而是喜愛看到人們臉上的笑容，更希望自己能夠成為那一位總是給人帶來笑容的人。

「你好，」我在運河旁，特地找了一張已有人坐的長椅，「介意我坐下嗎？」我帶著燦爛的笑容問他，如同春天裡的和暖陽光。

「當然不介意，請坐。」他有禮地點頭回我。

他是一位年紀約莫四十的中年男子，正在享用自己帶來的午餐。

我緩緩地坐在他身旁的空位，並將背包、提袋都放在腳邊，手上則是拿著方才買的那一盒甜筒，Ａ４大小的紙盒，外觀幾乎毫無設計，紅、白雙色簡潔地從中間分隔開來，各自占上了一半，紅色的一邊，印有五種語言（英文、荷蘭文、葡萄牙文、瑞典文、希臘文）；白色的另一邊，則是一支擺斜的香草冰淇淋甜筒，內佐巧克力脆片和花生顆粒，一支約莫七十公克，共有八支。

「雖然有些冒昧，」我轉頭向著他說，表情認真，「但我正在尋求火力支援，來幫我一起解決這一盒甜筒。」這時候的太陽剛好正午，很是炎熱。

「你看這裡共有八支，」大力撕開紙盒，攤在他的面前，任由他選，「拜託你幫幫我吧，單靠我一人，是無法解決的。」我又祭出陽光笑容，替這豔陽再次添上熱度，他的額頭上，凝了一粒汗珠。

「既然你都這麼說了，我就勉為其難地，幫你解決一支吧！」他擦了擦額頭上的汗珠，對我笑了一笑，並取走一支。

「拜託拜託，請你行行好，等會兒多幫我解決幾支吧！」我也隨意取了一支甜筒，趕緊扯下天藍色的包裝紙，迅速往嘴裡送上一口。

人和人之間的關係，總是如此奇妙，我們就這樣坐在運河邊，一起合力對付那一盒甜筒，並天南地北地暢聊起來。

透明頂篷的觀光平底船，暢遊在四通八達的渠道裡，一直以來，自己對於河水總有著一份獨特的情感，更嚮往能夠生活在一座城市，是受運河交織而成的。這在我曾經拜訪的威尼斯記憶裡，得到了實際的樣貌，而非僅止於過去的想像，然而這裡就像是現代版的威尼斯，但更多綠意，且更為便利。

又是一艘滿載觀光客的平底船，從我們面前快速通過，這時坐在我身旁的他，愉悅滿足地站起了身子。

「再多拿一支吧？」紙盒裡尚餘兩支，我拿出一支，打算要嘟給他。

「真的不了，你留著吃吧，兩支對我來說已經夠多了。」他摸了一下，自己那一圈中年發福的肚子。

「那好吧。」我帶著微笑，將那支甜筒收回。

「洛卡，謝謝你的招待，很開心能夠和你聊天，也祝你旅程平安。」

風，穿過兩旁翠綠樹上的枝芽，到達蔚藍的長空，抵達遠方綿軟的一襲流雲後，接著才微微渺渺地，蕩回到坐在長椅上的我，儘管獨自品嘗孤寂讓人感到痛苦，但是在這一刻裡，從那苦裡回甘出來的甜，卻蔓延至嘴邊，令人出乎意料。

有別於上一次在運河旁的美好經驗，探索這座城市的巷弄，成了第二次拜訪的主要目的。

走進阡陌小巷裡，一陣發人迷眩的大麻菸味，飄瀰在空中，前方巷尾的情色商店，極度大膽地裸露，四處充溢著蠱惑和誘引，大喇喇地挑戰著眾人的感官，不知是粗俗的觀光氛圍使我不喜，還是此時慾念的狂亂流竄令我不悅——我無法接受失控的自己。

我趕緊拔步離開，遠離霓虹的街巷來到運河旁，在這一座布滿渠道的城市裡，走沒幾步，總是能夠立刻回到運河旁邊，難道是因為憑藉河水洗滌的力量，所以人們便斗膽在那巷裡放肆縱慾，事完之後再來到河畔，自我滌淨一番？

雖然愈是靠近河邊，內心愈趨平緩安靜，但那仍然無助於自己找到答案，於是我便沿著河畔前行，並在路上經過的每一座小橋上稍做歇停，同時也正是自己感受這裡的最好節奏。

和煦的春光，溫順地看顧著河岸旁的柔枝嫩葉，再任其隨風搖曳，颺起一片輕柔綠意，給人送來一整日的心曠神怡。

運河上起了一圈又一圈的漣漪，飄飄蕩蕩，它們依附在搖擺的小艇旁，或是寫意的悠然船屋旁，有點嫵媚卻又不失清新。

沿岸的房子，更是五花八門，有的樸素簡約，有的色彩繽紛，更是讓我在這裡的每一個停頓，都充滿了驚喜。

「鈴鈴～鈴鈴～」自行車不停穿梭在路上，一輛一輛自我身旁掠過，同時將這一份驚喜帶至四方，就像水，是流向四方的……

又或許，光陰也是一樣。

很快的，我再一次地拜訪這座城市，從車窗向外探去，一棟一棟設計前衛的建築，就像是在列隊迎接我似的，此時火車就要進站，這是我的第三次拜訪，同時也是這一個月以來，歐陸火車瘋狂之旅的最後完結。

車站，一個五味雜陳的地方，總是充滿驚喜和別離。

今日的車站忙碌依舊，熙熙攘攘，人群迅疾穿梭其中，我揹著大背包走出車廂，踏上月臺後，霎時停下了腳步，佇足在人群之中，望著他們，我想起自己身上所擔負的責任和義務；他們看到我是不是也懷念起過去曾經屬於他們自己的流浪歲月？

其實人生就是一連串的旅程，或是不停接續的流浪，而現在的旅行或是流浪，不過也就是一小段的人生，我們又何必相互擔憂，或是歎羨彼此？

於是在這一刻裡，我很滿足地享受當下的生命氣息，並期許未來因生活而忙碌的自己，也能有和今日一樣的滿足。

在這一座水城裡，我的第一次乘船體驗，並不是在四通八達的溝渠中航行，而是坐上從港口通往對岸的免費渡船，整座城市的天際線，就這樣大器地在我面前延展開來，造型特異的新銳建築，那是顛覆昔日傳統的新意，為這一座城市構建出無限可能的未來，同時也代表著人們，在這裡持續爆發的創新。

座落在那之中的高聳尖塔，標誌著古往今來的歷史更迭，亮白、湛藍、豔紅，宛如讓人上了一層鮮豔的彩妝。我喜愛這一座城市，猶如它給人帶來的強烈衝擊，那麼地至極矛盾，卻又讓人感到雋永和諧。

終究我還是頂著背包回到車站，準備搭乘前往機場的快捷列車，同時也更加慶幸，自己能在這一座充滿矛盾和衝突的城市——阿姆斯特丹，來和這一個月的瘋狂告別。

我喜愛阿姆斯特丹所特有的矛盾，就如同我喜愛自己的矛盾個性一樣。

我在矛與盾相互激迸的火花裡，見著了最美妙的詠歎，以及萬物靜止間的平衡，就在這時，極端裡的平衡恰巧浮現，猶如一座靜止的翹翹板，而我也將重新調整心情，揹起行囊，啟程邁向下一段旅程。

---

1 墨西拿海峽（Strait of Messina）：是西西里島和義大利半島之間的海峽，長度三十二公里，寬度三至八公里。

21. 活下來，為了繼續分享

二〇〇八年六月　美國　紐約

死亡，究竟是怎麼一回事？

確切的答案，我們幾乎無從得知，因為那些真正死去的人，是不會說話的。

在我的人生跡軌裡曾經有過幾次，眼看就要和死神照面了，卻出奇幸運地全身而退，幾乎毫髮未傷。

而我現在，要和你們說的這則故事，正是其中一個。

車體微微搖晃，我搭乘Megabus客運，離開華盛頓特區，正在前往紐約的路上，方才車子輪胎沒氣，還短暫中停了一個小時。

車頂上的電視，正在播放一齣電影，其中一幕吵吵鬧鬧，一群人正在圍堵另外一人，只見那人，冷靜沉著地站在他們中間，一動也不動。

「你說，這件事情，」從那一群人裡，走出一位態度猖狂的人，「你要怎麼給我一個交代？」他一股腦地，向著站在中間的那人破口大罵。

「……」挨罵的那人不發一語，只是撇著頭，靜靜聽著。

「今天要不是看在，我倆過去的情分上，」氣焰囂張的那人，隨手指了一下，圍在身旁的一群手下，「不然現在，我早就叫他們斷你手腳了。」並繼續對著站在中間的那人咆哮，絲毫不留情面。

說時遲，那時快，挨罵的那人，迅速從背後拔出一把短槍，槍口就這樣大喇喇地，頂在方才大聲嚷嚷的那人的頭上。

「啊……啊……」方才肆無忌憚的那人，現在反倒成了癟三，「我們有話好好說，不要動刀動槍的嘛。」他低著頭，語氣顫抖。

「所以，我需要給你什麼交代？」始終沉默的那人，這時終於開口說話。

「不用不用，你哪裡需要給我什麼交代。」他怯懦地說，儘管他的手下全都在場。

「你剛剛不是說，要叫他們斷我手腳？」

「哪有哪有，我是說，讓他們去給你按摩手腳，怎麼會是去斷你手腳呢？一定是你聽錯了啦。」方才大放厥詞的人，儼然已成一介鼠輩，膽小怯懦。

是的，打從局勢反轉後，一切就開始變得可笑，從一開始那人的狂妄跋扈，到了最後，竟會變成如此卑躬屈膝的模樣，可真令人作嘔。

換個角度來想，起先挨罵的那一位，不也是因為仗勢著自己，藏有一把得以奪人性命的武器，才能徹頭至尾地從容鎮定，倘若不是如此，恐怕跪在地上求饒磕頭的人，難保不會是他。

通常在外表現強悍之人，多數都是為了掩飾內在，那些不願讓人見著的軟弱，一秒鐘前，如此目中無人的他；一秒之後，卻反倒成了跪地求饒的人。

一秒鐘，區區不過一秒，能讓人有著如此大的改變，究竟是什麼「東西」具有這種力量？

「恐懼」，那是感受到死亡接近，油然而生的恐懼。

今天假若這事兒，換成是發生在自己身上，事情又會如何發展？

走下客運，就撞見一輛警車停在路口，黑色的車身，側門印有NYPD四個白字，一位高頭大馬的員警，腰際上配有一把短槍，他一手撐靠著車頂，朝向手裡的無線對講機說話。繞過他，我步行至時代廣場，紐約市的中心地帶，全世界最為昂貴的地段——曼哈頓。

在空中四散的霓虹，五光十色，構成一襲色彩斑斕的迷霧，我一人站在中央，環顧四周高聳的摩天大廈，伴隨著此起彼落的喧囂嘈雜，使人有些跼促、心煩慮亂，但橫杵於面前的巨大螢幕，五彩繽紛地令人目眩神迷，我就浸淫在這一場流動的筵席裡，久久無法自拔，情不自禁。

自從結束艱困的歐洲旅行後，我便搭上洲際航線，飛來美國，先後陸續拜訪了波士頓、紐約、費城、華盛頓特區，最後才又回到紐約。

同樣地，我又回到沙發主人基藍（Kieran）的住處，向他借宿幾晚。

基藍，十九歲，還是一位大學生，活躍於紐約當地的沙發旅行社群，為人隨和，容易相處，好交朋友的他，時常接待沙發客，在他兩房一衛一廳的二人公寓裡，最高紀錄曾經一次接待十幾位沙發客。

在他家，除了上廁所得要排隊以外，不誇張，光是一個不到三坪大小的小客廳，一到晚上就是五具大體橫豎在地上，喔……不，是五位沙發客躺在地上，晚上起來小解得格外注意，否則一不小心，就會誤踩到他人。

在我抵達紐約前，四處投靠無門，所幸能有基藍的幫忙，才有地板可睡，至於「睡地板」對我來說，一點也不困難，畢竟自己也曾獨自一人，睡在悽涼寒凍的街上，或是睡了數週歐洲鐵路的夜車。

今天回來得稍微有點早，於是便在路上買了兩罐啤酒。身為一名沙發客，我總會買些東西回來和人共享。

悄悄地走上屋頂，大夥兒總愛湊在這裡瞎扯閒聊，似乎喜好旅行的人，都愛聚在屋頂，這又令我憶起肯亞奈洛比的青年旅館——新肯亞客棧，那一個破爛的屋頂平臺，還有那屋上的一磚一瓦，以及曾經在那裡相遇的一切。

此時的屋頂，看來只有基藍一人，他坐在屋簷邊上，嘴裡叼著一根捲菸，瀟灑隨意地撥弄著吉他上的線弦，似乎不久之前，太陽才剛從他的指尖後方落下，隨著旋律，遠處的燈火一盞一盞地亮起，閃閃爍爍地好不迷人。

「基藍，這罐請你。」我遞上一罐啤酒給他。

「洛卡，謝啦！」他抽了一口嘴上的菸，才用右手將菸取下，並向我道謝。

「對了，你買這罐啤酒，花了多少錢？」接過我給他的啤酒後，他看了一下鐵罐上的字樣，旋即問我。

「兩、三塊美金吧，怎麼了？」我拉開啤酒罐的鐵環，上頭冒了一些白沫出來。

「下次我帶你去買，一罐一塊美金的啤酒，而且還是一品脫的喔！」他這時也拉開了啤酒。

「這麼便宜！」我趕緊啜了一口白沫，才將鐵罐舉起，直挺挺地對著他。

「那是一定要的啦，乾杯！」他也舉起手上的啤酒，對著我的鐵罐，輕輕敲了一下。

我們二人，大口啜飲著冰涼的啤酒，伴著屋頂上的夏夜晚風，天南地北地聊著。

某晚，基藍和我約好在地鐵站碰面，他果真要帶我去買便宜啤酒。

「洛卡，走吧，那間店就在旁邊。」

「好。」

「噹～噹～」我拉開門後，門上的鈴鐺，響了一下。

「這也太便宜了吧，還真的是一罐一塊美金耶！」看到貼在冰櫃上的標價，我小聲驚呼，於是便買上兩罐，打算我倆一人一罐。

「是啊，我就說吧！」他特意掉過頭來和我說，接著又走至櫃檯，買了一包菸。

「你怎會知道這個地方？」走出商店，我一邊問他，一邊將東西收進背包裡。

「拜託，這是我住的地方耶，」他點了一根菸，「哪裡有便宜可撿，我怎麼可能會不知道！」他迅速抽了一口，再從嘴裡吐出一團白。

「那倒也是。」我把背包，重新揹回肩上。

基藍住在紐約的皇后區（Queens），接近布魯克林（Brooklyn）的交界，治安尚可，晚上九點過半，我們二人走在人行道上步行回家，路旁停滿了車，前後數十公尺內都沒有其他路人，於是我們併著肩走，一路上漫無邊際地聊著。

「洛卡，今晚我才剛從戶頭裡，提出僅存的兩百美元，」他一邊抽菸，一邊和我隨興閒聊，「那是我上個月，去路邊打工賣冰淇淋的工資，也是未來兩週的生活費。」

「賣冰淇淋，那不就每天都有吃不完的冰淇淋？」我故意開他玩笑。

「哈哈是啊，在夏天賣冰淇淋，其實還滿不錯的。」他這時，笑得有些心虛。

就這樣我們不知覺地，已經走過兩、三條街。

一如前幾日，今晚並不炎熱，掛在天上的月亮就像一束濃眉，陰陰鬱鬱的，左邊還讓一片雲給遮了，硬是缺上一角，在這夜裡顯得有些殺氣。

就在這時，我的左眼餘光瞄到一名黑人，身高約莫一七五公分，體型高瘦，兩手交叉在胸前，背斜斜地靠在路邊的一輛廂型車上，就站在左前方約莫十公尺處，他頭低低的，似乎是在等人，沒有想太多的我們，也就繼續聊天前進。

「所以你的學費，也必須自己賺嗎？」我與他接回早先的話題，時間約莫過了五秒。

「應該這麼說……」基藍抽了一口菸，正準備詳細回答我。

此時我們二人，已經來到那一位黑人的右腳尖前。

霎時，他的一個突然轉身，讓我倆停頓了腳步，更切斷了原有的對話。

緊接著，他的一個猛然抬頭，促成我們三人的第一眼接觸，那是一張焦慮不安的臉龐，就在我正想對他說：「夜深了，孩子趕快回家吧！」

這時，他忽然面露兇光，原本交叉撐在胸前的雙手，隨即做了一個快速弧線的劃開。瞬間的衝突，似乎在我的記憶時間裡，又讓人按下慢速播放。

「喀~嚓~」從那一道弧線裡，我看到一把黑色手槍，以及聽到子彈上膛的聲響。而這也解開了自己剛才的困惑，沒錯，他確實是在等人……

因為他在等的人，就是我們！

「交出你的皮夾！」不知道他是否因為看我個兒高，所以才先從基藍下手。

「……」基藍迅速交出皮夾，一句話也沒說。

「你也一樣，把你的皮夾，給我交出來！」又是一個快速迴旋轉身，他將槍口，頂在我的肚子上。

「No, No, No, No, No, No……」我高舉雙手心想，這時如果裝成聽不懂英文，不知道能否呼攏過去。

「No, No, No, No, No, No……」過了幾秒，我還是喊著同樣的臺詞。

他手裡的槍，一直頂著我的肚子，令人怪不舒服的，但最讓人感到妙絕的是，當時的我，竟然生起想移開那一把槍的念頭，於是原本高舉的右手，開始緩慢下滑，就在我的右手虎口，碰觸到槍管時……

「你他媽的，別碰我的槍！」他激動的說。

「Sorry, Sorry, Sorry……」我趕緊向他道歉，右手再回升至原先高舉的位置。

然後我再趕快換回，一開始裝傻的臺詞：「No, No, No, No, No, No……」

到了這裡，時間大概已經過了數十秒鐘，他或許，也開始覺得我這人不太正常，於是他面對著我，直接伸出左手過來，往我褲子左邊的口袋摸去。

「他的左手，現在肯定是要過來拿我左邊口袋裡的皮夾。」我心裡這麼猜想著。

原先畫面的慢動作播放，彷彿霎時讓人切換成了最慢的速度，一格一格地前進。

就在我察覺到褲子左邊口袋裡的皮夾，即將被他抽拿出來的瞬間，我那隻愛亂動的右手，猶如再次受到下意識的召喚，緩緩降下，整個動作緩慢、流暢、毫無任何猶豫。

我的兩顆眼珠子，打從一開始就盯著他的左手，從我的左邊口袋裡，拿出一個土黃色的皮夾，眼看就要進入我倆的中間區域，這時我的右手，也已經來到與之交會的位置，進行攔截……

「砰～～～」在十萬分之一秒的幻象裡，那是在他扣下扳機之後，所發出來的巨大槍響，耳邊迅速響起了汽車的防盜警鈴聲，鮮紅的血，從肚子裡汩汩流出，沒有任何痛楚，我趕緊用自己的雙手，將傷口大力摀住……

在那一段幻象與真實重疊的瞬間，我彷彿過完了一生，就像從前經歷過的那樣，恍恍惚惚中，輕輕柔柔地，我的右手感覺到皮夾的觸感，雙眼不自覺地朝下探去，直到自己眼睛，見著仍然潔淨的衣物，這才確定剛才的瞬間都是幻覺，而他也並沒有開槍。

這時的自己，立馬更換臺詞：「Money, Money, Money……」左手旋即跟了上來，攤開方才從他手上攔截回來的皮夾，沒有絲毫躊躇或頓停。

「Money, Money, Money……」刻意升高音量，我清楚地喊叫著，深怕他沒聽到似地，同時左手趕緊探進皮夾，抽出裡頭的全部現金，還特地翻出了皮夾的內裡，秀給他看。

「Money, Money, Money……」不停重複著同樣的話，我的左手拿著四張美鈔，面額十元、二十元，各有兩張。

我把那一共六十元的美鈔，迅速遞給了他，便噤口不語，自顧自地闔起皮夾，收回自己右邊褲頭的口袋。只見他一語不發，表情有些錯愕地立定站著，左手拿著那些方才從我手上接了過去的美鈔，右手依舊握著的那一把槍，槍口沒有任何移動。

「對了，手機，你有手機對吧？」他回過神來，宛若想起一些什麼，補充說道：「把手機給我！」

「No, No, No, No, No, No……」想也知道，我一定又是繼續裝傻回答，表情自然無辜。時間到這，已經過了好幾分鐘，忽然間身旁，又有一個黑影乍現，那是他的另外一位夥伴，他一衝出來就把我的皮夾抽走。

「碰！」那人還打了我一拳，但並不大力。

一切變化得太快，我根本還沒來得及反應，只能順勢而為，還因此跌了一跤，但並未受傷，儘管迅速站起身來，但也只見到兩個飛奔逃逸的背影。

「我身上的錢，已經全都給你們了，」摸一摸右邊褲頭的口袋，空無一物，我大聲驚呼：「皮夾裡已經沒有錢了，拜託你們，把它丟還給我吧！」

「先生，拜託您行行好，皮夾裡已經沒有錢了，把它丟下來吧，拜託拜託！」一邊大聲呼喊的同時，我竟然還反射性地用了敬語。

「先生，皮夾裡已經沒有錢了，把它丟下來吧！」基藍，這時也回過神來，和我一起大喊。

過沒幾秒，皮夾還真被他倆丟在路旁，我身手矯捷地衝過去，立馬撿起。

整個事發過程，有著卓別林式的幽默、滑稽，讓人捧腹大笑，但說真的，在剛才「奪回」皮夾的瞬間，我竟下意識地認為，那些放在皮夾裡的卡片和資料，都還比自己的性命重要。

至於那十萬分之一秒的空隙裡，我猜又是一次人生跑馬燈的放映，只是這一次放得太快，所以放錯了。詭異的是，那一個影像卻是異常清晰，就像真的發生了一樣。

還是自己的心底，早已做了他會開槍的打算？

倘若真是如此，那我會死嗎？

「洛卡，你剛才的動作，真是讓我嚇傻了。」驚魂未定的基藍，如此對著我說。

「是啊，我也沒有想到，自己竟然會去伸出右手，把皮夾給攔截回來。」

在我倆繼續步行回家的路上，我突然想起，昨天在巴士上的電影情節，不可思議的巧合，難道那是為了事先讓我做好準備，而播放的嗎？

或許方才的瞬間，生死問題並未使我躊躇，不然我絕無可能伸手去奪回皮夾，反而讓我真正掛心的是，失去了皮夾內的提款卡還有資料，旅程是否還能繼續進行下去？

究竟我繼續旅行的目的，是為了什麼？

不是為了某個名勝古蹟，更不是為了貪圖玩樂，而是為了要回去分享，回去分享我所遇見的人、事、物，以及旅途之中，那些教我改變自己的一切感動。

我不會死，不會有事的！

因為我的分享都還沒開始，哪怕只是自己徹頭至尾的天真以為，但或許，就是這一股單純吧，當你真心想要完成某件事情時，你是帶有一種神奇力量的，祂將會引領著你，突破任何困境，就只因為你是真的相信，而且還是，篤信不疑。

一把槍，你不會怕；

一把上膛的槍，你不會怕；

一個人，手上拿著一把上膛的槍，或許你會開始擔心；

一個人，手上拿著一把上膛的槍，並將槍口朝向你……

22. 降落，是為了下一次的飛翔

二〇〇九年七月　澳洲　佛斯奎克山

阿斯特拉的窗外，積了不少雪。

從外頭透射進來的晨曦，漫射出一道又一道，迷離撲朔的流彩。

「先生早安。」恭敬地，我對著第一位走進餐廳的客人問好。

「早安。」他也親切地回我。

「昨晚有睡好嗎？」我一邊設置吧檯，一邊問他。

「我沒有睡好，因為昨晚你說的故事，實在太驚悚了，」他突然板起臉孔，一臉嚴肅地對著我說：「而且，我下週就要去紐約，害我一整個晚上，都擔心得睡不著覺。」

「……」我停下手邊的動作，表情正經地看著他。

「哈哈，開你玩笑的啦，但你也太扯了吧，槍都抵在你身上了，竟然還敢那樣做。」

「拜託，」知道他是在開我玩笑後，我輕鬆答道：「如果當時我沒那麼做，你哪來精采的故事可聽？」

「那倒也是，不過我拜託你，這種故事一個就夠了，下次不要再這麼不要命了好嗎？」

「我的故事可多了，晚上再和你說。」

「真的假的？那好吧，我們留著晚上再說，先給我來一杯咖啡。」

「沒有問題，和昨天一樣雙倍濃的卡布奇諾？」

「沒錯，你這小子記性可真好。」

「咔啦咔啦咔啦～」焦褐色的咖啡豆，一粒一粒，在磨豆機裡不停地滾動。

「喀～喀～」快速俐落的清脆兩聲，恰足分量的現磨咖啡粉，落至沖煮把手裡迅速隆起一座焦黑色的粉丘，我用右手拿起填壓器，將之均勻壓平，左手再將沖煮把手準確地，卡進高壓蒸氣咖啡機裡，並旋即按下啟動按鈕。

「咕嚕咕嚕～咕嚕咕嚕～」一注馥郁的細緻，從把手上的缺口流下，綿延流至一個潔白的杯器裡，迅速漫成一杯濃純的黝黑。

此時的空氣裡瀰漫著一種苦中帶香的愉悅芬郁。

我用左手，將咖啡機上的蒸氣噴管推了出來，再套上一杯裝有牛奶的鋼杯，讓蒸氣噴管斜傾地立在一片乳白裡，最後才轉開蒸氣旋閥。

「唧唧唧唧～」熱氣，開始從管孔裡噴了出來，乳白色的漩渦，同時也在鋼杯裡快速迴旋，不停流轉著……

「碰~媽的！」一個翻滾，我又跌坐在雪地上，「我就不信，非得要請教練，才能學會這玩意兒！」

拍一拍身上的殘雪，我再一次敏捷地站起，獨自坐上四人座的吊椅（Quad），向著頂上的山頭前進。

在吊椅緩慢攀升時，我的雙腳，綁著一塊讓人吃盡苦頭的滑雪板，然而在那視線下方，一個接著一個，挑戰極限的滑雪玩家們，看著他們不停地快速衝刺、跳躍旋轉，再緩衝降至地面，那一次又一次充滿張力的動作，真是讓人看得熱血沸騰。

「再試一次吧！你一定可以的！」每次摔倒，我總是這麼地告訴自己。沒有人是一生下來，就會走路的，每一個嬰兒，也都是先從摔倒開始學會走路的。

「似乎心越年輕，就越不怕摔，而我究竟，是從何時才開始畏懼跌倒的？」記得年少時，手指不論吃了多少次蘿蔔，自己也未曾害怕過籃球啊，反倒還越打越兇。

「不，我要在自己還可以的時候，盡量試、用力摔，我不怕跌倒也不怕失敗，只怕自己不願再鼓起勇氣去挑戰自己，因為那才是自己唯一可以容許的害怕。」

每一位熱中挑戰的人，就像是獨身前進的旅人，他們都有著自虐的傾向，而那一股探索自我極限的熱情，正是推演人類持續進化的動力。

「碰~~」重重跌下，我的屁股垂直撞在地上，早先那一處的雪白已受太陽化融，成了一塊堅硬發亮的冰面。

「啊嘶～」我用盡全力，吸了一大口氣，強行忍住那直衝腦門的痛楚。

「你以為這樣，我就會害怕了嗎？」我瞪大了眼，咧開了嘴大喊：「你～休～想～」

「呼呼～」我的指腹微微感到燙手，差點就要因為分心去想昨天的滑雪練習，而將牛奶熱過了頭。右手拿起一只小瓢匙，略微地擱擋在杯口，我將香甜濃郁的乳白，徐徐倒入白色咖啡杯裡，儘管在那之前，沉甸甸的鬱黑早已搶先一步占領，一苦一甜，兩種相互衝突的滋味，卻被我調和成一種令人滿足的鎮靜，又或許就是這種衝突，才能擊撞出如此絕佳的平衡吧！

「先生，這是你的雙倍濃卡布奇諾，請慢慢享用。」優雅地，我將那一杯咖啡遞上。

「小夥子，謝了。」他放下手上的報紙，迅速拿起咖啡，啜了一口。

經過一番忙碌後，早餐的服務也告一段落，於是我走進廚房的冰箱裡，拿出一條醃漬黃瓜、兩片火腿、三葉美生菜。我將一片吐司放在一張盤子上，兩片火腿疊在那一片吐司上，再把醃漬黃瓜先對切，再各自對半橫切成為四片，一片一片地，我將黃瓜均勻擺放在火腿上，再放上三葉美生菜，最後才將另外一片吐司蓋上，我用雙手小心夾著拿了起來，再送進嘴裡，大咬一口。

吃完簡易的自製午餐後，下午得到滑雪村莊的入口，將補給品拖運回旅館。

步出旅館大門，外頭一片蒼茫雪白，樓梯欄杆上還屯積不少昨晚剛下的粉雪，門口下方停放著一輛雪上摩托車，後面還加掛一架平板拖車，我走了過去，掀起罩在前頭的深色帆布。

「轟隆轟隆轟隆～～」我將鑰匙插進孔裡，迅速發動引擎，一腳跨了上去，壓下油門，馳騁在綿軟軟的雪道上。

村莊入口，停滿從山下運貨上來的卡車，他們均已開始卸貨。

「嘿，大哥你好！」下車後，我向一位司機大哥打了一聲招呼。

「阿斯特拉的貨，我都已經卸好囉。」他一邊跳上卡車，一面回過頭來對我說。

我走進倉庫，拉開冰櫃仔細查看，不論是大的小的、冷的熱的、吃的用的，全部都得一一確認才行。

「好了，剩下的，得留到下一趟了。」我擦一擦額頭上的汗水，看著方才自己搬運過來的貨物，它們已經塞滿整架拖車。

「轟轟轟轟轟轟轟～」因為承載過重的貨物，引擎吃力咆哮著，快速拉轉的履帶陷入雪中，將白雪捲得飛高，但是車體卻仍不動如山，旁邊的眾人見著了，都趕緊踏雪過來幫忙，他們的腳邊，紛紛揚起飛灑的白雪，瑩瑩亮亮的。

「一～二～三～～」大夥兒一行人，一齊在拖車後頭幫忙，我再順勢壓下油門，車子這才順利駛離窒礙，開始移動。

「吁～～」我喘了一大口氣，並和後方的朋友道謝。

在這村莊裡，大夥都彼此認識，儘管在生意上互為競爭對手，但若有誰遭遇困難，大家總是相互幫忙，就像一家人一樣。

一路上，因為負載過重，我還得直挺挺地站在車上，側身壓車才能順利過彎，十足摩托賽車手的模樣，我想從遠處看來，自己鐵定帥翻了。

經過一番波折，終於回到旅館門口，但還有兩層樓高的樓梯得爬。仗勢著自己手長，我每次最少都是兩大箱的瓶裝啤酒上手，平均一箱約為十五公斤，甚至有時為求效率，一次就是三箱，旁人見著了，無不讚歎。

我總是一耳掛上耳機，聽著快節奏的電子音樂，飛也似地跑進跑出。我做任何事情的效率，向來無需他人從旁監看，因為那些都是為了挑戰自我，滿足自我的期許，以及潛藏在內心深處的驕傲。

「勤奮，就是你的本質！」我又想起，最初來到阿斯特拉試工的那幾天，亞當和沃利他們曾經對我的讚譽。

這也又讓我想起，自己曾經寫過的一段話，就寫在應徵這一份工作的履歷表上：「或許我不是，你請過最為專業的員工，但我將會是，最勤奮、且最為好學的那一位。」對我來說，盡全力去做好每一件事情的態度，是絕無任何妥協的，也唯有這樣的自己，才能熱情地去呼吸當下的每一口氣，因為就算是失敗了，自己也已了無悔憾。

搬運工作結束，已是下午三點，依照慣例我又換上滑雪裝備，迅速來到雪場，坐上纜車，朝向山頭奔去。

站在板子上的感覺真好，隨著耳機裡疾速攀升的電氣節拍，我也開始越滑越快，身旁絢爛的景，迅速變換，絲毫沒有頓停。我在一片雪白的林道裡，放肆且大膽地穿梭，和我同行的，只剩下來去自如的風，我對它說：「我做到了，我終於做到了！」

面對突然升起的一個上坡，我敏捷地，將上半身順勢拉起⋯⋯

飛翔，沒錯，我正在飛翔！

此時湧入內心的感動，簡直無法言喻，隨著一次又一次的躍起，那富有神性的欣悅，在我體內變得愈發強烈。

熱情，總是給人帶來無限可能，它將領你至寬廣的天空翱翔，無邊無疆。

●

「差不多也該回去了。」我看了一下手上的錶，下午四點半，因為要準備晚上餐廳的服務工作，所以每次滑雪，我總是得趕在這個時候，踏上歸返的路途。

「嘩啦嘩啦～嘩啦嘩啦～」回到宿舍後，迅速轉開浴室裡的熱水，好好梳洗一番，緊繃了一整下午的肌肉，終於獲得舒緩。

洗淨身體後，套上深色制服，穿上黑色皮鞋，我將袖口慢慢地一摺一摺捲起，接著才緩緩地走向餐廳。

丹尼爾（酒吧經理）、約翰、德魯，正在吧檯裡，預備等會要用的調酒備料；琵姐（餐廳經理）、艾德琳、娜汀，將玻璃瓶裡的蠟燭燈蕊點燃，一個一個輕放在桌上，以及餐廳裡的各個角落；安德烈亞（餐廳主廚）、史帝夫、艾瑞克，正在用著他們處變不驚的節奏，在廚房裡切菜備料，以及烹煮著美味誘人的醬汁。

我走出陽臺，將一塊一塊用來生火的木柴抱進室內，巧妙地堆疊在壁爐裡。

一個火源的丟入，燃起了一陣溫暖的包覆。

「嘿老兄，你的故事說到一半，請你繼續說完好不好？」一位客人，將我叫住。

「故事！喔對，那我剛才說到哪裡了？」我訝異地望著他。

「你說你在印度被捲入騙局，當你在酒吧裡驚醒察覺後，正在盤算該如何脫逃。」

「我知道了，就讓我接著說下去吧！」思索盤整了一會兒，我站定位置，開始說道：「當時那位法國人，在向我告誡完後，我才驚覺事情並非如我想像，於是我就……」我的雙手，在空中不停地揮舞，生動地描繪著。

看著座位上，一雙雙投射過來的專注眼神，我就像一名熱情的表演者，站在屬於自己的舞臺上，用豐富的表情、活潑的肢體，將記憶裡的影像如實傳達，那些曾經只屬於自己的故事，現在卻有了和人分享的機會。

似乎那些故事裡的人們，又活了起來，來自體內沸騰的血液，再次攜著熱情的溫度，貫穿時間洪流，回到那些故事曾經發生的當下，也使我憶起命運的輪迴，以及人生要我知曉的事物本質。

「鈴～鈴～」突然從廚房方向，傳出兩聲短促的鈴聲。

縱然顧客尚未察覺，但我卻是再清楚也不過，那是廚房和外場人員之間的訊號，同時也早已成為自己下意識中，隨時等待接收的暗號。

「喔喔！我想我有麻煩了，大廚一定又在廚房裡開始罵人了，」我突然將一切動作暫停下來，百般誠懇地對著他們說：「現在若我再不回去廚房，晚一點可能就性命不保了，那誰來和你們說故事，你們說是吧？」

「哈哈，你去忙吧！」他們聽完之後都笑成一片，和我招一招手，任我恣意離去。

我用自我解嘲的方式，暫時停止個人的演出，再以極快卻又優雅的姿態，回到廚房門口，不假思索地推開拉門，走進另一個世界——廚房。

記得我曾和你們說過，對我來說，廚房就像戰場，無論再高級的餐廳，再優美高雅的一切，只要一回到廚房裡，可就不是那麼一回事。倒也不是環境衛生的問題，而是在那空氣悶熱、神經緊繃、節奏快速的氛圍裡，對於求好心切的自己來說，總是有著那麼一種莫名的無形壓力。

鈴聲迅速召回所有的外場服務人員，大家站在廚房裡，一一列隊準備進行出菜，左手鋪上一條白色餐巾，我將兩張盤子依序拿起，俐落地架在那一條白巾上，右手在拿起第三張盤子之後，身體向右順勢旋轉，再翩翩然地走出廚房，動作流暢得就像是一隻正在花朵上採蜜的蝴蝶，既高雅又優美。

送完餐後，我總會站在一旁觀察餐廳裡的一切，或是輕柔地走到客人面前，主動詢問是否需要幫忙添酒。

「先生，需要再添上一些葡萄酒嗎？」

「好的，麻煩你了，謝謝。」

我用左手將瓶身拿起，再用右手食指，抵住酒瓶底座朝內的凹陷處，再舉起酒瓶，慢慢將豔麗紅潤的紅葡萄酒，徐徐地倒進那一只高腳杯裡，隨著杯中那一圈紅色曲線的攀升，我將瓶身依順時針的方向旋轉，並一面向上緩緩拉起，最後再以左手的白巾，輕輕拭去瓶口的濕潤，留下一抹淡紅在那一條無瑕的白巾上。

上身微傾，在我向他預祝用餐愉快後，自己喜歡退至一旁，觀看人們用餐時的景致，或許應該說，我喜歡見著人們在心滿意足時，微微上揚的那一抹唇角，因為那也給我帶來同感的幸福。

等到主餐大致上桌後，我便走至酒吧幫忙擦拭酒杯，有時也會給予顧客一些無需調製的酒飲，或是無酒精的飲料，這又讓我想起之前在西澳旋轉餐廳裡的工作，真沒想到，自己一人離開臺灣旅行，至今也已經兩年半了。

「鈴~鈴~」廚房方向，再次傳來又促又急的熟悉鈴聲。

一聽到鈴聲，我便迅速離開酒吧，鑽進一條快速通道，那是連接酒吧和廚房後方的捷徑。

不過短短五秒，身手麻利地，我已抵達出餐處；五秒鐘後，餐點已在送往客人餐桌的路上，琵姐回到廚房門前，看到我正從廚房裡出來，她對我滿意地笑了一下，因為她知道，我總是會在大家需要幫忙的時候，即刻出現。

沒有錯，我的主要工作，是負責服務用餐區域，但我卻經常在用餐區、酒吧、廚房之間不停穿梭，當用餐區的狀態順暢良好時，我就去酒吧幫忙收拾；等酒吧運作流暢後，我會直接進到廚房，幫忙清洗碗盤，或是將廚具歸位；等廚房也運轉順利後，我便再回到客人面前，和他們談笑風生地分享自己過去的旅行故事。

用餐區、酒吧、廚房這三個地方，對於一間高級餐廳來說，都是非常重要且缺一不可的。倘若真要比起專業技能，我在這三個地方什麼都不是，充其量只是一位跑龍套的小夥子，但如今我的存在，卻成為阿斯特拉不可或缺的潤滑劑，哪一個地方需要幫忙，我都能夠預先探知，並隨時切換身分直接給予協助，使其運轉得更為柔順，也讓這裡的用餐品質如同門前那一塊招牌上的價值，以及人們對於這裡的期望。

「洛卡，你做得很好，」亞當走了過來，對著正在擦拭酒杯的我說：「真的，我從來沒有想到，一個人竟然可以這麼快速，卻又流暢地變換角色，而這一份價值，是你自己創造出來的。」

「哪裡，亞當，謝謝你的誇獎，」對於別人對我的誇讚，自己總是平淡回應：「我也只不過是，做到自己應做的事罷了。」

拚盡全力，做好每一件事的態度，是絕無任何妥協的，對於自己來說，這一切並非「勤奮」，而是要對得起自己心中，那一個不停自我挑戰的靈魂。

如果我只能當個跑龍套的，我也要挑最長、最大、最重、最亮的那一套來跑，因為我要跑到讓大家都記得我。

亞當，是沃利的二兒子，人格特質也和沃利最像，是阿斯特拉的現任經營管理者，同時還是一位瑜伽老師，為人嚴肅謹慎，外型有些憂鬱質感的他，愛好靈修和音樂。

阿斯特拉，是佛斯奎克山上一間極富盛名的奢華旅館，若是要在滑雪旺季過來這裡度假，平均一人一天最少也得花上五百美金。在澳洲滑雪，幾乎是上層社會的奢侈運動，所以來到阿斯特拉住宿或是用餐的客人，真的都是非富即貴。

對於來自雪國波蘭，愛好滑雪的沃利來說，阿斯特拉是他的興趣投資，對於仍在擴張事業版圖的沃利來說，這裡還是他絕佳的社交場所，餐桌上一張張新舊面孔的他們，同時也代表著，許多來自澳洲各地的商業機會。

我用左手，握住一只高腳杯的底座，右手再將一條潔淨的白巾，放進曼妙晶透的玻璃杯中，輕輕地轉動擦拭，同時也將自己的微笑，面向坐在吧檯的客人，並細心探尋著他們隨時可能的需求。

喜歡和人交際應酬的沃利，手上總是拿著一瓶烈酒，四處找人攀談，或許一位世人眼中的成功者，也等同一位積極主動，努力尋找機會的人吧？

沃利成功得早，在他大約二十多歲時，已是年薪千萬臺幣的超級業務員，後來全家從波蘭移民到澳洲來，之後的事業版圖更加擴張，從一開始的家具運輸、房地產，一直到旅館服務業。

沃利在貧困中白手起家，如今已是億萬富豪的他，絕對是一位成功的商人，但是在那些機運當中，是否存有一種貫穿其中的精神力量？又是什麼在驅使著他前進？是精神上的熱情延續，抑或物質慾望的擴張？

我不禁低頭沉思，同時左手將杯底翻轉拉高，右手在飽滿的琉璃上，小小心心地將杯子擦摩出一閃熠燿，我再將杯身，舉至雙眼和上方光源的同一視線上，任何汙暇，在如暉的金光底下，皆無所遁形，經過一番仔細檢查後，最後才掛上前方的金屬架檯，靜待著下一次，那些人們所謂的慰藉，或是愉悅的裝盛。

「嘿，洛卡，你做得真棒，」沃利帶著一絲醉意，對著我說：「謝謝你。」

「哪裡，應該的。」我一面回應，一面繼續擦著下一個杯子。

「洛卡，你下山之後有打算要去伯斯嗎？」沃利剛從冰箱裡，拿出一瓶波蘭產的伏特加，「坐在窗邊的那位客人，是伯斯一間高級餐廳的老闆，我剛才和他大力推薦你，」他從前面取了兩個杯子，右手拿著酒瓶，表情認真地對著我說：「他說只要你過去，馬上就有工作可以給你。」

「謝啦沃利，不過我大概要辜負你的好意，」我持續擦著下一個杯子，一如往常不卑不亢地回他：「因為下山後，我也差不多時間要回臺灣了。」

「嗯，好吧，那就不勉強了，對了！」他一下像是要走，卻又好像忽然想到什麼似的，轉過身來對著我說：「你知道為什麼，你可以在阿斯特拉工作嗎？你也知道，我們一向很挑人的。」

「為什麼，我不知道耶？」我並沒多想，只想繼續擦下一個杯子，還有幫前面那一位客人遞上一瓶啤酒。

「就是因為你可以，因為你相信自己會在這裡工作，所以你現在就在這裡了，」他發自內心，真誠地對著我說：「洛卡，好好堅持住這個信念，你一定會成功的！」最後他在轉身離去前，還對我點一點頭，表示肯定。

我的雙手熟練地，持續擦拭著杯子，視線卻落在燭火縹緲的末端，微微暈出柔和光芒的燈芯，就像一朵即將綻放的花蕾，散出一種生命初始的祥和，就在這一瞬間，一股全然的熱情將我緊緊地包覆著。

沒錯，沃利說得一點也沒錯。一直以來，我就是相信自己做得到，所以我做到了；而我會做到，也只不過就是因為，從來我都沒有放棄過，那一個堅定的相信而已。

雜念使人停滯，很多時候其實你只需要，走好當下的每一個步伐就已足夠。

穿過樹林之後，前方是一個驟降的陡坡，使我開始不停加速……不停加速……

「洛卡，你準備好了嗎？」呼嘯的風問我。

「那還用說，」我興奮地答道：「早就等不及了！」

一個大力的躍起，我將雙手再次伸出，經由指尖不斷滑越而過的氣流承載著我，帶我飛到更高更廣的天空，轉瞬之間，一片雪白的大地已在我腳下。

「你會不會因為，眷戀飛翔時的自由，而不願降落？」自由的風，又在一旁問我。

「不會，因為我相信下一次的自己，會飛得更遠、更高。」

23. 那山、那城、那人

二〇〇八年六月 祕魯 庫斯科

「咻~唧唧唧唧~」飛機落地後，在平坦的跑道上，又跑了一會兒才停下。

離開紐約後，我便繼續踏上旅程，朝向南美洲前進，更從祕魯首都利馬（Lima）乘坐二十一小時的長途夜巴，來到位於海拔三千三百公尺的一座山城。

「吁~吁~吁~」一口接著一口，我吃力地呼吸著。

向下探去，那是一條極為斜傾，而且凹凸不平的石板路，剛結識的日本朋友祐二（Yuji），仍在下方不遠處掙扎，向我這裡步行而來。

我拖著疲憊的身軀，揹著三十公斤的行囊，空氣中稀薄的氧氣，導致身體有些不適，因而出現輕微的高原反應。

皎潔的月兒在夜空上，受一團瑩亮的星光圍繞著，再搭配腳下的沉重步伐，頗有披星戴月之感，這裡是十五世紀印加帝國的首都，太陽子民的世界中心，也是一座令我迷戀不已的山城——庫斯科（Cusco）。

「砰砰～～」每天清晨，總有幾次的固定槍響，定時將我喚醒。

第一次槍響，總在清晨七點準時發生，我貪睡地，側翻一下身子繼續寢睡，就像一個孩子，原先甜蜜的夢也因而得以延續。

渾沌之中，白花花的霧氣不停冒出，瓦斯爐上的鍋子正在沸騰著，因為家事而粗糙的一雙手，拿著一柄杓子在鍋中不斷拌攪，並將各式營養食材弄勻，同時也將一位母親的愛心、妻子的柔情、以及為人媳婦的孝心，一起拌了進去。

「砰砰～～」第二次槍響，早上七點半，方才的溫馨霧氣倏然消逝，又是那一夜，那一夜我在公園中緊抱著妳，對著自己即將說出的分手，眼裡的淚，終究還是止不住地流了下來，我知道又是那一個夢，那一個我倆都曾經盡力的夢。

「砰砰～～」第三次槍響，我終於睜開雙眼，奮力起身坐在床沿，查看一下手錶，早上七點四十五分，這時我又情不自禁地，望著隔壁床上仍在熟睡的她——明美（Asumi），一位獨行的日本旅者。

看到她，那些曾經消逝的回憶，彷彿又被勾起，但我也知道，這就是選擇自由得承擔的代價。

走上青年旅館瑞斯巴洛莎（Hostal Resbalosa）的屋頂，一間間的紅磚瓦房，像是一襲粉紅的絹布，溫柔地平展在眾人面前，延伸至山谷的遠方，我向著令人癡戀的庫斯科，又發獃了一晌。

「砰砰～～」第四次槍響，八點十五分，一如往常，馬努（Manuel）走上了陽臺，他是一位二十二歲的德國人，專業的雜技家（Juggler），他總會在這時，上來這裡練習。

「早安，馬努！」我回過頭來，向他打了一聲招呼。

「早，洛卡。」他迅速將四顆球丟擲到空中，自個兒丟耍了起來，「今天也一起練習嗎？」他拋耍在空中的球，猶如掌心一般大小。

「當然囉！」看他一雙靈活的快手，我也火速回應。

「接著！」他立馬丟了三顆球過來。

動作敏捷地，我迅速接下，並開始練習。

每日清晨，我倆總會在這裡，一個由紅磚砌成的陽臺上，一面欣賞庫斯科的美，一面練習雜技。

「咚～咚～～」接二連三地，我漏接了好幾顆球。

「當你開始覺得，怎樣都接不到球時，就表示你需要休息，」看到我掉了好顆球後，馬努說：「因為你的大腦和身體需要重新協調同步，經過短暫休息後，你會做得更好。」

果真在休息十分鐘過後，我又接得更好。反覆做同一件事，的確容易讓人感到疲乏倦累，適當休憩，或是先做一些不相干的事，其實也是一種調和轉換，具有助益。

正當我意氣風發地，將三顆毛線軟球，不停拋在空中雜耍時，明美睡眼惺忪地，爬上陽臺，她穿著一條長裙，下襬五顏六色很有吉普賽風格，上身則是搭著一件棉白色的薄外套，我的目光又不由得地朝她臉上的那一抹微笑窺去。

她的微笑，對我來說是極富魅力的，猶如晴空下的一捲綿雲，淺淺的，但在那雲起之處卻又藏有一種邃美，令人著迷。

「咚～～」一顆毛線軟球，掉落至腳邊的紅磚地上，向著明美那裡翻滾過去，我趕緊匆忙地跑過去撿。

「早安，明美。」我故作鎮定地，和她打了一聲招呼，有種感覺似乎開始萌芽。

「早安，洛卡。」她說完後，用右手摀了一下嘴巴，默默地打上一個哈欠。

早餐後，我約了明美一起走走逛逛。

我與她二人，來到庫斯科的傳統中央市場，一條條鮮紅的豬肉，赤裸地掛在肉販的架上，令人掩鼻的腥味，充溢在正午的空氣裡，不知是在何時或是何地，行旅越過無數疆域的自己，早已習慣這些常人所不喜的味道。

人是習慣的動物，一切的不習慣，都只是暫時的不適，時間久了，不習慣的「不」，也會隨著時間軸的前進，而逐漸模糊淡去，我轉頭看了一下怡然自得的明美，或許她也已經在某處習慣了吧？

幾位嬉鬧的孩童，從我腳邊穿過，去找明美一起玩耍，孩童們的天真笑靨，襯著她些許嬌羞的臉龐，我迅疾拿起相機捕捉此刻。因為言語的隔閡，我和明美一直沒有太多交談，望著她的背影，纖細的外型，以及她身著的衣飾，明美總是給人帶來一種，漂泊不羈的流浪感。

順著山坡我們慢慢前進，走走停停，彼此相隔的距離，有時近，有時遠，但或許就是這一份流動的距離感，更加引人遐思，我的目光老是不時地朝她望去。

能夠在庫斯科漫無目的地走著，是一種最單純的幸福，面對含氧量稀薄的空氣，你勢必得將腳步慢下，因為在這裡走路並不輕鬆，每一次「呼吸」，都是一場「奮鬥」，可卻也重新教人領會「呼吸」的重要。一吸、一吐，於是生命，才得以延續。

我喜愛庫斯科的一切，耀眼的太陽、青藍的天空、磚紅的屋瓦、潔白的樓牆、鮮豔的街道、可愛的人民，不知道她是否也同我一樣的迷戀這一座城市？

我們二人各自肆意地，穿梭在山坡上的巷弄裡，卻又很有默契的，先後駐足在一個平臺上，從那裡，你可以輕易地眺望庫斯科的深邃柔情。

「明美，妳坐上鞦韆，」我伸手，指向前面的一架鞦韆，「我幫妳拍一張，再寄給妳。」我回過頭來，笑著對她說。

她緩緩地坐了上去，那是一架靜止的鞦韆，上面斑駁的鐵鏽，想必已經驗證無數孩童的長大。還記得，自己從前也愛盪鞦韆，總是盪得又高又遠，我既喜歡拉離地面的爬升，更愛俯衝下來的刺激。

「來，再盪高一點。」看著鏡頭裡的她，我又不由自主地按下數次快門。

此刻，坐在鞦韆上的她，隨著鞦韆曼妙的擺動，迎面而來的風，輕撫著那一絲絲如涓的細髮，越高的擺盪，卻總是伴來她愈深的笑顏，或許我倆也有許多相似吧。

走回巷弄時，已是黃昏時分，一位賣拇指玩偶的小女孩靠了過來，向我們二人兜售。童言童語的小女孩，有著無邪的笑容，我用簡單幾句西班牙文和她對談，較懂西班牙文的明美，竟和她玩耍了起來，甚至還吆喝她一起吟唱兒歌。

一句一句曼靡輕快的歌詞，率直童真，於是妳也和著旋律，與她一塊兒爛漫地哼唱了起來。

金黃色的薄暮，亮澄澄地，宛如一件霓裳，輕柔地落在妳和她的身上，就在不自覺中，我又再一次地被妳毫不做作的神情吸引，心中也開始有著一種莫名的情愫。

最後，我向小女孩買了一個小手套送給妳，希望妳會因而記得我，一位旅途上的過客。

回到旅館後，趁著夜色，我獨自一人走上屋頂。不同於白日的喧嚷，展在面前的夜景，綺綺媚媚地令人陶醉，入夜之後的庫斯科，靜謐無聲，讓人心中平和寧靜。

夜風，輕輕吹在心頭，我試著拂去鎮日紊亂的思緒，或許那些情愫，都是因為孤寂才興然而起的吧？

此時夜風，凜凜地貫入心底，些微悸動的心，才因而安定下來。

走回六人睡的寢室裡，似乎已經入睡的妳，身體側躺朝向窗口，我緩緩躺下，就在離妳不到一公尺的距離，卻刻意選擇側躺另外一側，和妳相背。

我將雙眼徐徐闔上，就在不知不覺中，某日下午妳教我吹奏的排笛旋律，似乎又在耳邊響起，餘音嫋嫋。

這一切究竟是夢境抑或真實，我也早已分不清，唯一確切的是，屬於妳、我的各自旅程，明日依舊還得持續向前，我們彼此，誰也不會因誰而停下自己的步伐。

●

祕魯　馬丘比丘

遠處的地平線，光輝閃耀，那是因為你藏在後面
點點燈火，會讓人如此懷念，那是因為你在裡面
來，出發吧！
把麵包、小刀和手提燈塞進背包裡
還有父親留下的熱情，母親眼中的深情
地球不停轉動，將你藏匿
閃爍的瞳孔，閃爍的燈火
地球不停轉動，伴隨著你
終有一天，我們一定會重逢

——〈與你同行〉，《天空之城》主題曲

《天空之城》是日本動畫家宮崎駿的作品，傳聞劇中那一座飛在天空的城市——拉普達（Laputa），某一部分的概念原型，就是參照馬丘比丘來作發想的。

位於祕魯境內的馬丘比丘（Machu Picchu），在奇楚瓦語中意為「古老的山巔」，海拔約二四〇〇公尺，印加帝國的石砌古城遺蹟，就聳立在安地斯山脈之間，拔地而起，俯瞰烏魯班巴河谷（Urubamba River），謎樣的建築工藝和諸多的傳說，都為其添上神祕的想像色彩，因此也被人們票選為世界新七大奇蹟，更被聯合國教科文組織列冊為世上少有的，世界文化、自然雙重遺產。

無論自己對於庫斯科的一切，有著再多的愛戀，但終究還是得要踏上旅程，出發前往馬丘比丘。我從庫斯科出發，搭乘當地小巴，輾轉途經歐亞泰坦堡（Ollantaytambo），再轉乘火車，來到馬丘比丘山下的小鎮——熱水鎮（Aguas Calientes）。

由於抵達熱水鎮時已是深夜，根本無從預先探查明日一早該從何處登山，但也許是仗著自己在這一路上，已接受過許多突發狀況的洗禮，於是便也沒有多想甚或擔憂，畢竟這不是一件什麼大不了的事。舉凡名勝之處，必定遊客如織，到時再沿途問人見機行事，即可解決。於是我隨意找上一間便宜旅館住下，設定完手機鬧鐘後，便也酣然入睡。

「登登登～鈴鈴鈴～」凌晨四點，鬧鈴準時響起，會刻意早起是為了準備步行上山，好省下臺幣兩百多塊的單程接駁車費。

我一身輕裝走出門外，路上一個人也沒有，小鎮似乎仍在昏睡，有些摸不著頭緒的我，先來到車站附近，想說或許可以在這裡獲得線索，終於在不遠的前方，撞見兩位同樣打算步行上山的旅者。

「請問前往馬丘比丘的路，是往這裡走嗎？」操著蹩腳的西班牙語，我趕緊向前和他們詢問。

「大概是吧，我們也是跟著前面的朋友走的。」他們二人各自拿著手電筒，揮了一下走在前面的人，並對我笑了一笑。

「好的，那我知道了，謝謝你們。」我並無攜帶手電筒，只有打亮手機相機的白燈，也和他們揮了一下手。

前方陸續出現一些人影，約莫五分鐘後我便抵達馬丘比丘登山公路的入口，從這裡前往山頂，車行時間約為三十分鐘，對於一般人來說，步行時間加上休息的耗費，大約是一個半小時左右。

登山公路是採用之字形的路線來建造，而非環山式的公路，至於登山步道，則是從連續之字形的中央貫穿，又陡又斜的山徑讓人有些吃不消，於是路上的徒步者總是不時駐足休息，而我卻是一路摸黑沒有停止地超越他人，僅僅耗去四十五分鐘的時間，就已抵達山巔。

倘若不是時間、盤纏有限，對於慣習走路的自己來說，四天三夜的印加古道，鐵定是首選，畢竟能夠如同古代印加人一樣，翻山越嶺，使用最單純的身體力量，來遙想這一條古道上的昔日榮景，想必也別有一番感受吧！

陸陸續續地，一輛輛的接駁車，將大批遊客送上山來，才不過清晨六點，入園處的驗票門口，已讓遊客們擠得水洩不通。

其實日出之前的光明，已將四處泛得一片白亮，這時身旁遊客的不停嬉笑，以及拍照時的嘈嚷，開始令我感到厭煩，或許也是因為心中正在不悅這當下的寧靜遭人破壞吧！

但是每一個人的需求，本來就不盡相同，自己又何必為此心煩？

「除了你自己，又有誰可以攪亂你的心？」正當我想起身另覓他處時，心中卻反問了自己這麼一句，於是我便作罷，只是待在原處，將心靜下。

突然，光線逐漸轉暗，就像是舞臺在開場前，均會一併將燈光熄滅，霎時之間的肅穆，著實令人凝神屏息，似乎周圍的嘈雜，也隨著光線一起消失了。

猶如一種，無需言語溝通的默契，眾人紛紛選定位置坐下，並安靜了下來，而我的心也早已安定，靜候此刻的降臨。

四周安靜地，僅剩下一絲微微淺淺的風聲，以及不停擴散的和諧氣息。

清晨七點整，一道銳耀的光芒，自圓弧邊緣射出盈滿神聖的光輝，令人不捨得眨上一眼，深怕一溜煙就錯過了什麼似地。

一輪金黃，從遠方那一處昏暗的山巔之間，緩慢浮起，將原先漆黑的山脈，暈成一片充滿層次的金黃，再綿延至無盡的天邊，隨著那一輪金黃的冉冉升起，化開的金色初輝開始蔓爬在磚上，直到盤據了整座山頭。牆垣下的青草，漸微地透出翠綠的生命；討喜的羊駝站在前方的梯田上，溫馴地低頭吃食。

緊接著那一道光亮，就像舞臺上的主燈，瞬間打在印加古城的石牆上，馬丘比丘，一座曾經失落的城市，從此不再沉默；一座曾被幻化的天空之城，開始飛翔。

眾人在欣賞完精采絕倫的日出後，也就逕自在山頭上散了開來，趕緊前去探索那些令人讚歎的印加遺址，這裡的每一顆石、每一塊磚，似乎都藏有待人挖掘的故事。

「這裡怎麼這麼多人？」正當我在四處遊走時，卻意外發現一個地方，鬧得沸沸揚揚的。「每日限量四百人！」我走到前面，看到一塊牌子，寫了這幾個字。

這才知道，原來這裡是園區內，通往瓦伊那比丘的登山口。真沒想到，在古城後方的那一座山，竟然也可攀爬，於是這又激起了，我那發自內心的征服慾望。

瓦伊那比丘（Wayna Picchu），是印加時期高階祭司的住所，目前尚存數座神廟遺址，標高二七二〇公尺，較馬丘比丘還要高上三百餘公尺，登山路徑的陡峭程度，和熱水鎮到馬丘比丘之間的登山道路相仿，但空氣中的含氧量卻又再少上一些。

「登山」之於我，不僅是一次心志和體能的鍛鍊，也是一場濃縮的人生旅程，因為它和「呼吸」是息息相關的，同時也又令我想起兒時的許多記憶。

「兒子啊！」某日下午，父親走進我的房間，向著我說：「下週日和老爸一起去走路，我已經幫你報名了三十公里的健行大賽。」當時的我，只有小學五年級。

說到「走路」這檔兒事，一定得要提起我的父親。

家父，從他十七歲時就開始爬山，至今已攀爬過無數國內外的高山，一直到現在，他每天都還是得要出去走走動動，否則便會渾身不自在。

雖然從小在臺北長大，但是自己的童年記憶裡，幾乎每一個週末都在爬山，多數都是介於四至八小時步行距離的中級山，山區裡的潮濕悶熱，以及時常都得遭受蚊蟲的叮咬，或是因為蛇類出沒而受到驚嚇，在在都讓人感到不適。

我們總是在凌晨四點半起床，五點半出門，清晨七、八點抵達登山口，然後就是走上一整天的路，中間僅有半小時的午餐，或是偶爾幾分鐘的喝水歇停，一直走到下午四、五點才返回登山口。回到家中，平均都是晚上七點的事了。

自從國小五年級，那一次父親幫我報名的三十公里健行之後，往後的每一年，他也養成了固定都會幫我報名的習慣。

從那之後，只要是路，再遠我都免疫了。

「不怕路遙遠，就怕人不走。」說真格的，我那一個總是喜好自我折磨的意志，以及自己的旅行能夠撐持到現在，絕對都和童年時期父親給我的爬山鍛鍊有關。

經過一路上的攀爬，前往瓦伊那比丘一般人大約一個多小時的路程，同樣我又只花了一半的時間，便已完成登頂。看著眼前一片遼闊的視野，原先汗流浹背的勞累也旋即被拋至九霄雲外。

我靜靜地挑了一個石塊坐下，眺看馬丘比丘，一座受群山圍繞的失落之城，襯著蒼闊的藍天，以及遠方白靄的山巔，似乎沒有其他時刻能較此時來得令人滿足，我獨自一人享受著這一份欣喜的寧靜，卻又忽然想起人在臺灣許久未見的父親。

「爸，這一份寧靜，是你從小一直想要教導我們的吧？」我安靜地，反問自己。隱約之中，一雙強而有力的手，似乎搭在我的肩上，轉過頭去，並沒有人；但是肩上的熱，卻不斷散開……不斷地散開……直到蔓至全身，我知道這是血液中的相互串連，而串起這一段連結的，正是眼前的山巔，以及內在的平靜，儘管我試著描述這時的感受，但卻也更加凸顯出言語或文字的局限，這種感受非得經由自己摸索過後，才能有所體認。

離開瓦伊那比丘的山頂後，我刻意選擇環狀路線下山，將所有的遺跡都繞上一遍，而這一路上，半個人影也沒見著，就在回程的路上，我又意外發現另一座較矮的山——烏丘比丘（Huchuy Picchu），就座落在馬丘比丘和瓦伊那比丘之間。

相較於瓦伊那比丘的人潮，烏丘比丘幾乎無人攀爬，整趟過程中，我只見到一名身手矯健的外國人，他宛如在和我比拚似地奮力衝刺，我們一來一往地相互超越，誰也不讓誰。

「你，休想要贏我！」我在心中向他大喊，手腳並用地卯足全力，一路上像是在奔跑似地，極速攀至山巔，這才一舉拉開我們二人的距離。

「啊啊啊啊～爽啦！」抵達山頂之後，我奮力地將上衣一口脫下，讓那一股欲從體內爆發的熱力迅速獲得釋放。

「吁吁吁～吁吁吁～」數分鐘後，只見他也氣喘如牛地爬了上來。

「吁吁吁～不好意思，可以麻煩幫我拍一張嗎？」他朝我走了過來，遞上相機。

「沒有問題。」迅速接過相機，我給他拍了兩張。

「那拜託你，也幫我拍一張吧。」我也趕緊拿出自己的相機，快速遞給他。

就在我倆一來一往，相互幫忙拍完照後，他也沒有多留或多談，便逕自離去，整座山上已無他人，強勁的風，盡是一股腦地吹打在我一人身上。

方才一路上，我強忍抑住隨時可能失控的呼吸，透過不斷的自我壓抑，再轉化成為最後的爆發，其實我也一直明瞭，這是自己從小就有的好勝個性。

究竟我在追逐誰？

一個影子？

一個自己幻想出來的完美影子？

而這一次，我真的贏了？

我又贏了什麼？

什麼是贏？什麼是輸？

每當沉靜下來，試著在紊淆不止的思緒中理出頭緒時，我這才逐漸體會到，其實旅程中的每一個「他」，都在你的生命裡有著各自不同的分量，有的陪伴時間長，有的時間短，但也終會離去，唯一不曾離開的，只有「自己」。

每一個「他」的出現，都可能誘發「自己」某一部分的覺醒，即便是原先的自我，早已麻木到連自己都不認識了。

或許「旅行」，不過是將「自己」，從已經習慣的人、事、物中抽離，獨自處在一個充滿未知的環境裡，像一位新生兒般地敏銳纖細，重新去探索這世上的一花一草、一人一物，而這一次穿透的過程，將使你更為了解自己，更加熟悉自己，甚至可能發現，一個從來未曾認識的自己。

在旅行的狀態下，我更加清楚地看見自己，也攫取到更多的力量，去面對生命中，每一個人都在不停逃避的那一個人——自己。

當我坐在烏丘比丘上，獨自面對自己並進行反思的當下，這才驚覺，從這裡望出去的馬丘比丘視野極佳，且更為壯麗，宛如一躍而下，自己便能和眼前的絕美融為一體，

此時的自己，似乎憶起了一段熟悉的旋律。戴上耳機，我讓那一段旋律，輕快地從嘴裡哼唱出來，一份令人陶醉的感動，將我深情地擁抱著。

接著我又從背包裡，拿出相機，本想趁著這時的好心情，多拍幾張風景，但這時卻又突然興起自製音樂短片的想法，於是我將拍照模式，調為攝影模式，右手食指按下，再將耳機裡的音樂靠近收音，一個自攝的音樂短片就此完成。

「怎麼不自己清唱，再錄上一段？」搶在玩興未了前，我竟興起了歌唱日文歌〈與你同行〉的異想天開。

「拜託別鬧了，我又沒有歌詞，更何況我也不會日文。」就在我低頭，笑著自己天真

時，「但如果我用羅馬拼音，將歌詞一一聽取記下呢？」突然自己的靈光乍現，似乎得到了解決的方法。

於是我將歌曲調慢，再反覆地聽，並嘗試將歌詞用英文逐字拼寫在白紙上，就這樣完成了一張，滿是塗改痕跡的自製羅馬拼音歌詞。

接著我的工作項目，又變得更多了，我用右手握持相機一邊攝影，左手高舉歌詞同步清唱，音樂下間奏時，還得趕緊拿下耳機靠近收音，一支個人清唱的音樂短片，就在自己的奇發亂想下獨力完成。

短片裡的聲音，從一開始的羞赧慌張，到最後的渾然忘我，曲至高亢時，透過自身的吶喊，才將那深埋在心底的壓力釋放，而那一股令人忘情的力量，好似颶風般地狂鑾竄出，孤迴地盪漾在烏魯班巴河谷，再迴旋捲至蒼穹，融入天地萬物中，最後再化成你、我周遭的一切。

我一個人坐在山巔，反覆又看了幾次剛才錄製的短片，但只要一想到，自己在幕後手忙腳亂的模樣，就真心覺得好笑，然而此刻的記憶，正一點一滴編織著我與馬丘比丘的純粹對話，那是一段帶有旋律的交談。

地球不停轉動，伴隨著你，

終有一天，我們一定會重逢。

漆黑的夜，將我緊緊包裹著。

坐在一輛夜行巴士裡，黑夜緊貼著窗，前方來向的車燈射出兩道光束，凝聚耀亮的好似絕地武士的光劍，將阻擋在前方的黯黑布幕，銳利地劃開。

就在車子轉過一個彎後，皎潔無瑕的月光，平鋪在無垠的沙漠上，宛若一片壯闊的銀色海洋，透過些許灑進的月光，我才得以瞥見車內，那些疲憊昏睡的臉龐，有的使用衣物蓋住雙眼，有的側頭歪斜嘴角還流下口水，以及各別大小、節奏不一的鼾聲。

在拜訪完馬丘比丘後，我又回到庫斯科睡上二晚，就算有著萬般的不捨，但我終究還是離開了庫斯科，以及那裡美好的一切，搭上這一輛夜車，啟程前往普諾（Puno）。

倦怠勞累的我，就在快要入睡時，突然身體飛快地向前傾了一下，再迅速盪回椅背，七嘴八舌的嘈雜四竄而起，看來車上的乘客，也都被這突如其來的頓停給弄醒了。

睜開惺忪的雙眼，我悄悄望向窗外，儘管宏偉的安地斯山脈，將月光隔絕在另外一側，但細微的光影，還是將山巔上的稜線，迷濛地暈出。

這時有一些人，已經起身離開座位，走下車去。

冰寒暗夜裡，一輛一輛車子，紛紛熄去引擎，並依著公路的弧線，一字排開停在路邊，此時充滿疑惑的我，並沒有慌張地馬上提問，反倒先是冷靜下來，仔細聆聽身旁此起彼落的討論聲音，他們紛亂無序地夾雜著西班牙語和英語。

「唉，真沒想到，」一位壯碩的男人，點起了一支菸，並一邊說著：「全國大罷工提早開始了。」

「罷工！」另一名纖弱的男子，戴著一頂黑色的廉價毛帽，他拉了一下繡有卡通圖案的帽簷，再向掌心吐一口氣，雙手搓了一下說：「全國總工會不是說，後天才要開始罷工？」

「就是說啊，」一名背包客，衣著專業的登山夾克，他一邊拉上胸前的拉鍊，一邊加入話題：「我還特地轉搭夜車，卻還是沒能躲過。」

原來兩天後，才要發動的全國大罷工，已經提前發難，而前方的路，早在數小時前就已被人設下路障，導致途經此地的車輛無法通行。

夜裡的安地斯山脈車外的溫度低得讓人直打哆嗦，口中不停吐出團團的霧氣，大夥兒終究還是忍受不住車外的凜冽，紛紛回至車內避寒。

不知為何，我的內心雖然有些擔憂，但深夜裡的異常幽寂，卻又使自己迅速冷靜下來，等到各自回到座位上後，大家也只好勉為其難地再多睡幾個小時，靜候太陽升起。

「轟隆轟隆~轟隆轟隆轟隆~」一大早的引擎發動聲，陸續將大夥兒吵醒。

車外，已經有了些許的明亮，車窗上布滿著霧氣，迷濛地遮掩著日出的光芒，隨後便化成露水，一粒一粒地沿著車窗滑下，或是擱在那兒，靜待不久之後的蒸散。

隨著車子的移動，座落在兩旁的安地斯山脈，也逐漸清晰了。

過沒多久，窗外開始出現一群人的阻擋，車子立即減速停靠。

「嘿，你們！」一位瘦高的男子走近司機的車窗口，霸道地說：「想從這裡通過，就得繳費。」

「繳費！」司機聽完之後，機伶答道：「好，你等等。」

說時遲，那時快，司機突然大踩油門，變換排檔桿，車體迅速左右搖擺兩下——你沒猜錯，他正打算領著一車的人，衝出前方封鎖的隘口，強行硬闖過去。

隨著窗外，呼嘯而過的掠影，以及座位上的搖擺，均令我想起遊樂園裡的雲霄飛車，從小自己就特愛這些刺激的機具，透過一吐一納的快速衝擊，我將身、心、靈完美地結合緊扣在一起。

就在這緊張，卻又享受的同時，突然間，沙漠中竄出一群面目凶惡的人，他們騎著機車，後座的人，手中拿著東西在空中飛甩，不停地甩……

「咚咚咚咚咚～砰～咚咚～砰～」那是石頭，撞擊在金屬車體上的聲音。

沒錯，我們正遭受到外面的攻擊！

他們手持自製的投石器，尾端包著石頭，將之高舉快速迴旋，朝向我們這裡丟擲甩出，據說那玩意兒，最高時速可達三、四百公里。

「咚咚咚咚～砰～咚咚咚咚～～」接二連三的石頭撞擊聲，讓車上驚魂未定的乘客，又是一陣慌亂尖叫。

為了防止被砸碎的玻璃割傷，大夥兒急忙拉上窗簾，趕緊一一雙手抱頭屈身。我，側撇著頭，深深吸了一口氣，有那麼一秒，真的有那麼一秒，我又開始懷疑，是否真有鏡頭，藏在前方的椅背上，不然有誰可以告訴我，為何這種事情，老是能讓我碰上？

「不過是區區幾顆石頭罷了，更何況，槍和子彈我都已經遇過，」下一秒回過神後，我在心中大喊：「說到人生跑馬燈，恁爸也都已經跑到，快要可以開個人影展了，你們當真以為我是被嚇大的嗎？」

我這才氣定神閒地拉起黃色窗簾，並將大背包放在靠窗的位子上，充當擋「石」牌使用，為了防止搶匪在攔車之後的打劫，我在第一時間裡，將重要證件、金錢，分藏在身上和座椅底下的暗處，至於生命安全，這時你也只能聽天由命，倒是身旁的布簾和靈堂裡的黃色帳布有些相似，氣氛很是詭譎。

「鏘～～」瞬間，一聲清脆響亮的玻璃碎裂聲。

一個瑩亮的玻璃缺口，照顯出一圈金黃在布簾上，龜裂的痕跡攀至窗沿邊上，原先透澈的玻璃也不再是晶瑩無瑕～沒錯，方才被擊中的窗戶，正是我身旁的那一扇。

經過極速馳騁一段路程後，我們逐漸遠離危險，從窗戶缺口強行灌入的風，快速拍動金黃色的布簾，我將那一簾布掀起，撞見一顆約二個拳頭大的石頭，卡在窗緣上。

「這也太巧了吧，別人不想遇上的，通通讓我碰到了。」我瞪著窗戶，車內一片死寂，內心並無太多起伏，反倒覺得，有著那麼一絲的不太真實。

這時前方的乘客，紛紛站起，躡手躡腳地偵察車外情況，車子才緩緩停下，車外黃沙滾滾，低矮的蔓生灌木，遍布四周。

跟在我們後頭的幾輛巴士，也一一停下，乘客全都走了下來，透一透氣，藉以舒緩方才的緊張，順便彼此慶賀剛才的「大難不死」。

在這荒涼沙漠的不遠處，有一個小鎮，我們的停駐也同樣吸引了一些小販前來，甚至原本驚慌的乘客，有些還從車上拿下行李，打開行囊，紛紛做起臨時的生意來。

有的賣餅，有的租借手機，肚子開始咕嚕咕嚕叫的我，趕緊和他們買上一塊大餅來墊墊肚子，不過才一會兒，那餅竟然也就這樣賣完了。

在祕魯，還有一種職業是讓我感到新鮮的，他們穿著電信業者的鮮豔背心，手裡時時拿著手機供人撥打，你給他錢，他就讓你打，活像是移動式的公共電話亭，他們四處穿梭，猶如一隻隻鮮豔的花蝴蝶。

望著這一座臨時市集發獃的我，獨自坐在路旁，大口咬下乾澀的餅，再配上幾口瓶裡的開水。

「嘿，你好，我是馬利歐（Mario），她是布蘭卡（Blanca），我們可以坐在這嗎？」他們是一對來自西班牙的情侶，熱情開朗。

「當然可以，請坐請坐，你們好，我是洛卡。」我趕緊嚥下口中的餅，回應他們。

「剛才，可真是嚇死我了！」布蘭卡，戴著一頂當地買的毛帽，她仍一臉驚慌。

「就是說啊，這種事我還是第一次遇到。」馬利歐回應完後，抱了一抱她。

「請問一下，這裡有人坐嗎？」他們是三位法國背包客，二男一女，靚帥有型。

「沒有沒有，請坐請坐。」馬利歐率先回答，我也接著回應。

「太好了，謝謝你們。」他取下造型瀟灑的墨鏡，率性回答：「我是艾歷克西斯（Alexis），他們是安東尼（Anthony），以及阿德雷德（Adelaide）。」他比了一下後面的一男一女。

「你們看，警察來了！」阿德雷德，她一邊坐下，一邊比著遠方那一輛黑白相間的車，後面還站了一位男人，他身著黑色制服，體態有些臃腫，身上的襯衫有好幾顆鈕扣都扣不起來了。

那一輛警車，從我們面前駛過，看看後方巴士上的破碎玻璃，問過幾句話後，沒有多做停留就走了。

在那之後，我們一行六人，便各自聊了起來，彼此還成為未來幾日一起旅行的朋友。在這種機緣之下結交的朋友，都是永生難忘的，因為那一段難忘的記憶，會永遠牽繫著我們，直到老去。

大夥紛紛上車，繼續趕路，我卻又不禁望向那宛如蜂巢般的玻璃裂縫，朝著那形狀不一、大小不等的格子發獃，從內向外望去，看似破碎的景，卻總牽引著另一段的意外鏈結。此時的陽光，又再一次地從鋸齒狀的缺口射入，將人、事、物糾纏在一起的緣分，射進我的生命裡，終有一日，昨晚所發生的一切，又會成為孩子們的枕邊故事，一個聽了會讓人做夢的故事。

而那一個夢，也將鼓勵著更多未來故事的發生。

24. 雷鬼頭洛卡的誕生

二〇〇八年七月　巴拿馬　博卡斯鎮

「你說什麼？你不知道他是誰？」一位日本朋友舉起手，指向牆壁上的那一張海報，上頭印著一位綁髮辮的人，「你真的，從來都沒聽過巴布馬利（Bob Marley）？」他一臉難以置信的樣子。

「沒聽過耶，他很有名嗎？」我摸一摸頭，有些尷尬地問他。

「豈只有名，他是一位傳奇人物。」不加思索，他斬釘截鐵地回答。

當我離開祕魯，就來到位於加勒比海沿岸的國家——巴拿馬，並在其中的博卡斯鎮（Bocas del Toro），停上數日。

我在一面塗有紅、黃、綠色的牆上，發現畫著一位擁有超級賽亞人[1]髮型的男人，下面再用幾個斗大的英文字母寫著BOB MARLEY LEGEND，除此之外，他那放蕩不羈的頭像，更是時常被拓印在馬克杯、海灘毛巾、T恤、帽子……等等的各式商品上，幾乎四處可見。

似乎半年前，我也曾在哪裡，見過這一個頭像？

「這傢伙是誰？我之前好像在哪見過。」我拉了一下身旁的枚墨（Memo），好奇地問他。

「哪一位啊？」他朝那一個頭像瞟了一眼，說道：「小子，你一定是在和我開玩笑，」枚墨轉過頭來，見我一臉認真不像是在胡謅，才一臉無奈地說：「他是巴布馬利，雷鬼樂的傳奇人物。」

枚墨，是一位墨西哥的律師，我們二人在一間青年旅館裡認識，因為旅行路徑相似，他便邀我一起短暫同行。

經過枚墨這麼一說，我這才憶起，他就是那一位傳奇人物，在奈洛比的新肯亞客棧，一位日本朋友曾經指著牆上的海報，瞪大眼睛告訴我，而我當下甚至還以為他仍活著。

雷鬼樂（Reggae），是一種音樂曲風，源自於一九六〇年代的牙買加，採用節奏藍調、爵士樂、非洲音樂……等諸多元素組合而成，以其較慢的節奏、吉他或鋼琴的弱拍、用鼓聲強調第三拍……等音樂特質，使其不同於其他音樂。

巴布馬利，一位將雷鬼樂帶出加勒比海的傳奇歌手，一九四五年二月六日生，一九八一年五月十一日死於癌症，享年僅三十六歲的巴布，死後三年才發行的《LEGEND》，全球熱銷超過兩千萬張，也是雷鬼樂界至今賣得最好的一張唱片。

出生於牙買加的巴布，從小由母親撫養長大，成長於貧民窟的他，對於充滿不公不義的第三世界國家感受格外強烈，也因此在他的作品中，不乏諷刺殖民歷史，要人抗爭並為自己的權利奮鬥到底，以及鼓勵人們要有樂觀向前的精神。

他是一位為人民爭取自由的鬥士，在他的音樂演出中，你可以清楚地感受到，那一種源源不絕的熱情，以及一股療癒傷痛、撼動人心的力量。

七〇年代，巴布在音樂和政治上的影響力，達至顛峰，卻也因而給自己和家人招來麻煩。

一九七六年，巴布受邀參加一場名為「微笑牙買加」（Smile Jamaica）的演唱會。當時牙買加的政治紛爭動盪，在演唱會前夕，數名持槍歹徒，闖入巴布家中進行暗殺掃射，導致他和多名親友，皆受到輕重不等的槍傷，但兩天之後的演出，巴布仍然冒著生命危險，登臺表演。

「為何你仍堅持上場演出？」某人問道。

「那一些，想讓世界變得更糟的人，都這麼拚命了，我又怎能休息？」巴布如此回答。

七月底的博卡斯鎮，又熱又悶，再加上自己的頭髮已經半長不短，濕濕黏黏地讓人很是難受，更是令我時常心生剪去頭髮，理成小平頭的想法，當我在街上遊走時，恰巧遇到二位綁著髮辮的當地人，他們頗具流浪風格，搭了一個攤子在路旁，賣起手工藝品。

看著他們一頭勁爆有型的髮辮，記得自己大學時也曾留過一頭及肩的長髮，就像港片裡的古惑仔一樣，但眼前的雷鬼髮辮倒是還沒嘗試過，想說過去問問也好。

「老闆，你們這些彩色手環，怎麼賣啊？」我和枚墨二人，靠了過去，先是不著邊地隨意問問。

「第一排全都五塊美金，第二排十塊，最後面的十五塊。」他們二人，坐在旁邊的椅子上，抬頭答道。

「好，我看一看，」我拿了幾串起來，把玩幾下，說道：「對了老闆，你們倆的髮型超酷的，不知道哪裡有得編？」

「如果你要的話，我們也可以幫你編，」其中一人放下手上的半成品，站了起來答道：「算你三十美金就好。」

「三十美金啊……」聽他這麼一說，我自個兒倒是嘀咕了起來。

「二位老兄，你們就再給他打個折吧！」就在我猶豫不決時，枚墨還幫我開口向他們殺價：「他這小子之前行李被人搞丟，最近手頭比較緊。」

「哈哈沒問題，那就算你友情價，二十塊美金。」站著的那人笑了一下，爽快回應。

「怎樣洛卡？人家都很夠意思，給你優惠了，你是要還是不要？」枚墨這傢伙，此時倒是想看我的好戲。

「再給我一分鐘，讓我考慮一下。」說真格的，一時之間要做大改變，還真不是一件容易的事。

「好，那就來吧！」我心一橫，便自個兒坐上椅子，「等等，那這頭髮綁完之後，是要怎麼洗頭啊？」就在他正要下手開始施作時，我忽然想起這一個非常重要的問題。

「第一個月，頭髮絕對不能碰到水。」他雙手就位，準備開始動工。

「你說什麼？一個月不能洗頭！」我一臉驚嚇，作勢要他先等一等。

「喀喀喀……」枚墨站在一旁，暗中竊笑。

「基本上，我們是從來不洗頭的，頂多用水沖一沖而已。」他一臉正經，不像是在開我玩笑。

「等等，」對於平均兩天就得洗一次頭的我來說，這真不是一件容易的事，「讓我好好考慮一下。」

「如果你真要洗，至少也要一個月後才能洗，不然我們綁的頭髮會散成一團，那就全白費了。」

「一個月是吧？」我低下頭，咬緊牙根地說：「好吧，一個月就一個月。」

「決定囉？那我們要開始綁了。」他先用髮夾，固定一部分的頭髮，隨後整了三束頭髮起來，快速地用力拉扯，令人感到有些疼痛。

「再等一下！」這時我想起到另外一個重要的問題：「那如果綁完後，我覺得不喜歡，是要怎麼拆開？」

「老兄，我們這種綁法，是拆不開的，」他很有耐心地，再次停下手來：「如果不喜歡，你就得整顆剪掉。」

「喀喀喀～哈哈哈～」枚墨站在一旁，已經笑得闔不攏嘴。

「整顆剪掉！」這個問題，倒是沒讓我思考太久，因為原先自己就已有要理成小平頭的打算，「我沒問題了，來，你綁吧！」

於是，他們兩位流浪型男就定位，四隻手劈哩啪啦地快速在空中揮舞，大力拉扯，頭髮不需先燙，也沒塗抹任何凝膠或藥品，手中僅有一只梳子和髮夾，這流浪界的最祕奧義，其實一直都隱藏在民間，待人按下指令發動——上上下下左左右右ＢＡＢＡ。

三個小時後，透過枚墨剛才錄製的影像，這才窺見他們二人「霹靂無影手」的快速手法，據說經由他們完成的雷鬼頭早已破百顆。

原本纖細的髮絲，透過四手聯「綁」的默契，再加上雙人的內力灌注，一串一串頭髮，開始壁壘分明地倒豎，矗立在頭皮上頭。

看到鏡中的自己，讓我不禁憶起孩提時代的《七龍珠》，那一段超級賽亞人的喚醒過程，是不是經過這一蛻變，我就可以像卡通裡的人物一樣，提升百倍的戰鬥力，獲得拯救世界的力量？

或許，每一個男孩的心中，都曾有過一個成為英雄的夢。

脫胎換骨後的我，來到海邊，焰熾的熱風，灼吻著打著赤膊的自己，頭頂上的烈日，將一個怒髮衝冠的黑影，投射在前方的沙灘上，隨著一波一波打上岸來的海浪聲，我繼續幻想著被一團金黃焰化的元氣籠罩，我已被喚醒成為超級超級超級賽亞人——賽亞人的最終版，超級賽亞人Ｘ，正在進行一場拯救世界的行動。

我在空中不斷盤旋飛行，並用一雙銳利的鷹眼，揪出那些欺壓善良百姓的惡魔，傾盡全力地將他們一一扳倒，並陸續喚醒人們成為超級賽亞人，一起對抗邪惡。

起來，站起來！
為你的權利站起來吧！[2]

1 超級賽亞人：日本知名漫畫《七龍珠》中，戰鬥民族賽亞人（Saiyajin）的變身，他們是宇宙最強的戰士，頭髮倒豎，呈現金黃色。

2 原文：Get up, St.and up! Stand up for your rights!，出自巴布馬利的歌〈Get up Stand up〉。

25. 沒有悲傷的別離

二〇〇八年三月　尼加拉瓜　奧梅特佩島

「Pe~rr~o，A~rr~oz，Ca~rr~o」[1]一大清早，走在鋪著石頭的泥土徑上，我睡眼惺忪地，朝向廁所走去，口中還不停練習著西班牙語的彈舌音。

「吁~~~」一陣通體舒暢後，我從身旁的缸裡舀起一瓢乾的穀糠，倒進堆肥式的馬桶（Composting toilet）。

自從和枚墨在哥斯大黎加分道揚鑣後，我便一人穿越邊境，進入尼加拉瓜，再輾轉來到位於尼加拉瓜湖上的一座火山島——奧梅特佩島，而我身處的地方，正是一個兼作青年旅館的有機農場——埃爾佐匹洛鐵[2]。

埃烏傑尼奧（Eugenio）拉開櫃檯的木板，站在門前伸了一個懶腰，掛在牆上的木牌上，刻有一個金黃色的西班牙文「Recepción」（櫃檯）。

「早安，埃烏傑尼奧。」

「洛卡，早。」

「籃子裡面，」他熱心地和我說：「有幾根大蕉已經熟了，你可以拿去用。」埃烏傑尼奧是一位義大利的背包客，專程來這裡做食宿交換的工作。

「好的謝謝，我正有此意。」每天早上，我總會來到這裡，查看是否有免費的大蕉，可以拿去做早餐。

香蕉，在中美洲是相當重要的經濟作物，種類繁多，有的人到和女生的小手臂一樣粗，也有小至不到一支原子筆長的，而且幾乎都是拿來當作主食使用。常見的料理方式為，去皮之後用水煮，或是用油來炸，記得第一次吃到水煮的大蕉是在非洲的肯亞，體積大約是一般香蕉的二倍，口感很像馬鈴薯。

劃了幾刀後，我使勁將蕉皮扒開，再對半切開，切成一條一條細長的形狀，稍微用油乾煎一會兒，一根根的香蕉薯條便能起鍋，再擠點番茄醬，配上一顆荷包蛋，這就是我在這裡的營養早餐。

「Pe~rr~o，A~rr~oz，Ca~rr~o」吃完早餐後，我一邊清洗碗盤，一邊拉開嘴朝向身旁的綠色叢林，大聲地練習。之後，再找一張藤椅坐下，拿出在哥斯大黎加的聖荷西買的文法書，開始我的西班牙語自學課程。一段柔軟、捲舌、易感的聲調，好似飄在空中的一束緞帶，輕盈曼妙的令人陶醉，此刻身旁走來幾位阿根廷的背包客，他們正使用西班牙語在相互攀談著。

悄悄豎起雙耳，我雖無法聽懂，但光是聽到蜿蜒語調中的抑揚頓挫就是一種享受，有時不懂一種語言，卻反倒可以開啟其他感官，來解讀那些無法被釋譯出來的情感。

不過一會兒，我也和他們打成一片，便趕緊抓住機會，問他們一些日常慣用的西語用句，並筆記在簿子上，空閒時我再使用英西字典來做查閱和學習。

只要不停和人互動，語言就會被大腦記下，就像幼兒在學習語言一樣，於是自己的生活式外語學習法再次派上用場，記得一年多前在澳洲，我也是這樣自學英文的。

曾經有英文障礙的我，現在英文能力已經相當流暢，但在中南美洲，絕大多數的國家皆以西班牙文為主，除了和旅行者交談以外，鮮少有機會能以英文來和當地居民溝通，然而這也促成了自己學習西文的開始。

原本害怕一切和外文有關的我，現在卻熱中於學習任何的語言，只因突破自我障礙的甜美果實，將促使自己不斷地成長，但說穿了，強逼自己去面對自己的弱點，這也可以算是一種自虐的傾向吧！

把自己一個人，丟到「恐懼」裡，是要選擇眼睜睜地看著「恐懼」逐步吞噬自己，抑或是要與之拚命對抗，再將壓力奮轉成為助力，恐怕也唯有如此，自己才不會有偷懶的藉口。這就是我，一個努力追尋自我極限的靈魂，又或許我，不過是在尋找一個，能夠讓自己俯首認輸的理由，一個承認自己做不到的藉口，但我要在那之前，繼續奮力向前。

鑽過樹林小徑，我來到山坡下的當地商店，採買一些甜麵包，和各式的日常補給品，還有來拿昨天和他們約好的「東西」。

「Hola, quiero tomar mis pescado.（你好，我想要拿我的魚。）」我翻了一下字典，用上剛才在書本裡學到的文法結構，胡亂造了一句，對著老闆娘說。

「Bueno（好的）.」她笑笑地，進去拿了一袋魚給我。

「Mucha gracias mi amiga.（我的朋友啊，實在是太感謝妳了。）」付完錢後，我用雙手，接過那一袋託她代購的魚，點頭和她致謝。

「De nada.（不客氣。）」她對我說，並微微笑了一下。

「Chao.（再見。）」我一手提著東西，一手和她揮手道別。

真沒想到，魚肉竟然是這裡最便宜的肉，可真樂死了愛吃魚的我，於是我便提著那一袋的喜悅，欣喜雀躍地沿著泥土小徑，穿過一座吊橋，走回山上的農場。

回到農場後，我趕緊先把東西放在桌上，將那一袋魚提進廚房裡，並開始著手進行刮除鱗片及切去內臟的清洗，雖然自己從未做過，但我的雙手，卻有如讓人下了指令一般，有條不紊地開始動作。

鋒利的刀口，劃開粉白色具有彈性的魚肚，算不上鮮紅的血參雜著深色的穢物，一起徐徐流出……

●

「嘿，洛卡！」黛希蕊（Desiree），沒有聲響地走進廚房，忽然問我：「你從哪裡弄來這些魚的？」她是一位奧地利的背包客，原先只是過來旅行，後來也因這裡太過美好，便以打工換宿的方式留了下來，這一座農場真有一種魔力，總是讓人不願離開。

「什麼？」我這才回過神來：「不好意思，我剛才沒聽清楚，可以再說一次嗎？」我一面將手探進魚肚裡、拉出內臟，就好像曾經做過似的，但這卻是我生平第一次親手操作。

「走，洛卡，我們帶你去看超級無敵美的夕陽！」克里斯帝亞諾、帝亞哥二人剛完成一日的工作，他們走過廚房時，向我大喊。

「我知道了，等一會兒就過去！」我也興奮地回應他們，並轉頭向黛希蕊說：「一起去吧？」

「那還用說！」她笑了一下，臉上有著甜甜的一圈酒窩。

克里斯帝亞諾（Christiano）是一位義大利人，同時也是這座農場的主人，至於和他走在一塊的帝亞哥（Diego），他是一名阿根廷作家，也是農場的員工之一。

我和黛希蕊跟在他們後頭，沿著山徑，朝向農場的上方走去。

「窸窣窸窣~窸窣窸窣~」不知名的昆蟲，自草叢裡發出陣陣聲響。

這座有機農場，相當自然原始，而且島上的火山地質，孕育出令人驚豔的生態環境，再加上湖泊的隔絕，以及較少的人為開發，所以這裡也成為動植物的庇護天堂，但尼加拉瓜也是全美洲大陸最為貧窮的國家[3]，全國有近八成的人口，一天的生活費用不到兩塊美金。

穿過蜿蜒的山徑後，矗立在我們眼前的，是一座約莫兩層樓高的瞭望臺，主體結構為水泥、石塊，最上層的部分則是一個木造涼亭。

當初克里斯帝亞諾在建造時，就特別做了三層的設計，要登上瞭望臺的朋友，可以先將手上雜物暫放在第一層的水泥地上，倘若臨時來了一場大雨，也不必擔心東西會讓雨水淋濕。

第二層，設有三面高度過腰的水泥圍壁，由於建造之處地勢較高，所以光是站在這裡，就有不錯的景色，還能兼顧足夠的安全性；然而對於那些，想要觀賞更佳景致、更廣視野的人們，則可以選擇繼續向上挑戰，攀至第三層。

「喲呼～」我爬在綠色的樓梯上，躍入第三層的木造亭子裡，抓著木製欄杆，我將雙腳探出再順勢而坐，一片油亮的青色迎面而來，遠方蓊鬱的森林，綿延銜接著一片碧藍的湖水，並和天際相連。風，徐徐吹來。

尼加拉瓜湖，宛如大海一般的遼闊，確實容易教人望到出神，此時的天色已逐漸轉暗，原先遮掩康塞普西翁火山[4]的那一團雲霧，竟巧妙地落至山腰，高空的雲幕再隨之下降，就像一床絲被讓人平鋪在浩大的蒼穹裡。

瞬息之間，錐狀的山丘已被黑暗強行霸占，但遠處的金光猶如閃電一般迅速，在雲床下方快速蔓延開來，經由雲層之間相互映射的夕陽，在抵達眼簾時，已是一片光耀的紅豔，如詩如畫地渲染開來，讓人畢生難忘。

似乎在那一秒鐘裡，我差點又忘了呼吸，這真是我這輩子，看過最美最美的夕陽。

終有一天，我一定要帶妳來到這裡，兩人倚靠在欄杆旁，感受如此絕美的和諧，伴著吹來令人舒坦的風，見那夕陽落日逐漸消逝在山丘之間，還有望著繁花似錦的辰星滿布夜空，還有還有……

不知為何，此時的心中，卻漣起一陣莫名的惆悵，就像那些緘封的情事，被我默鎖在家中床尾的櫃子裡，或許老家潮濕的空氣，已使它們附上一層霉味，哪怕自己再不捨得丟棄，恐怕也早已無力挽回那些青春的逝去，以及曾經的爛漫甜美，儘管這一切，早就令我學會佯裝堅強，但是那一絲的惆悵或憂傷，卻總會在撞見美好時，或在寂靜的夜裡倏地向我襲來，並狠狠地在我的胸口上，重重地打上一拳，絲毫沒有半點留情。

來自義大利的農場主人克里斯帝亞諾，在這一座農場裡，搭建一座義式烤窯，每逢週二、週四、週六，都會做出素食的義式比薩來賣。

傍晚時刻，我走至烤窯旁的野外廚房，將一丸一丸的麵團平放在石檯上，手下滾著一個空的啤酒瓶來推出薄度適中的比薩餅皮，那一個深色的玻璃啤酒瓶上，還突起一個Toña[5]的字樣。

「請做一個，蘑菇口味的比薩！」克里斯帝亞諾拿著剛從客人那裡接來的一張訂單，他大聲喊道。

「沒有問題！」我也敏捷回應。

舀起一杓純天然的番茄醬汁，均勻抹在方才推開的餅皮上，來當作食材的底層，接著再平鋪上一層厚厚的新鮮洋蔥，輕灑上一些鹹起士，以及數顆蘑菇，身旁的索妮雅（Sonia）

再將我剛做好的比薩，送進烤窯裡烘烤。索妮雅是這島上的當地居民，也是農場裡的員工。

木炭上的熊熊烈火，正在烤窯內張牙舞爪著，上方的焰角，隨著窯頂半圓的弧線屈曲蜿蜒著，或是不時竄出和人接觸。

數分鐘後，生平第一次親手做的比薩出爐了，我興奮地端給客人，看著他拿起牽絲的比薩，那一口咬下的瞬間滿足，內心又不由得開心了起來。

不斷從窯裡散出的熱力，和方才自我體內燃起的熱情，似乎不謀而合。熱，是一種能夠轉換事物的能量，有形的熱力能夠質變物體，至於無形的熱情，卻是事物得以完成的關鍵。

但說到底，不論是再熊烈的火焰，或是再撼動人心的熱情，終會隨著時間的消逝而漸緩熄滅，除非你能不斷將薪材或是源源不絕的能量添入，才能讓那一股熱力持續燃燒嬗遞下去，直至照亮每一個角落，溫暖每一個人的心。

做完最後一張訂單後，當晚自己的工作酬勞就是可以自製一個比薩帶走，於是我卯足全力，做了一個沒有在菜單上的素食比薩，上面鋪有番茄、洋蔥、起士、青椒、胡蘿蔔、雞蛋、蘑菇、橄欖。

我手上盛著這一份熱情，無私地和人分享這一個絕無僅有的綜合比薩，那一群來自阿根廷的背包客們，也給我斟上一杯「甘蔗之花」（Flor de Caña），這一瓶尼加拉瓜的驕傲，也被譽為加勒比海最好的蘭姆酒（Rum）。

「¡Salúd!（乾杯！）」我們高舉酒杯，似乎我的西班牙語也又進步了一些。

熄燈之後的農場，一片靜謐且伸手不見五指，一種忽明忽滅的綠色螢亮倏然乍現，不停地在我四周旋繞，接著一陣又一陣類似電玩遊戲裡的聲音，丟丟丟地響著盈滿了黑夜，與一整座的森林，最後再搭上自己的幾分醉意，似乎這一切又輕輕飄飄地，不大真實。

「Pe~rr~o，A~rr~oz，Ca~rr~o」我一邊捲舌低喃，一邊有些重心不穩地，爬上懸在空中且掛在兩根梁柱中間的一席吊床。

在我迷濛睡去之前，那亦幻亦真的感受，彷彿又將過往的一切，再一次地重新喚回，於是我和他們又在夢中相遇了。

只是這一次，我們沒有悲傷的別離。

---

1 西班牙文：Perro（狗）、Arroz（米飯）、Carro（車子）。

2 原文EL ZOPILOTE，西班牙文意為鷲，一種大型猛禽。

3 若是加上加勒比海地區國家來比較的話，那麼最為貧窮的國家則是海地。

4 康塞普西翁火山（Volcán Concepción）：是奧梅特佩島上，一座還會噴發的活火山；「Concepción」意為「概念」，換句話說，這座火山擁有最佳的理想形狀，類似日本富士山。

5 Toña：尼加拉瓜的一個啤酒品牌。

26. 夢境般的深海漫步

二〇〇八年九月　宏都拉斯　烏提拉島

海面之下，猶如一個全新的世界。

輕輕將頭低下，我輕盈地穿過一牆石壁，潛進一個海底洞穴，當我游潛在羊腸小徑裡時，頓然數道耀亮，從頂上的缺口倏然貫下，我停了下來，無意識地伸出右手，讓熠熠發亮的燐光輕柔地落在掌上。

團簇的魚群，在前方的一道束亮中，用一種無法理解的秩序在盤旋圍繞，猶如一朵含羞的花苞正在綻放，時而朝內聚集，時而又向外發散；因為現下的神祕，讓我又發獃了一晌。

此時幻化的影像，又再一次地，迷離了前方的視線，面對深陷其中無法遏抑的思緒，我也只能任憑它沒有目的地狂奔，或是渙散的如同棉絮一般，在一場紊亂之中飄飄蕩蕩，努力尋求平靜。

彷彿，就在心即將安定時，阿努克她蛙蹼上的尖角，已從我的視線溜出，這才趕緊甩甩頭回過神來，踏起腳上的蛙蹼，跟了上去。

阿努克（Anuck）是我的荷籍潛水教練，而我們正深潛於加勒比海，進行洞窟潛水（Cave diving）的訓練。

至於我身處的地方，是位於宏都拉斯境內烏提拉島（Utila）的周圍海域，同時也是世界第二大珊瑚礁群的地方，由於在這裡學習潛水的費用開銷較為低廉，於是烏提拉島也成為中美洲的潛水勝地。

在離開住了三星期的奧梅特佩島（Isla Ometepe），我又花了三個星期，才從尼加拉瓜西邊的國界，路過宏都拉斯南部，先繞去薩爾瓦多完後，才來到位於宏都拉斯北部的烏提拉島，途中只在幾個城市或海灘稍做停留。

「三、二、一……」右手按下，浮力調整器的洩氣閥，我的體重加上後揹的氣瓶，總共破百公斤的重量，令我快速垂直下沉。

抬頭仰望靛藍的海面，霎時轉為碧澄的藍綠，閃閃爍爍地，此時就算直視受大海包覆的烈日，也不再令人感到眩目，反倒是多了一分祥和與平靜。

突然，一陣銳刺的痛楚，強襲侵入耳裡……

「咕嚕咕嚕～～」只見身旁二位一起下潛的同期學員，她們先是一臉驚慌，再手忙腳亂地衝回海面。

看來感到不適的，並非只有自己而已，忍住強大水壓給耳朵帶來的痛楚，我迅速捏住鼻翼力擤，趕緊平衡耳壓，再冷靜地按下浮力調整器的充氣閥，增加自己身上的浮力，減緩目前下潛的速度，來避免耳痛加劇。在短短的三秒鐘內，我的身體緩了下來，已不再下沉，達到靜止的狀態，這是我的第一次下潛，深度為海平面下六公尺。

儘管多數的學員們，都早已驚慌地浮上水面，但我卻還選擇繼續留在水面下和耳痛奮戰，直到教練阿努克做了一個上浮的指令手勢後，我才又按下浮力調整器的充氣閥，進行緩慢的浮升，漸漸的，耳朵也不痛了。

「噗滋～」一舉衝上海面，我又回到原本熟悉的世界。

「你們是因為耳朵很痛，所以才衝回海面的嗎？」我摸一摸耳朵，問最早衝回海面的那二位學員。

「沒有耶，我的耳朵不會痛，」她仍一臉驚悸，吸了一口氣說道：「但你不覺得很恐怖嗎？身體一直沉下去，就好像要掉到海底似的。」

「我倒不覺得恐怖，只是耳朵非常痛。」我鎮靜地回答，教練都沒說話，她只是安靜地在一旁觀察著我們。

隨後眾人，又此起彼落地討論起方才第一次的下潛經驗，原來因為耳痛而失控的人還算少數，多數人的上浮原因，都是因為在陌生環境下所導致的恐懼而慌張，確實處在陌生的空間裡，容易教人失去理智，而我或許早已習慣陌生，還是陌生早已習慣於我？

一位長途漂泊的旅者，必須融入各種不同的陌生之中，陌生的人、陌生的事、陌生的物——一位習慣於陌生的人，是否也同樣意味著，讓人感到陌生？

那些陌生的一切，讓我感到熟悉；那些曾經熟悉的一切，卻又令我感到陌生。

「來吧！」眾人稍微平緩之後，阿努克向著大家說：「我們再試一次，對了洛卡，我建議你，下潛的時候就要開始試著去平衡耳壓，不要等到感覺不舒服才做。」

「好的。」我又捏著鼻翼，練習了一下動作。

這次下潛，我的耳痛狀況明顯好了很多，當我學會將浮力控制到和自身等重時，也就是達成「類無重力」的狀態，沒有降與升，沒有進和退，就是單純地靜止在水中。

在這一刻裡，身體也悄悄地匯入暗流裡的脈動，成為浩瀚大海的一部分，於是我寬下心來，順著它的牽引漂流，將腳尾朝上輕輕一擺，斜傾的身體緩緩地向下切入海底；朝下微微一盪，身體擺正停頓。

水中漫步是自己的最愛，那一份輕盈飄逸，是我從來未曾有過的體驗，這就好比實現了小時候想當太空人的夢想。

我盡情地漫步在顛倒的深藍裡，鮮豔的魚群，牠們緩緩地自我的身旁悠游而過，一顆顆斗大的眼珠盡朝我這裡凝望，倒是在那些水晶銀亮之中，我好似瞥見頭髮亂竄的自己；海龜，則是緩慢悠閒地游著，至於色彩繽紛的珊瑚，宛如海底下正在爭奇鬥豔的花朵。

或許我曾一度，想要伸出手去觸摸牠們，但我並沒有；因為「尊重」，生命彼此之間的相互尊重。如果一時的觸摸，只是為了滿足此時自以為是的「好奇」，那便是對另一生命的輕蔑，因為牠們是受大地之母所育養，而非為你所馴養的，自稱身為萬物之靈的人類，總以為自己可以永遠地睥睨一切。

黑夜裡的海洋，顯得格外漆黑，領航在前方的阿努克手持一盞水中探燈，於是我們一行人，便順著那一盞僅有的光亮前進，被探燈照到的珊瑚，因為少去日照的影響，使得色彩的鮮豔程度更勝白天所見。

此時，一隻看似透明的章魚，在下方緩慢前進，牠將身上的腕足不斷擴展、收縮，不知是否因為光線而產生的錯覺，我總覺得牠所伸展的範圍，是一種不可思議的大小。

為了讓我們體驗海底夜裡的模樣，於是阿努克特地將探燈熄滅，就在光線消失的當下，我的心，是放空靜止的，一閃一爍的藍光圍繞著我，好似滿天的星辰，宛若置身在浩瀚無際的宇宙裡，對我來說，那一種獨特的安靜，是在陸地上的世界所感受不到的，像是一種回到母親子宮裡的最初感動。

其實大海，是所有生命的母親，正是她孕育出這美妙的一切。

某日，正在接受潛水進階課程（Advanced Course）的我，和阿努克一同進行深潛，根據教學資料顯示，人類在進行超過三十公尺的深潛時，容易出現氮醉的情況——一種類似酒醉的狀態，會感到興奮、愉悅，以及反應變得遲頓。

不知是否因為受到海面上的天氣影響，還是隨著下潛深度增加的關係，周遭的顏色逐漸轉暗，一種接近黯黑的深藍，給人披上一層朦朧的憂鬱，儀器上顯示，目前深度為海平面下三十四公尺。

一幢偌大的尖形輪廓，模糊地落在我們的眼前，阿努克說那是一艘沉船。

「該不會，那是一艘幽靈船吧？」我在心裡暗自嘀咕著，也讓我想起一切有關海底的傳說，消失的亞特蘭提斯、百慕達三角洲。

記得小時候藤子．F．不二雄畫的《大雄的海底鬼岩城》，也是自己架上的最愛，那些深藏在體內的冒險因子，似乎又在開始蠢蠢欲動。

清透的天光灑入海底，原本模糊毛邊的輪廓，霎時轉為清晰，我使力地將頸子抬起，那是一艘長眠於此的沉船，眼前的一切彷若是探索頻道（Discovery Channel）的場景，一種磅礴的無聲震撼，令人不自覺地深吸了一口氣。

「咕嚕咕嚕～～」口中吐出的二氧化碳，也從銜在嘴裡的管孔冒出，我幻想著手中拿著多啦A夢給的衝擊槍，準備開始進行探索，並將隨時可能出現的骷髏幽靈擊倒。

「就讓我們，開始去探險吧！」我睜大雙眼，一臉興奮地。

穿過鏽蝕的甲板，以及搖搖欲墜的桅杆，我們潛進窄小的駕駛室中，得要加倍小心才不會鉤到身邊的儀器，以及斜傾的舵輪，還有那一具遢在儀表板上的話機。

我抬頭向上，注意到那些貼在船艙頂上，一顆一顆大小不一的橢圓，他們是船在下沉時來不及洩出的空氣，會永遠伴著這一艘船長眠於此。

「放我們出去，放我們出去！」兀的一陣昏沉，如同水銀一般晶亮的它們，竟然開口向我說道：「我們不要被關在這裡，寬廣無垠的蒼穹，才是我們的歸屬，不是在這一條沉入海底的船裡，放我們出去，求求你，放我們出去好不好？」它們向我苦苦哀求。

「非常抱歉，還請饒恕我的無能為力，不過終有一天，你們一定會得救的。」我不禁為這一些失去自由的空氣們哀悼，它們猶如一顆一顆被囚禁的心，翹首盼望著救贖的到來。

「真的有那麼一天嗎？」它們問。

「有的，那將會是一個狂風駭浪的日子，強大的巨浪會掀起海底的一切，沉船也會再次浮出海面，倒斜晃盪的船身會將艙內的海水傾出，那就是你們重獲自由的契機，你們可得要好好把握才行，因為機會，只有在那一瞬之間。」我試著描繪出未來的那一個場景讓它們知道，才又吞了一下口水，繼續說完：「但可悲的是，這同樣也意味著，將有另外一群自由的心，會隨著下沉的船而深葬海底，就像你們當初受困的情形一樣。」

「難道就沒有其他辦法，可以讓大家都自由嗎？」它們想了一下，有些憂鬱地說：「我們並不希望透過束縛別人，來換取我們的自由，這太令人悲傷了。」

「有的，方法只有一個！」我實在不忍它們的悲傷，於是繼續說道：「除非你們能在那一天，大夥同心協力地，將這一條船一股作氣地吹送到岸上去，你們可千萬別忘了，風，也是由眾多的你們，才能構成的呀！」我如此地回答它們。

一場突如其來的風暴，很快就過去了，方才海上掀起的狂風巨浪，也早已消散，一切又盪回了昔日的平靜，只有白淨的沙灘上，多了一艘破舊的船擱淺橫躺在岸邊，上面還懸附著青綠的海草，不停淌下水來。

「叩叩叩～叩叩叩～～」船上的駕駛室裡，那一具還繫著線的話筒，在空中搖晃並持續敲打著金屬機臺。

一陣微風輕拂而過，曾經被囚禁在船艙裡的空氣們，也早已消失得無影無蹤。

一個舵輪從船上滾了下來，一絲溫煦的燦爛穿透雲層，剛好落在那一個舵輪的滾動軌跡上，一位興奮的小孩衝了過去，將它撿起來拿在手上，雙手平舉，做了幾個航行打轉的動作。

「爸爸你看，這艘船好可憐，它的零件都掉下來了。」既好奇又喜歡冒險的小男孩先是有些哀傷地說，再充滿希望地說道：「我長大以後，一定要成為一位專門修理船的技師，我要把它修好，然後讓它載著大家去環遊世界。」

此時耀亮的陽光貫破雲層，大肆綻放光芒，又給萬物攜來嶄新的希望，船頭上隨風飄逸的海草，混著豔陽的亮澄，熒熒閃爍。

「好啊。」綁著一頭雷鬼髮辮的父親，對著小男孩淺淺微笑，再抬頭望著天，想起了一個有關自由、樂觀、悲憫助人的夢。

壓下充氣閥後，身上的浮力漸增，我開始朝向海面垂直浮升。

我低頭望去，隨著那一艘沉船的逐漸模糊，方才有些昏沉的腦袋才開始逐漸恢復清醒，耳朵也不再感到痛楚。

似乎自己，才剛從一個救贖的夢中醒來。

27. 來自地心的熱情

二〇〇八年十月 瓜地馬拉 安地瓜

「砰～～」一陣巨響劃破天際。

「哇～～我的媽呀！」車窗外面，充滿恐慌人群的尖叫聲：「火山爆發了，趕快逃啊，再不快一點，就要來不及了！」

我駕著一輛工地用的小卡車，疾行穿梭在街上，前方的兩支雨刷已調至最高轉速，卻還是來不及清除不停降在擋風玻璃上的火山灰——那些一點也不浪漫的灰色雪花。

熾熱的熔岩，如同天外飛來的火球，不斷落降至地面並摧毀城裡的建築，以及奪走一切稱之為「生命」的個體。

就在小卡車左右閃躲之際，突然一位女孩，左手拿著一隻白色的兔子玩偶，神情無助地出現在馬路中央，小卡車瞬間急煞的前輪將滿地的火山灰屑濺得飛高，幸好那些落在女孩面前的溷穢並未玷髒她的衣裳，儘管那一件白色的洋裝，早就已經斑駁不清且不再潔白。

我迅速打開車門，快步走到她的面前，那兩條已乾的淚痕在她清秀的臉龐上，讓人很是心疼。

「媽媽～媽媽～～」面無表情的她，聲嘶力竭地喊著。

「又喝多了。」我從床上坐起，拉起沉重的頭，對著自己說。

地板上，立著一瓶幾乎就要見底的蘭姆酒，每次和人聊開後，我總喜歡從背包裡拿出那一瓶來自尼加拉瓜的逸品「甘蔗之花」，來和眾人分享。

「然後昏睡之後，自己好像做了一個夢吧！」我還賴在床上，努力試著回想昨晚的一切，「夢裡似乎有一個女孩，對著我說……」

「她到底，說了什麼呀？」我有些氣惱地敲敲自己的頭，才又對著自己說：「唉，算了吧，不過只是一個夢罷了！」

走下樓梯，豔亮的早晨將日光敞進這一間名叫「黑貓」的青年旅館，位在門旁的餐廳，室內用餐的空間狹長，且老闆刻意不開燈，好讓客人各自選擇座位，靠近門邊的座位較為明亮，恰好適合那些活力充沛蓄勢待發的人們，至於較靠裡頭的座位則略顯昏暗，對於宿醉尚未清醒的人，也正好滿足他們得以繼續昏沉的需求。

剛好介於兩者之間的我，則是選定一個正中央的位置坐下，點了一份西班牙煎蛋，還有一杯熱騰騰的黑咖啡。這個時候用苦味來醒一醒腦，是再好也不過的了。

我轉過頭去，看了一下街上來往的遊客，這裡是中美洲的一處觀光勝地，一座位於瓜地馬拉境內的古老城市安地瓜（Antigua），同時這裡也著名於西班牙語的學習，但就我看來要在這裡習得基本的西語，倒是沒有太大的問題，但如果是要以精進西語為目標的話，安地瓜可能就沒有那麼的合適，畢竟這裡可以使用英文的誘惑，還是太多。在我取得中級潛水員的認證後，人就離開宏都拉斯的烏提拉島，前往拜訪馬雅文化在科潘（Copán）的遺址，之後又再次穿越邊界來到瓜地馬拉，住進這一座位於海拔一五三〇公尺的山城，也是全中美洲我最喜愛的一座城市，安地瓜。

現今的安地瓜，其實又被稱作「安地瓜·瓜地馬拉」（Anitgua Guatemala），因為Antigua在西班牙文裡的意思是「古老的、舊的」，換句話說，「安地瓜·瓜地馬拉」理應譯為「舊瓜地馬拉」。

西元一五二三年，西班牙人來到瓜地馬拉開始進行殖民政策；二十年後，西班牙人開始在安地瓜建城，並將殖民地的首府遷移至此。

在隨後的兩百多年間，安地瓜一直都是西班牙殖民政策下最重要的城市之一，同時也是整個中美洲的統治中心，直到西元一七七三年的一場大地震後（Santa Marta Earthquakes），才將首都遷移至今日的瓜地馬拉市。

用完早餐後，我決定出去走一走，順便舒展一下筋骨，於是攜上相機，踏出門去。走在棋盤式的道路，鋪著石塊的街上，隨處可見巴洛克式建築，以及濃厚的西班牙殖民色彩，西元一九七九年，聯合國教科文組織也將安地瓜認證為世界文化遺產。

於是我又一個人，獨自穿梭在這山城裡，一個轉角，我在中央公園裡（Parque Central）

按下快門，兩位穿著一襲傳統馬雅服飾的女孩，她們揹著精巧的側身背包，走在一個小水池旁，那是一個即將消失的古老文化。

一個轉角，我在聖地牙哥大教堂前按下快門，潔白雕刻裝飾的大門主體，以及背後傾倒頹圮的梁柱，見證著安地瓜的重建歷史；一個轉角，我在亮黃色的聖塔卡塔麗娜拱樓前（Arco de Santa Catarina）按下快門，拱樓頂上的鐘，彷彿又將時間凝止在四百年前的殖民時代；一個轉角，我在慈悲聖母教堂（La Merced）前按下快門，祥和無瑕的聖母慈祥地站在如輝的亮黃裡，一個外來的信仰，如今卻成為人們在精神上的重要寄託。

儘管頻繁的地震，讓安地瓜有過無數次的重建歷史，但是安地瓜的確也用她獨有的堅韌，承受著今來古往的動盪，再用她無盡的溫柔，包容著這裡善與惡的一切。

有人說安地瓜的每一個轉角，都美得像一張明信片，的確如此，而我現在正一張張地，將它們收藏在自己獨屬的記憶裡，期待未來和人們分享。

當我還沉浸在安地瓜那美麗的街角裡，以及回顧著充滿絢爛色彩的殖民歷史時，一個恍神，差點就要因為失去平衡而顛撲在石板路上，這才想起等會還有一個已經預約好的帕卡亞火山[1]行程得去。

帕卡亞（Pacaya）是一座還在噴發的活火山，一個能夠親眼目睹岩漿（Lava）的地方，聽說許多背包客都會帶上一包棉花糖，帶上去烤來吃，如果依照現今臺灣人的燒烤習慣，是否該帶幾包日式麻糬上去，烤完之後再蘸花生粉來吃？

「因為火山活動，才得以孕育出這一片蓊鬱的森林。」敬業的當地導遊，詳盡地對著我們解說：「你們可千萬別小看，腳底下這些黑不溜丟的泥土，它們可是含有豐富的礦物質，以及其他養分的喔，可以算是精華中的精華呢！」

走了一個多小時，我們還在又熱又悶的叢林裡奮戰，老實說這和我想像中的火山有些不大一樣，而且說實話，自己根本無心聆聽導遊的解說，因為那些專供遊客搭乘的「計程馬」，時常會從身旁經過，而我必須隨時留意，那些不時從牠們後頭噴發的「黃色岩漿」，還有落在地上已經冷卻的「黃色熔岩」，我想這裡的植物會長得如此茂盛，這些上好的天然肥料，絕對也幫上不少的忙。

就在大夥兒左閃右躲，感到有些作嘔之際，我們終於走出綠色叢林，眼前是一片墨黑的礫漠，以及遠方受雲層遮掩的山頂。

「唰唰唰~唰唰唰~唰唰唰~」我們一行人，紛紛從礫漠的高處飛奔而下。細緻的砂礫，給予了最安全的緩衝，這感覺就好似在沙漠中奔跑，就算跌倒你也不會害怕受傷，抑或這是睿智的大地之母，在眾人踏入險境前，最後所能給予的溫柔告誡。

「啊~~」一涓鮮血流下，前方那人的大腿，被旁邊的岩石割出一道傷口。沒錯，隨著腳步的邁進，礫漠的顆粒也越來越大，腳下踩的再也不是細小的砂礫，反倒是一顆顆冷酷的岩石，那些被稱之為「噴出岩」的石頭。

不規則狀的岩漿在經過急速冷卻後，總是特別鋒利，如果一個不小心跌倒，可是會讓人受傷，並在身上留下疤痕的。尚未見到岩漿的我，眼前這一個充滿血腥味的紅色冒出，似乎已是險境之前的最後警告。

「好了，那就是你們要看的，」黝黑壯碩的導遊，忽然止住腳步指著前方的焰紅，這麼地對著我們說：「我在這等，你們自己過去吧！」我這才想起在來之前，似乎眾人都有簽署一張風險自負的切結書，也就是俗稱的「生死狀」。

當我繼續向前走近時，不知從何時開始，地上突出的熱氣，已經薰得雙腳無法好好站立。

地上的熱，是一種無法形容的煉熱，令我像是熱鍋上的螞蟻著急地直跺雙腳，並不時地向下瞟看那一條岩縫中的烈紅，我知道那是來自地心的炙焰，如果真有地獄的話，這裡大概就是入口了吧。

「哇～～」前方傳來陣陣驚歎聲，我趕緊小心地衝向前去。

「喔～～耶～～這才是我期待看到的啊！」短短幾公尺內，那是一條正在緩慢流動的岩漿，令人驚慌的熱度正以輻射熱的方式逼近自己，那是一種讓人不敢造次的極端熱情，卻又令人目不轉睛地，直盯著發獃。

「爸媽，你們快來看，快來看呀！」兩個小蘿蔔頭，站在一座火山模型前，異口同聲地喊著：「火山要爆發啦！」旁邊立了一塊解說牌，上面寫著：陽明山國家公園～火山劇場。

「轟轟轟轟轟轟～～轟隆轟隆轟隆～～」突然的一陣巨響，伴著忽明忽滅的聲光效果，著實吸引住小蘿蔔頭們，那滑不溜丟的小眼珠子。

不知名的霧氣，開始從火山口慢慢冒出，搭配上劇烈的抖動，他們充滿好奇的眼珠子，不論是獃滯或游移，唯一的焦點都是在那火山上，我是指那一座激烈晃動的火山模型。

聲響越來越大，霧氣愈漸濃烈……

「砰～～～」倏然一聲巨響，響徹雲霄。

「火山爆發了，火山爆發了！」一群小蘿蔔頭們用幾近歡呼的高分貝，奮力大喊著。在凹凸不平的模具下方，利用燈光製作而成的岩漿模型，正從火山口附近點燃，並開始向下緩慢流動。

然而在那一刻裡，沒有熱到令人可怖的溫度，可卻著實地將那一群孩子心中無限的熱情點燃，靜候未來的自由翱翔。

此時熾熱的焰氣，已將人們的鞋子和鞋底分離，過熱的溫度，融散了銜在二者中間的黏著，看著他們踩著一開一闔的鞋子，我翼翼小心地向前走去，感受這一股真真實實的熱力，並逐漸回想起自己的兒時熱情。

「爸，媽，這一次是真的岩漿啊！」距離滾燙的岩漿不過一、二公尺的距離，不斷貼近的熱，卻無端激起了自己一陣又一陣不可抑壓的思親之情，「這一次是真的岩漿啊！你們也都感受到了嗎？你們的兒子，現在就站在火山岩漿的面前，謝謝你們，謝謝你們，真的！」

淚水，從眼角流淌而下，一段跨越時空的記憶，卻在此時、此地有了緊密的連結，就像稠糊的岩漿緩緩滴下後，再一次緊密地融合，一起持續向前。

大自然的奧祕，就在於你永遠無法了解，它要教導或是啟發你什麼，唯有在你用心傾聽之後，才有可能體會。

回到安地瓜時，已經夜幕低垂，和幾位朋友用過晚餐後，便逕自信步而行，昏黃的街燈、朧朧的月兒，將醉人的眩霓平鋪在高高低低的石板路上，刻鏤出一個個虛幻的窟影。

在走進旅館前，我又朝向遠方瞥了一眼，火之火山（Volc Fuego）的岩漿，猶如一條赤蛇纏繞在闇黑的夜空中，似乎牠真具有蠱惑人心的狐媚魔力，令人開始陷入昏沉。

「剛才在酒吧裡的蘭姆酒，自己好像又喝多了。」我走進房間裡，拉著床沿的杆子，爬上床去平躺下來，然後靜靜入睡……

「媽媽～妳在哪裡？」小女孩雙眼無神地，重複哭喊著：「媽媽～妳在哪裡？」不論身旁逃竄的人群傳來再悽慘的叫喊，她皆不為所動，只是獃然地站在原地。

「砰砰砰～～砰砰砰～～」不斷落下的熔岩，引起身旁不停的爆炸聲，四處都在燃燒，就連天空也成了灰燼的顏色，眼看啖噬一切的岩漿，正在朝向這裡靠近。

我趕緊一把將女孩抱起，迅即跳進車裡。

岩漿，它是無懈可擊的，災難會一直延續，直到它願意停下為止，但是……

「噠噠~噠噠~」擋風玻璃前的雨刷，依舊快速地擺動著。油門一踩，我駕著小卡車飛快逃離現場，目的地是對面的高地，希望在那裡可以找到暫時的避難點，還有女孩的母親。

向著高地，小卡車一路狂飆，但只要見著路上有人正在逃難，我還是會忍不住地將車停下，讓他們上車，儘管小卡車的負重早已超載，可我還是不願意在這一刻裡放棄任何人，只要自己還有能力，能多救一個就算他一個吧！

地上堆了一層深厚的火山灰，可真是讓我們吃盡了苦頭，後方劇烈顫動的排氣管一直冒出嗆鼻的黑煙，不時在原地打轉的車輪也同樣吃力地攀爬著。倏忽，前方出現一頂帳篷，才讓我們意識到自己已經抵達高地，就連那一頂帳篷，也是方才臨時搭建好的。

我讓車上的人們下車，並抱著小女孩走了下來。

「妳的媽媽，有在這裡嗎？」我蹲了下來問她。

「媽媽~媽媽~」她那一對小眼珠子就好像發現希望似地，眼神也終於不再獃滯，於是她向前踏出一步，試著搜尋一會後才沉靜地說：「他們每一個人，都長得一模一樣！」

是的，我這才發現，這時每一個人的身上，都覆著一層火山灰，人和人之間再也無法區別，於是我牽著她的小手，站上一處地勢較高的平臺，向下望去。

瞬間，熾熱的岩漿突然停止前進了，火山也不再噴發，一切又回到昔日的平靜，一條灰色的蛇，從我們二人的腳下緩慢地爬過，小女孩和我都只是站著，沒有任何的閃躲或驚嚇。

「蘇菲亞，我的小寶貝！」一位年輕婦人，哭著朝我們衝了過來。

「媽媽！」小女孩也轉頭大喊，並立即衝了過去。

看著人群的相互擁抱、哭泣，我知道希望已被凝聚，並靜候發散，那是一種祥靜卻又充滿力量的感動。

因為即將毀滅的一刻，才讓這一個世界，再也沒有顏色的差異、沒有種族的問題、沒有物種的區別，僅僅剩下一個個灰色的平等個體，還有同樣身為「生命」之間的彼此尊重，以及萬物之間的真善美。

當我在思考著這一切的發生，並望向遠方的灰色世界時，忽然之間，眼前那不停落下的火山灰，似乎也開始浪漫了起來。

岩漿，它是無懈可擊的，災難會一直延續，直到它願意停下為止，但別忘了，它同時也帶來嶄新的希望。

---

1 帕卡亞火山（Pacaya）：海拔二二五二公尺，鄰近安地瓜，是一座複合型的活火山。

28. 迷霧，終將會被穿越

二〇〇八年十月　美國　舊金山

一節路行電車，從我身旁伶俐地駛過，徐步走在象牙色澤的行人磚道上，路牌上面標示寫著「漁人碼頭」(Fisherman's Wharf)。

自己一個人，站在豔陽底下，雙眼瞇成一直線，遠眺延伸至天際的一片沁藍。

我喜愛今日的太陽，因為那讓它生氣蓬勃，同時也凸顯出它的活力，它是一座美國西岸的重要都市，一座象徵自由的港都。

西元一八四八至一八五五年的加州淘金潮，為這裡帶來許多懷有淘金夢想的人們，來自四面八方的新移民不斷地湧入這一座海港，當然都是為了財寶而來，這就是舊金山傳奇故事的開端。

離開瓜地馬拉後，我又沿途造訪加勒比海沿岸的貝里斯，以及墨西哥，隨後就飛來美國西岸的舊金山，結束自己在中美洲三個多月的旅行。

舊金山（San Francisco），亦被音譯稱作「三藩市」，一座孕育眾多次文化的自由之都，包括上世紀六、七〇年代開始散播的嬉皮精神（Hippie），或是七、八〇年代萌芽茁壯的跨性別文化（LGBT），也因此在這一座多元的城市裡，總有著各式各樣的藝術創作，以及隨處可見的跨性別之愛。

舊金山，一座包容開放的港埠，有著看似毫無止境的創造動能，不停地驅使著世界朝向多元的方向前進。

隨著地勢而建的市區道路，有高有低猶如波浪一般，我恰巧撞見一群有著不同膚色的孩子，他們小小的身軀，揹著身體一半大小的敲擊樂器，排列整齊地站在路旁。

「碰～碰碰碰～～碰～碰碰碰～～」聽到他們不停敲擊而出的聲響，著實讓人震撼，不禁停下腳步駐足聆聽。

在這一刻裡，所有種族之間的分歧，以及世間的紛紛擾擾，似乎都消失了；一席鮮豔繽紛的彩虹旗，飄揚在鄰樓的陽臺上方，那是代表對性向自由的無聲宣示，在這一刻裡，我真切地見到愛與和平的感動。

倏忽，瞬降的霧氣將我圍繞，似乎在幻霧之中，一張張金礦潮的移民臉孔，以及昔日遭受到禁錮的自由之愛，都在這裡找到各自的安身之所。

我情不自禁地，緩緩伸出雙手，一層恣意流竄於指間的朦朧，似乎又有著一種說不上來的熟悉，其實人們，都曾醉心於和平祥靜的迷濛之中。

拉起背脊，我從公車的座位上醒來。

這才發現霧氣早已散去，似乎在方才不久的夢境中，我曾見到色彩繽紛的彩虹，以及一個人們稱為愛與和平的年代。

我面朝向窗，奮力吹了一口氣，隨手拿起一張衛生紙朝它大力擦拭，拭後的鏡面透出一座披著蒼霧的跨海大橋，那是一座漂浮在雲霧之中的天空之橋，串接起兩地的交通、兩邊的生活、兩方的心，因為有它的強力鏈結支撐，時空將被攜手跨越，人與人之間的溝通隔閡也終將消弭。

一座有形的橋，牽繫起無數的心橋，我們也因為它而產生了鏈結，並且開始學會去感受及分享彼此的心。

是的，一座橋，讓你、我都產生了關係，就像我曾說過的，你和我原本就是相連的，只是從前的我們彼此都不知道罷了！

漸漸地，濃厚的霧氣吹進車內，開始有點寒意的我，趕緊將身體蜷曲來禦寒，一個令人顫抖的哆嗦，似乎又有著一種說不上來的熟悉。大霧，它正在給我最深情的溫柔包覆，就像祢曾給我捎來的訊息一樣。

濃霧散去後，一雙手抓住前方的欄杆，順勢朝下探去，那是一片深藍的海，我這才了解到自己早已站在橋上。

這是一座令人斷魂的跨海大橋——金門大橋，人們說這裡是世界有名的自殺地點，據說自殺者，會以時速一百二十公里的速度掉落至海面，在那一瞬間的海面，鐵定硬得像地面。

雙手還放在欄杆上的我，緩緩地將雙眼閉上，突襲而來的一陣憂鬱正在急速攀升，方才底下一片深藍的海水，彷彿在瞬間就凝為固體，它們猶如可以旋轉的廣告看板，一片一片地快速翻轉，成為一塊堅硬的水泥地面。

●

站在東海大學科技大樓四樓的我，雙手緊緊地握住欄杆，不放就是不放，掌中的汗也早已黏在欄杆的油漆上，而這連日以來的煩惱還不都是為了那一封正寄往臺北家中的退學通知書。

十九歲的我，正值大學一年級下學期的期末，我因為二分之一的學分不及格，而被學校強制退學了，恰巧和四年前高中聯招放榜的那天一樣，熾烈的夏日讓人灼熱難耐，我的人生正面臨到空前的絕望，甚至已然失去了存活的意志。

誠如前面所提及的，學校排名或是考試成績，對當時的我來說，幾乎就是評定一個人未來發展的全部，就像我們一直以來所推崇的升學制度一樣。

儘管我在就讀成功高中，或是東海大學的校內成績並不好，甚至還時常排名倒數，但若真要和自己以前的課業相比，可說是天差地別。或許有人會認為國、高中的課業難度、競爭壓力，本來就有一定的差距，而且我一定是貪圖玩樂，才會讓自己淪落至如此的窘境。

其實不然，因為說到底這其實都和自己的個性，以及十五歲那一年高中聯考的挫敗有關，仍然記得高中聯招放榜的那天，自己一個人，躲在沒有開燈的浴室裡，跌坐在地上嚎啕痛哭，內心向來好勝的我，根本無力招架自己沒能考上建中的事實，微緲的光線淡淡地從窗外洩入，整間浴室幽幽暗暗的。

「我一定要，」一雙手撐在洗手檯上，我盯著鏡中那一張扭曲的臉大喊：「我一定要考上臺大醫學院！」

於是我擦一擦眼淚便步出浴室。在上高中以前，針對平常校內的課業幾乎從沒補過習的我，還特別要求父母幫我訂上一整套昂貴的參考叢書，並向他們承諾自己必定用功苦讀，儘管在日後看來，那充其量也不過就是一番垂死前的掙扎，因為當時的自己，不論是在動機或整體的意念上，都是錯的。

那麼，我的動機是什麼？

又是什麼意念，令我如此執著？

「媽，」當我還在就讀小學四、五年級的時候，有一天我走到母親面前，忽然對她說：「長大以後，我要唸建中、讀臺大醫科，然後賺很多很多的錢。」一直以來，我都以為這是報答他們最好的方式。

「兒子啊，爸媽不會要求你，學問要做多高，或是要賺多少錢，」母親看著年幼的我，微笑地說：「只要你長大後，能學會做人處世的道理，那就足夠了。」

從小就立志要當醫生的我，出發點並非為了懸壺濟世，而是為了賺錢，還有受人喜愛和尊重，又或者應該說，考到好的成績，讀到好的學校，做到好的工作，那些都令我感到安全，猶如多數的人一樣，藉由外在的物質來讓自己獲得足夠的安全感，或是用來掩飾內心的自卑，然而若要追逐這些物質享受，最快的方式就是回溯建立這一套制度的方式，達到在這一規範之中人們所嚮往的「位階」。

儘管昂貴的參考書，一箱一箱地寄來家中，但就像我說的，這不過是一番垂死前的掙扎，原本自己還興致勃勃地唸，但是很快的，我竟然連一題也做不下去，常常晚上一個人獃坐在書桌前，一整夜就只翻了一頁，而這一坐，就是整整高中三年。

在那三年裡，自己不再像從前一樣愛打電玩，或是盡情看電視，心中當然也不再自高自傲，取而代之的卻是，讓無窮盡的渙散和自卑所填滿的內心世界。

於是我，開始也和多數的臺北小孩一樣，上補習班做課業補習，或是去圖書館念書，或許外表看來認真，但其實自己不是在睡覺就是在發獃，腦中盡是一些從前的榮耀，還有那一年夏天獨自躲在浴室裡的創痛回憶，這樣的發獃狀況，一直延續到我在東海大學的大一生活。

一次高中聯考的挫敗，已經讓我頹喪四年的光陰，但在那之前至少都還有學校可讀，可以得過且過；可是如今，自己竟然給學校退了學，於是才打算來和教授們求情，覓尋一條出路。

一個不肯承認自己失敗的人，是永遠無法體悟到，那些早已命定好的挫折安排，因為他終將被更大的失敗擊倒，直至萬劫不復的深淵。

走在科技大樓四樓資訊系辦公室前的走廊，孤伶伶的，一個人也沒有，因為學生們多數在考完期末考後就開始放暑假，有的回家、有的則是待在宿舍裡，不是打電玩，就是看電影或漫畫。

「不好意思喔，」一位資訊系的教授，相當熟練地回答著我：「成績都發給學校了，已經無法更改。」想必他最近，一定也回絕了不少人。

「好的，那我知道了。」我仍然懷有尊嚴，只能表情沉重地退出辦公室，再次回到走廊上的欄杆旁。

就算沮喪和悲愴再重，也仍然秤無一絲重量，但卻能把人壓得喘不過氣，如臨末日一般。很多事真的得親身經歷，在走出怯懦之後才能清晰地看見，在那些徬徨無助的當下，生命裡的每一次脈動，其實都是如此猛烈到令人難以承受。

我的一雙手，緊緊地握住欄杆，並切切實實地萌發了「跳樓自殺」的念頭，老實說一直以來除了把書讀好，我真的不知道自己還能做些什麼，況且在過去的四年裡，就連把書讀好這件事情，我也都沒能做好，甚至對於一位追求功利、學業至上的人來說，如今竟然還遭到學校的退學，更是讓人羞愧到無地自容。

於是我，懷著對於生命無盡的悲悽，以及愧對父母的哀傷，抓住欄杆，蹬了一腳，就在即將自我了結的剎那，下方的廣場上，竟然顯現出兩張熟悉的面容，那是父母親嚎啕悽慟的模樣，見著此景的我，心中興起萬般的不忍，我想起父母對我的「愛」，那一種無怨無悔的「愛」。

「在課業上，他們從來未曾要求過你，為何你要如此催逼自己？」

「所以現在，這就是你回報他們的方式？」

「你知道嗎？你可以選擇一走了之，但那些愛你的人，一輩子都會因為想起你而傷痛。」

「你要讓他們，每一個夜晚都在淌淚，都在哭泣之中醒來？」

「你忍得下心？你狠得下心？」

「如果你真的愛他們，請你從現在起，大力地呼吸每一口空氣。」

「如果你真的愛他們，請先別急著說對不起，我要你勇敢地走到他們的面前，親口對著他們說。」

「如果你真的愛他們，請你勇敢地活下去，因為他們也是為了你，而堅強地活著！」

倏然，一陣又一陣自我的鞭斥，不停強襲而來，猶如敲響了心中的警鐘，一直強忍在眼中的淚水，終於再也止不住地涔涔流下，於是我從欄杆上退了下來，頹倒在一旁掩面痛哭，可是心中卻充滿了「愛」的力量、豁了出去的「勇氣」，以及一種無怨無悔的重生力量。

人生，總是想用你最脆弱的環節，來將你擊倒，因為那是它對你的考驗，但你倒了嗎？沒有，你沒有倒！

在那之後，我深深了解到，只要心中仍然有「愛」，就再也沒有什麼能夠將我擊倒。

於是，我在退學通知單寄到家裡以前，火速趕回臺北家中，和父母坦承說明一切，並報考了逢甲大學的轉學考試，剪去一頭過肩的長髮，隨後便埋首苦讀二星期，順利考取逢甲大學資訊工程系。

最渾沌、動盪的時刻，同時也是迎向光明希望的最佳契機。

過完那一個暑假後，我順利轉學至逢甲大學二年級，繼續未盡的學業，隨後在逢甲大學的三年時光裡，自己幾乎都在讀書，但這一次的我，已經不再回憶過去或是發獃，我又重拾以往對於學業的熱情，更是經常開班授課，協助同學溫習課業，就像回到自己過去的榮耀時代，那一個時常在幫助別人的自己。

在那三年中，我的課業成績，再次名列前茅，甚至二次學業成績足以拿到班上的書卷獎，最後卻也都因為其他微小的因素，而無緣登臺受獎，可我心裡卻很清楚，那是「命運」要我珍惜得來不易的謙遜，還要我持續前進，不懈不怠。

當我越想證明自己，越想得到他人肯定時，伴隨而來的卻都是令人沮喪的失敗；然而當我越是聆聽心中的熱情所在，越是幫助他人時，自己無時無刻不是歡欣鼓舞，或是充滿力量的。

●

一陣顫抖後，我睜開雙眼，驚覺自己又再一次地深陷在濃霧裡，眼角有些濕潤，方才緊握欄杆的手，還冒出許多汗來。

當我將手鬆開，那些殘留在記憶裡的憂鬱才隨之飄散。

我在迷濛之中瞥見，一座朦朧的橋塔落在前方，還有身旁無數的鋼索竄升在大霧之中，我將右手伸出，輕輕掠過一條又一條橘紅色的它們。

一位穿著短褲慢跑的人，從我左邊超越而過，時間凝滯——就在他越過的瞬間，時間忽然靜止了，再緩慢地前進，從他大力呼出的每一口空氣，有如緩慢版的迫砲聲，一聲一聲地衝撞著我的耳膜，我知道此刻的他，也正在努力地活著。

迷霧，總是讓人們的感官變得更加易感，而且敏銳。

我半閉著眼，盡情地讓指尖在鋼索和欄杆之間遊走，隨著腳步的不斷前進，指尖也不斷地滑越而過，終於指腹驟停在一杵厚實的鋼柱上，那感覺告訴我，橋塔到了，那印象中拔高英偉的橋塔到了。

趕緊抬頭向上望去，四處流竄的霧氣正在迅速消逝中，原先朦朧的暗紅，也逐漸轉為清清亮亮的色澤，眼前一座雄偉的橘紅，直聳入天；一層迷濛的淡藍，將它溫柔地包覆著，並發散出一種奇幻的朦朧。

在逐漸散去的霧氣中，一道象徵希望的迷離之光，從塔上的空門穿透射出，照耀出一條通往光明的道路，也為受困在迷霧中的人們指引方向。

因為霧已散去身體便不再顫抖、信念不再動搖、腳步不再躊躇，其實在迷霧之後，一直都藏有一道希望之光，只要持續向前，就能見著。

人生，永遠不會虧待那些傾盡全力，走在屬於自己道路上的人們。

霧的出現，將會喚起你的異常敏銳，那是祂要你仔細聆聽，每一句祂要告訴你的話。此時的自己，已逐漸知曉那些「命運」曾給我捎來的訊息，於是我開始享受著迷霧裡的敏銳自我，不再因而感到躊躇或困惑。

因為我知道，只要心中存有「愛」和「勇氣」，迷霧終將會被我所穿越。

我記得那是一個，有關一座橋如何引領一顆心，在迷霧之中前進的故事——在那瞬息萬變的霧中，朦朧的橘紅，似乎又再一次地串接起，一段亦真亦幻的人生記憶。

29. 娛樂首都？還是罪惡之城？

二〇〇八年十一月 美國 拉斯維加斯

兩座金獅，醒目地矗立在前，讓他不由得地左右張望了一下。

忽然這時從黑暗裡，走出一名彪形大漢，將他身後的那一扇門拉開，在渺弱的光線之下，他的朋友尚恩（Shane），立馬從胸前的口袋掏出一張證件，上面還罩有一層透明膠套，在沒有多說半句話的情況下，對方就讓他們向內通行。

在昏暗嫵媚的燈光裡，他們找到一張桌子坐下，從那時候開始，他的眼神總會不時地望向舞臺，游移在那些赤裸的女體身上。

「比起在座的其他客人，他還真是含蓄。」

「這倒也是，畢竟這是一間肉慾橫流的脫衣舞孃俱樂部。」

「但為何，他的眼神總是帶著憂傷，而非亢奮？」

「來到這裡的人，不都是血脈賁張，一觸即發的嗎？」

「而且他好像，正在想著一些什麼。」

「他的內心，非常壓抑、複雜，而且滿是衝突。」

「一種強烈的道德感。」

一位勾人魂魄的金髮美女朝他走來，她的下半身只著一條花邊蕾絲丁字褲，上半身也不過就是一件單薄的蕾絲衣物，在她用那一雙狐媚的眼神和他示意之後，她便悄悄坐上他的大腿。

他不知該如何拒絕時，就只會傻笑，像一名未經世事的男孩那樣，既笨拙且又靦腆地獃笑；除此之外，他還多留下了一對已經泛紅的耳垂，在霓虹之中發熱。

在我和舊金山的陽光氣息，以及那一座矗立在霧裡的大橋告別之後，就來到這一座充滿慾念的城市——拉斯維加斯，一座沙漠中的綠洲之城。

西元一八二九年，在一支西班牙商隊發現這裡之後，便將此地命名為「Las Vegas」，在西班牙文中意為「肥沃的草地」。西元一九〇五年，在鹽湖城和洛杉磯之間的鐵路開通後，拉斯維加斯遂就成為二地之間的中轉站。

當美國內華達州議會，在西元一九三一年三月十九日，將博彩業合法化之後，「拉斯維加斯」正式和「賭城」畫上等號。

隨著第二次世界大戰的結束，大量資金湧入這裡，不斷擴增興建的高級旅館，以及賭場周邊的娛樂設施，都使得拉斯維加斯舉世聞名，享譽國際，猶如一隻幻化的蝴蝶，在荒蕪的沙漠中，開始振翅飛翔。

刻。

抵達拉斯維加斯，恰巧是十月三十一日傍晚，也就是一年一度的萬聖夜派對啟動的時

來到車站接我的人，正是不久前才剛認識的一位朋友羅伯（Rob），當時我人在貝里斯旅行，和他在加勒比海上的一座小島認識，在那一個連呼吸，都會讓人感到費力的慵懶地方——Caye Caulker。

「嘿，洛卡，上來吧！」一輛廂型露營車，停在我的面前，裝扮成耶穌的羅伯，將前座的車門推開，示意要我上車。

「羅伯！」看他唯妙唯肖的打扮，我驚訝大歎：「你也太誇張了吧！」

「這還好吧，」他推了一下頭上戴的那一圈假荊棘，並轉過頭來向我興奮說道：「我也幫你準備了一套，等等拿給你換。」

「小惡魔裝？」車停好後，我從他手上接過一套豔紅色的服裝，而且那套服裝的背後，竟然還有一條俏皮的小尾巴。

「等等，」他遞完那一套服裝給我後，還不停地在車廂後頭翻箱倒櫃地找，「還有這一個！」他丟來一對讓人戴在頭上的紅色小犄角。

「拜託，這是給女生扮的吧？」手裡拿著那一套服裝，我還真是哭笑不得。

「哎呀，沒差啦！」他一臉無所謂地回我：「今天是萬聖夜，根本沒人管你扮的是男還是女，而且誰教你要長得那麼高，其他服裝對你來說都太小件了。」

「趕快換一換啦！」他看我有些猶豫，又一臉興奮地說：「我們今晚的組合就是，耶穌

與魔鬼。」

「好啦好啦。」雖然有些不甘願，不過既來之，則安之，而且又恰巧碰上如此難得的節慶，自己也只好硬著頭皮穿上。

萬聖夜的拉斯維加斯，不論是在燈火絢霓的街上還是舞池派對中，四處都是奇裝異服的人群，有人扮成妖魔鬼怪、政治人物、卡通主角、虛擬人物、電影明星、職業裝扮，或是各種性暗示的人物或器官。

似乎城裡的每一個人，都無所不用其極地裝扮自己，不論你是遊客還是居民。

午夜過後，隨著舞池中強勁電音的流竄，眾人方才飲下的酒精也在體內快速發酵，他們便陸續將戰地移轉至街頭上，此時的拉斯維加斯就像是在進行一場盛大的化妝舞會遊行，周圍滿滿的面具裝扮，而且五花八門、千奇百怪。

看來人們，倒是挺愛戴著面具的自己，是因為戴著面具，所以做了壞事之後，沒人可以認出自己；還是因為隔著面具，所以沒人可以看透自己？

「洛卡，扮耶穌實在是太出鋒頭了。」羅伯向我衝了過來，一臉雀躍地說：「明年，我還要繼續扮耶穌。」一整個晚上，不斷有人前來要求和羅伯一起合影，喔不，是和「耶穌」合影才對。

最後，我們才意猶未盡地開車回家，至於滿街的「非人類」，我猜又是讓隔日清晨的太陽給收服了吧！

「嘿，洛卡，今晚有沒有空，要不要和我一起去脫衣舞孃俱樂部？」某日清晨，為人正派的尚恩突然這麼地對我說，然後又趕緊補充說道：「你可不要誤會，我們只是去吃一頓免費的晚餐，因為我有多一個免費的名額。」

尚恩是和羅伯住在同一個屋簷下的室友，他是一名白天休息、夜晚上班的計程車司機。

在拉斯維加斯，計程車司機猶如商家們的招財貓，因為當客人不知道要去哪裡時，他們放客人在那下車，就代表生意落在那裡，也因如此，他們均能享有不少的特惠折扣。

身為一名勤儉持家的背包客，對於一切的「免費」事物總是懷有高度興趣，於是我也就應允了他，更何況在拉斯維加斯，這樣一個充滿慾念的城市裡，和朋友一起去脫衣舞孃俱樂部，享用一頓免費的晚餐，似乎也不是一件太讓人感到驚訝的事。

一對媚惑的眼神，不停地從那幽暗深處向我刺探，尤其是在飲下一杯醇厚的威士忌之後，一股攝人魂魄的力量彷若就要將我吞噬。

朝我走近的她，是一位金髮碧眼的美女，那一具誘人的胴體，在沒有太多衣物的遮掩下，幾乎是一覽無遺。

我那一對敏銳易感的耳垂正在發熱，無疑地也在透露出身體本能上的興奮，可是每一個來自於她的煨熱碰觸，卻都令我感到不自在，從前必須強忍才能遏抑的衝動，現在卻被突襲而來的憂鬱替代，一種對抗動物本能的防衛力量，顯然已被自己喚醒架起。

過沒多久，她在我們身上探嗅不到金錢的味道之後，便也起身離去，頭也不回地朝向別處狩獵。

「洛卡，你今晚有吃飽嗎？」我們二人緩緩地步出門外，尚恩關心地問我。

「有啊，謝謝你。」我頓了一秒才回答，自己似乎還在出神發獃。

坐進車內後，方才那一份惑蠱的香水味道，以及對方的溫柔體溫，似乎都還濡滯在自己的衣物上，尤其是那一對發熱的耳垂，仍舊未能獲得降溫的機會，於是我依循著熱源，這才憶起自己方才的無端憂鬱，其實已是自我理智的最後一道防線。

拉斯維加斯，也被稱為「世界的娛樂首都」，或是「第二次機會之都」，但我個人則是偏好「罪惡之城」這一個稱號。因為拉斯維加斯正是資本主義擁護者，犒賞自己的最佳去處，然而使用的方式，多數也都和情色或是物質慾念的擴張有關。

資本主義，一個利用金錢、權力、慾望來驅使人們向前的制度；弔詭的是，如果現階段缺少了它，人們在協議合作的過程中，還難以取得共識，或是達成某種程度上的相互平衡。

在紙醉金迷的賭場裡，坐有一擲千金的賭徒，以及一臺又一臺不斷吃入硬幣的拉霸機；在富麗堂皇的飯店裡，住有極盡奢侈享樂的旅客，再加上不斷擦身而過的千萬跑車，這一個又一個的華麗景象，都曾經是自己所夢寐追逐的人生目標。

但如果，我們繼續讓金錢、權力或是慾望，無限度地擴張，未來的世界將會變成什麼模樣？我可真不敢想像。

人類，是一種極度複雜的動物，或是一種在精神發展上相對進化的動物，不論是同理心、道德感、熱情、創造、想像力……等，也正因如此，人們的內心總是不停地在本能的慾望，以及道德精神之間拉扯。

做自己的主人，而非淪為慾望的奴隸，是我對自己的期許及挑戰，而這一份考驗不會停止，就像時間的洪流，總是在不停地向前奔去。

從夜空望去，這一座寬闊延展的城市，在一片荒漠中猶如寶石一般耀亮；從前的綠洲，為飢渴已久的旅人，提供生存的水源；如今的賭城，卻給充滿慾念的人們，提供無限的機會。

可惜的是，飢渴能被滿足；但是慾念，卻是永遠無法被填滿的。

順著引擎發出的狂嗥聲，我又望向前方的一片虛無，在那一陣流光幻影中，我正努力搜尋著一條屬於自己的嶄新道路。

30. 愛讀《魯賓遜漂流記》的孩子

二〇〇八年十一月　斐濟　摩努雷基島

離開拉斯維加斯後，我繼續踏上旅程，前往這一年漂泊的最後一站，一個位於南太平洋上，受一片純淨湛藍圍繞的國家——斐濟。

「就讓我揹起行囊，進行最後一次的探險吧！」看著即將結束的旅程，心中難免有些感傷，畢竟在這一年裡發生太多意料之外的故事，但我仍不悔地持續前進。

斐濟（Fiji），是一個群島共和國，全國共有三百多座島嶼，其中一半無人居住。自從西元一八七四年起，英國開始在這裡施行殖民政策後，將大量的印度勞動人口移入，不同種族的文化差異，導致彼此的衝突不斷發生，直至今日仍是如此。西元一九七〇年，在經過英國將近一百年的殖民統治後，斐濟最終也脫離英國，自行獨立。

此處是我環球旅行的終點，同時也是一個漂泊故事記述的起點——一個漂泊的故事，也曾在這裡的一座小島上孤獨地上演著。

喜愛歌唱輕快的旋律，並隨著音符搖擺，這就是斐濟人的快樂天性，他們就像斐濟普照大地的陽光，總是給人帶來既光亮且清透的喜悅。

綿白的浪花，如同旋律般地拍打在細致的白色沙灘上，因為水深的不同，海水透呈出深淺不同，卻又極富魔力的藍——亮藍、碧藍、寶藍、靛藍，抬頭望向遠方，延至天邊的一片汪洋竟和遼闊的蒼穹相連，在斐濟眾多的小島上，沒有喧囂更無嘈雜，有的只是讓人不停感動的熱情，或是最為純淨的自然風光。

「嘿各位！」一身精壯的史帝文，朝著我們幾位正坐在樹蔭下乘涼的背包客走來，並突然地說：「要不要去摩努雷基島（Monuriki）？」

「？」眾人一臉訝異地看著他，無人應答。

「拜託！」見著眾人的反應後，他又滿腔熱血地再次問道：「你們都沒人看過《浩劫重生》，這一部電影嗎？」

史帝文，其實是這一間青年旅館的當地員工，不僅體格健壯而且能歌善舞，為人既熱情又和善，就和這島上的人民一樣。

「有有有，我有看過。」頓了一會兒，相繼有人開始答道。

「那你們還記得劇中的那一座無人荒島嗎？」

「有，我記得。」我也加入回應的行列。

「那一座小島，就是摩努雷基島。」史帝文很有耐心地向眾人介紹：「電影中的很多場景，都是在那拍攝的。」

「好，那我要去，算我一個。」幾位背包客，陸續發聲。

「也算我一個！」我也趕緊要求參加，因為自己一直以來，都還滿喜愛《浩劫重生》和它的標語。

「在世界的盡頭，他開始了他的旅程。」——電影《浩劫重生》

不一會後，我們乘著一艘配有馬達的小型舢舨船，來到摩努雷基島，島上果真一個人也沒有，感覺有些悽涼。

「來，我請你們喝新鮮的椰子汁。」史帝文一說完後，就轉身跳上一棵椰子樹，身手矯健地摘下幾顆椰子。

「唰～～」他用大刀一削，清澈的椰汁快速湧出，我趕緊合掌去接。此時，手掌心裡的透明澄澈，倒映出一個蕩漾的身影，那是一張既熟悉卻又模糊的臉龐，彷彿深深嵌著一種寂寥。

「咕嚕咕嚕～咕嚕咕嚕～」順著傾斜的手腕，我將掌中新鮮的椰子水一飲而盡，如果沒有水喝，大概也就只能喝這個，這時又令我憶起《浩劫重生》片中，湯姆．漢克斯因為喝多了椰子水，而不停拉肚子的場景。

我將喝完的椰殼扔棄一旁，走進椰林裡，才發現一顆畫著笑臉的椰殼，被刻意擺放在兩顆石頭中間，如果真被困在這一座無人島上的話，大概也就只能將這一顆椰子當成朋友來湊合著聊吧！將一顆椰子，當成朋友來聊天，那到底是一種什麼樣的感受？

我想，一定很孤獨吧！

倘若真要定義其「孤獨」的程度，我猜那會是一種，若探尋不到出口就會自我毀滅的「孤獨」，其實每一位長途旅者的心中，最恐懼的既不是「飢餓」也不是「貧窮」，更不會是錯過一個名勝或是景點，相反地卻是那一份來自內心深處的「孤獨」。

「孤獨」總是來得突然，使人手足無措，它可能藏在美麗夕陽底下，那一個斜斜長長的影子裡；也有可能藏在狂歡人群的笑聲裡；或是藏在美景之前，愛侶們雙雙擁抱的情景裡。

「孤獨」，它讓你無助、使你寂寥、令你痛哭，但其實它都只是為了讓你，更有能力去面對生命中的無常，於是旅人們開始學習，如何去和「孤獨」和平共處，漸漸地他們也開始享受「孤獨」，以及善用它所帶來的「自省」力量。

「我想回家，我好想回家！」一滴淚珠含在眼角，就是不願快然地落下。

一艘中型的交通船，正航行在遼闊如海的尼加拉瓜湖上，坐在船上的我，今早終於離開已住上三週的奧梅特佩島，只是又是獨自一人上路，照說自己理應要習慣了才對，可今天早上，卻有一種無法道出的愁緒，不停地在腦中亂竄——「鄉愁」，一種時常受旅人召喚而至的「孤獨」。

我從背包裡拿出智慧手機，再一次開啟「Taiwan Touch Your Heart」的短片來看，不禁又我憶起昨晚的自己，那一個每次和人介紹臺灣，總是眉飛色舞的自己。

其實自己，一直以來都是很想家的，在這六百多天離家的日子裡，「鄉愁」它總是來得無聲，也走得無息。來得無聲，是因為它的無法預料；走得無息，是因為我只能將它輕輕擱著，再仰賴明日的新奇以入睡。

起初的自己，對於每件事物都是充滿好奇的，而且一定非得要拍照留念才肯罷休。到了印度，我拍泰姬瑪哈陵；到了埃及，我拍金字塔；到了義大利，我拍羅馬競技場；到了法國，我拍巴黎鐵塔；到了紐約，我拍自由女神像；到了祕魯，我拍馬丘比丘；到了墨西哥，我拍奇琴伊察。到了現在，不論是人們口中的偉大建築，還是旅遊海報上的七大奇景，也幾乎要被我拍完了，可是自己為何並不如想像中的開心？

因為再美的景色，沒有摯愛在旁可以一起分享，不是最美；再歡樂的氛圍，沒有摯友在旁可以一起分享，總是有些落寞；再光榮的時刻，沒有摯親在旁可以一起分享，令人感到缺憾——能夠時時和人分享，那才真是教人覺得幸福的呀！

品嘗過「孤獨」之後的自省，讓我變得更加珍惜和人分享的喜悅。

當然我也知道，不停地相聚再不停地告別，對於任何一位感性的人來說，並不是一件容易習慣的事，但這就是旅行，也是人生。

「離開這裡，再次啟程出發吧，回家的路，也會因此而更近一些。」我望向遠方，再次向自己說著。

走在受晴天照耀的潔白沙灘上，我在沒有預先計畫的情況下，來到摩努雷基島，這一座曾經拍攝《浩劫重生》的小島上。

究竟又是什麼力量，在我即將完成環球之旅的前夕，引我來到這裡？是不是祂，又想給我捎來什麼訊息？

仔細想想，《浩劫重生》又被人們稱作現代版的《魯賓遜漂流記》，這又令我憶起從小不愛看書的自己，卻是在看到這一本故事書的時候，一頁接著一頁翻著讀著，直到整本看完才停下手來。

我再次轉身看看背後這一座無人的小島，即將在這裡結束為期一年環球旅行的自己，其中的巧合不禁令我再次猜想，或許那一顆探索孤寂、挑戰自我潛能的種子，早已在童年時期就讓祂給種下了吧！

我一個人，漫步在白色沙灘上，看著自個兒的腳掌與底下的細沙，不停拉延出一縷一縷的綿密關係，並留下一個一個深淺不同的足跡，雖然隨後捲起的白浪，將它們一點一滴地溫柔抹去，但那絲絲縷縷的緊密關係，卻還依存在腳趾之間，尚未消失。

人們常說：「人生，是一場大旅行。」，

但我也說：「旅行，其實就是一小段的人生。」

因為有著人與人之間的聚散離合，事和物之間的衝撞更迭，旅行確實就像一場人生的縮影。不同的旅程，皆會產生各自不同的想法、責任、意義，就像人生一樣，每一個人的每一段旅程都是獨一無二的，當然也不應拿來相互比較，因為最為重要的是，如何去將自己的人生，當成是一場旅行來走；而當你在旅行時，卻也從來沒有忘記，自己正在過著一個有責任的人生。

除此之外，千萬不要去幻想任何一場絕對浪漫的旅行，或是一個美滿無瑕的人生，因為它們的過程，通常都不會是那樣的，反倒是因為長時間的旅行而產生出來的「孤獨」，有時更會扼殺人們對於新鮮事物原先應有的好奇或興奮。

但其實也毋需喪氣，因為那將又會是，一次激盪出自我對話的契機，而那些因為「孤獨」所帶來的「自省」，反倒是自己人生中最為珍惜寶貴的，因為它讓我攜著「愛」前進，並懷有足夠的「勇氣」，去面對未來接踵而至的挑戰。

旅行，使我了解到每一個當下的自己，都是必須盡力、專注、熱情的，如此積累下來的才是一場無悔的人生，也正因為如此，旅行的態度是隨時需要的，就像人生的責任是要盡力去完成的一樣。

只要願意，我們每一個人都是可以擔有責任、能夠熱情、能夠專注的，就讓我們從現在起，開始去過一場無悔的人生旅程吧！

因為說到底，自己的旅行，都只是為了能夠無悔地回家。

縱然天空，沒有翅膀留下的痕跡，
但我慶幸自己曾經飛過。

——印度詩人泰戈爾

31. 領悟——這是一趟「天命」之旅

二〇〇九年九月　澳洲　佛斯奎克山

「你看，下雪了。」娜汀向我走了過來，輕聲地說。我一面將桌上的餐具擺正，也一邊慢慢地抬起視線。

「真的耶！」當我見著窗外枝頭上，已布綴著如棉絮一般的點點純白，才如此答道。

一邊抑壓住心中的興奮，一邊走向門外，我目不轉睛地盯著，那一些白色浪漫的緩緩墜下，逐漸羽化成為一片又一片的優雅，散在空中舒徐地飄著。

我將視線從遠處拉至眼前，終於見著那一片六角的白色浪漫，雜然地落下，左手竟也情不自禁地伸手去盛，就在和她碰觸的瞬間，六根枝狀的白潔，迅速消融在掌心的紋路裡，順著那一片純潔的逝去，我還柔情地將唇吻上。

是我的不忍心嗎？

還是那掌紋上的消融，其實已將我倆的命運刻鏤在了一起？

又或許，都有吧！

左手拿著一張吧檯上的酒單，褐黃色的封面上，印著一輪美麗的六角雪花，我已望著那一輪浪漫發獃許久，因為那又令人不禁想起，自己生平第一次見到下雪的記憶，我永遠都忘不了，自己和她的第一次相遇，那些覆蓋在溝澗旁的綿軟雪白，還是那些繾綣遺留在枝頭上的白色浪漫。

「時間過得可真快，」我正坐在阿斯特拉的酒吧裡，有些感慨地說：「才一轉眼，雪季就要結束了。」並舉起手中的紅酒，和主廚安德烈亞敬酒。

「是啊，洛卡，很高興能和你一起共事。」他也舉起一只高腳杯和我回禮，並啜了一口說道：「之後有打算去哪嗎？」

「下山之後，我會先在墨爾本待上一個月，然後去西澳伯斯，還有馬來西亞的吉隆坡待上幾天，接著就回臺灣了。」我又飲了幾口紅酒。

「那你呢？」我將原本托在掌中的酒杯，立放在桌子上，兩支手指壓著高腳杯的底部，將它以畫圓的方式來搖晃。

「我可能會回義大利一陣子，和一些親朋好友聚聚。」他爽快地回我。

「義大利，真是一個不錯的地方。」望著紅潤的葡萄酒在飽滿的酒杯中，不停劃出一圈又一圈的動人弧線，我像是又想起了過去，自己曾在歐洲的旅行。

「來，洛卡，祝你一路順風。」

「你也是。」我們紛紛舉起酒杯，彼此敬了一下，隨後一飲而盡。

「洛卡、安德烈亞，辛苦囉，晚安！」亞當和沃利，走過來和我們道了晚安。

在那不久之後，我也起身離去，進房整理行囊，當我躺在床上準備就寢時，窗外彷彿又飄下了細細的白雪，隨著那一絲一絲的唯美，我才緩緩入睡。

隔日清晨，揹上藍色的大背包，我走至旅館門口，拉開厚重的木門，並側過身子走了出去。

「咯嚓～」踏踩在階梯上的腳步，發出清脆俐落的兩聲。

「雪呢？」除了有些訝異之外，此時的我更想起不久之前的鏟雪記憶。

「嚓嚓～～嚓嚓～～嚓嚓～～」

穿著紅色防風外套的我，拿著深綠色的鏟子，站在階梯上曲著背，將鏟面一次又一次地鏟進純淨的白雪裡，努力將階梯上的積雪清除，這是我在雪季之中，每日清晨必做的暖身工作。

「叩叩～～叩叩～～」敲一敲鏟子，我刻意將卡在鏟面上的冰雪，留在屬於她們的銀白世界裡，以免被旅館內的暖焰吞噬，如果可以的話，我還真希望她們的白淨純潔，可以在這污濁的塵世之中維持得更久一些。

「雪，大概也都融了吧！」甫從記憶中回復的我，又不自覺地望向遠方，原本一片白靄的山頭，現在早已露出不少的黃土，以及穿插在那之中的綠叢。

為了讓昨晚喝多的大家多睡一會兒，自己刻意早起離開，並輕輕地將門闔上。「嘿，洛卡，祝你一路順風！」安德烈亞，從門口快速衝了出來，和我特別有話聊的他，堅持一定要和我道別。

「早安，安德烈亞，謝謝你。」我們再次握手道別，就和我們第一次見面的時候，一模一樣。

雖然，我向來善於和人離別，但面對眼前這一份誠摯的情誼，卻還是令我有些感傷，只能將之烙印在心底，期待日後的再次相聚，於是我懷著不捨，特意放慢了腳步，緩緩地離開。

來到村莊入口時，我又走了一會兒，才順利攔到一輛要下山的便車。

「謝謝你們！」我在上車前，突然地回頭向這裡的一切，獻上由衷的感謝。

「咚咚咚～咚滋～咚滋～～」奔馳鼓譟的電子音樂，震得我上下跳動，車窗外面盡是霧濛濛的一片，我想就快要下雪了吧！

剛才我在路邊等了好久，終於遇到四位年輕人，給了我一趟上山的便車。

「哇～～啊！」一個驚險的甩尾打滑，坐在後座的人大叫了一聲，因為車子正掠過一個要命的髮夾彎，然而坐在前座的我，卻有著異於常人的冷靜，只是一如往常地思忖著。

坐在剛才攔下的便車裡，同樣坐在前座的我，突然憶起第一天上山工作時，途中搭到的那一輛便車，嘴角不由得笑了一下。

想一想時間過得可真快，轉眼之間，我已在佛斯奎克山待了將近三個月，雖然過程履經風霜，但我知道那些挑戰的出現，都只是在考驗著自己對於熱情的堅持。

不論是一開始在西澳伯斯的打拚，還是那些在世界各地所遭遇到的變故或挫折，以及最後在佛斯奎克山上的奮鬥；其實人生，一直都是這樣的，若是一帆風順來得太早，又要去哪尋找這倒吃甘蔗般的甜美？

如果說飽覽伯斯美景的C Restaurant是我旅程中最璀璨的開端，那麼環繞於銀色白雪裡的阿斯特拉旅館，就是我這一趟旅程之中，最完美無瑕的句點。

我一步一步地離開現在，猶如我一步一步地走向未來，正當自己試著回憶起過去時，才體會到自我生命的成長，以及時光的流轉，更令自己感到一切彷若昨日才剛發生，時間從來未曾流逝；但對於鎮日麻木的人們來說，那些已經消散遺失的時光記憶，是他們無論再努力拚命也無法喚回的，只會徒增失落。

下了車後，我又站在路邊攔車。

「邊走邊攔吧，那才是我的風格！」我再一次地，如此告訴自己。

隨著腳下的前進，如雪花般的片段回憶，卻又突然不停地襲來，那些攸關生死的、那些徬徨無助的、那些歡欣雀躍的、那些愁緒感傷的、那些……那些……有著太多太多說不完的那些！

一轉眼就快三年了，在這一段不算短的時間裡，所有旅途上的突發未知，其實就像人生裡的驟轉曲折，或多或少也都曾經令我迷茫困惑，但無論是「人生」還是「旅行」，終究自己也都挺過來了，不是嗎？

忽然間，一切道理似乎都明瞭了！

是祂！在迷惑的時候，是祂賜給我安定的力量；是祂要我堅定熱情，堅定那持續向前的熱情；是祂在冥冥之中鞭策著我，使我走上未知的道路，一條充滿驚奇卻又讓人嚮往的路；是祂在帶領指引著我，找到自己的「天命」，一個必須和人分享的天命。

但祂是誰？祂，又在哪裡？

祂其實就是你的「本心」，你最原本初生的心，而祂也一直都在，只是慣習於囂雜的你，尚未找著罷了，你得時時向自己叩問或是靜下心來聆聽，才能將祂找著。

只要找到了祂，你會懷有「勇氣」去努力實踐，但在那之中，你會飽嘗世間的風霜，看透人情的冷暖，挖掘到來自內心深處的「愛」，並逐漸踏上一條名為「天命」的道路，如此一來，你的想法將不再會只是一個想法，它會羽化成為一種「信念」，一種具有實踐力量的相信念力。

從此之後，你將不再因突發的變化而困惑，因為他們不過是一個考驗，一個只存在於「當下」的考驗，而你只要持續相信並且堅定熱情，「時間」終究會將「當下」的考驗帶走，然後再把新的挑戰帶來。

當然你更不會成為一位，過於擔憂未來挑戰的人，因為熱情活在當下的你，其實早已悟透：「每一個未來，都是由每一個現在所創造出來的；猶如每一個現在，也都是經由每一個過去，所堆疊積累出來的一樣。」

況且已經找到祂的你，更是逐漸學會如何去克服自己的恐懼，以及調整好姿態來隨時準備迎接挑戰；面對未來的蜿蜒，從此不再懼怕，只要當下的步伐筆直，便足以抵達。

生命飛逝，你不會活在「過去」的陰影或是光榮裡，更加不會活在對於「未來」的絕望或是妄想裡，你開始懂得去熱情地活在每一個「當下」，懂得去為未來的自己負責，因為這是你自己的人生，無人能夠代勞。

我要將這三年在路上發生的故事，帶回臺灣，我要將它們說給每一個人聽，因為那是我的「天命」，也是我的責任，更是旅行所給我帶來的一份寶藏。

我一邊沿著路走，一面回頭伸手攔車，此時遠方駛來一輛藍色新款的霍頓汽車[1]，並緩緩停下……

1 霍頓汽車（Holden）：一家澳大利亞的汽車製造廠商，總部設於墨爾本。

32. 原來，我一直都在路上

二〇一四年七月　臺灣　臺北

「咻～咻～～咻咻咻咻～～霹啪霹啪～～」窗戶外面風雨交加，強襲而來的風，將防火巷裡那些架在空中的陽臺遮板，吹得東倒西歪。

這是今年第一個侵臺的颱風——中颱麥德姆，全臺人民都嚴陣以待，不敢掉以輕心。電視新聞早先已經宣布臺北市明日停班停課，方才自己外出晚餐時，風雨也是一陣一陣的。如同往昔，樓下的二十四小時超市裡，擠滿購買防颱食糧的人們，門口的櫃檯前還排了好長一列在等待結帳的隊伍，以及不停發出聲響的收銀機。

此刻的我，雙眼迷矇地闔著，雙手仍在空中隨著耳機裡的旋律揮舞著，直到耳機裡的傳思電子樂[1]逐漸緩下，我才睜開了雙眼，拿起放在電腦旁的馬克杯，將裡面剩餘的水喝完。

是的，我回來了，回到臺灣都快五年了，許多文字故事，我也早已運用網路部落格，或是各式傳媒的散播，以及演講的方式來和眾人分享，雖然影響仍然有限，但是在這一段時光裡，無論是在個人寫作或是其他的生活面向，仍舊布滿荊棘，單憑自己一人之力，其實並不容易，可是唯一撐持著我不讓自己崩潰的，還是那一股來自心中的信念，至於那些已經逝去的一切，經過一次又一次的書寫，確實又再一次地活了過來，因為他們，從來就未曾離開過我。

在這一段日子裡，經過對自我生命的奮力掙扎後，才逐漸體悟到無論是在當下，抑或是在虛無縹緲的永恆之處，宇宙都是合而為一的，而在這「一體」之中，時間並不存在，唯一存在的只有各自的天命，以及在那之中能量相互移轉的過程。

於是，我又隨著耳中奏起的旋律，以及螢幕上面那些不停跳動的文字，讓信念牽引著我，向著心中那一個光明、耀亮的地方前進。

原來，

我一直都在路上。

---

1 傳思音樂（Trance Music）：也稱「出神音樂」、「勸世音樂」，是始於一九九〇年代的一種電子舞曲的類型。

後記

圓夢計畫，不只是夢想

回到臺灣後，人們不時會問我，在那一段三年的旅行裡，是否有哪一件事情是影響自己最深的？以及針對寫作的部分，倘若自己真如自序中所提及的，那麼地不擅長且又痛恨的話，那麼這些年來，背後又有什麼原因或動力，需要如此地強逼自己來將這些故事寫下？

現在就讓我，把這最重要的一個故事補齊吧！

一輛小型掀背的[1]塔塔汽車緩緩停下，塞在壅擠的車潮裡，周圍不絕於耳的汽車喇叭聲響，就像電影院裡的杜比環繞音效，來自四面八方，一波又一波地襲來，坐在車中前座的我，左顧右盼了一下兩旁的車流、遠方的紅燈，以及擋風玻璃前的無垠車潮，困滯在其中的我們，除了等待似乎也無法再多做什麼，因為這裡是印度，一個永遠無法預料下一秒會發生什麼的國度，人們給它的標語是「不可思議的印度」（Incredible India）。

「叩~叩~叩~」車窗外突然幾下的玻璃敲擊聲，令我轉過了頭去，那是一位約莫五歲的女孩兒，她正用著乾癟孱弱的一雙手臂，抱著另外一位不過才幾個月大的娃兒在胸前，不論她身上的衣著再殘破不堪，抑或臉上沾有再骯髒的污穢，也都無法遮掩住她那一對烏烏亮亮的眼眸。

雙手抱著娃兒的她，只能勉強用其手指，輕輕地敲著我的車窗，我知道她是想要向我討錢，正當自己欲將車窗搖下時，身旁的司機印地（Hindi）突然大喊：「千萬不可，如果你給了她一個，隨後蜂擁而上的孩子，會讓我們的車子動彈不得的！」

此時，雖然窗戶尚未打開，但前方車陣中的一群孩子，他們就像是嗅到獵物似地，全都朝向我們這裡擁來，我的左手突然頓停了一下，止住在車窗下的把手上，遲遲沒有動作；透過窗戶，我在那一雙無助的眼神裡，發現一個縮影，那是一個頻頻搖頭拒絕她的自己；然而她之於我的眼神，卻絲毫找不著一絲的不滿，有的只是對現世的認命與絕望。縱然不久之後，她便抱著娃兒離開了，但那從我身上移開的憔悴眼神，卻早已在我的腦海裡留下深深的印記。

「先生，我知道你是好心，可是你一個人，也無法幫助到他們全部的人啊！」印地他一臉誠懇地對著我說。

而我看著他，卻一句話也說不出來，只能抿著嘴，趕緊別過頭去，將含著淚光的雙瞳朝向遠方，凝視不語。

經過幾日在印度的旅行，某日來到法第普西克里（Fatehpur Sikri）[2]，比起其他景點的外圍，這裡的環境確實更為髒亂，再加上不停地前來騷擾遊客的小販，總是讓人心情容易煩躁，或是感到不悅。

「Money……money……」二位衣著殘破的小孩，一大一小迅速朝我跑來，一齊伸出雙手討錢。

「No...no...,No money !」連日來的佯裝無情，竟讓自己也有了反射性的回答。

二位孩子，在得到立即的冷酷回絕後，他們頭也不回地轉身離去；然而就在那一秒裡，我才驚覺到，現在看到乞討的孩子，我已經學會能夠毫不遲疑地開口拒絕，對於這樣無情的自己，我開始心生恐懼，也逐漸產生一連串的自我質疑。

無論是上一次車窗外頭，抱著娃兒的女孩的眼裡，那一個不停向她搖頭拒絕的自己，還是這一次在朝向我討錢的二位孩子面前，那一個能夠不帶一絲猶豫，就拒絕他們的自己，我知道，那些都不是真正的自己！

「究竟，是什麼改變了自己？」

「是什麼改變了，一顆原本不忍他人受苦的心？」

曾經有人和我說：「不管你現在做什麼，這個世界，也不會有任何的改變。」

「但我真的好想做些什麼，好想好想為他們做些什麼！」看著他們逐漸離去的背影，內心湧起一陣憤慨的吶喊，這是自己第一次感覺到那麼地無能為力，也不由得讓我想起那一次，車窗外的女孩離去時的憔悴眼神；終於含在眼裡的淚，還是止不住地流了下來，我趕緊張手掩面退至路旁，痛哭失聲。或許，是不願他人見著自己的軟弱，見到那一個想做些什麼，卻又無能為力的自己吧！

人們總說，自己的力量微不足道，但我卻認為每一個人，都有能力去改變世界，而與人分享，就是那一個最為簡單，也是最為強大的一種力量；同時自己也一樣堅信著，「分享」就是完成所有夢想的起點，也是一切事物轉好的關鍵。

於是在那一個當下，我便下定決心，自己無論如何都要將旅程中的見聞分享出來，也期許日後的自己，能夠去幫助別人完成他們的夢想，不論是在物質上或精神上的協助，並使他們也有能力去分享，然後再一起去幫助到更多的人來完成夢想。

我希望透過一連串的分享，建構出一個恆久延續的分享計畫，同時經由此計畫，將這一股分享的力量不斷地散播開來，直至世界上每一個需要受助的角落。

在這裡向各位讀者預告，我打算成立一間社會企業（Social Enterprise）[3]，在此書出版後，首先可利用八成的個人版稅所得，來成立一個公益旅行的贊助計畫，而在這個計畫裡，每隔一段時間就會經由評選的方式，來挑選出欲贊助的旅行計畫，並且希望受助的旅人回來之後，也能貢獻出其旅行期間的創作品（例如：文字、音樂、圖畫、影像……等等），接著再彙整這些作品，以獨立或合編的方式來進行出版，其中最少五成以上的版稅收入，也將再次回饋至此計畫中，好以用來助此計畫永續運轉。

希望這些日積月累的旅行創作將發揮出精神層面的影響力，慢慢地驅使人們藉由去探索世界的方式來更加認識自己；至於不斷回饋的版稅收入，不論多少，都能給予下一批旅人們實質的旅費資助。

但願這一個計劃，能滋養出許許多多的夢想，而這些不斷出走的夢想，也同時茁壯了這一個計劃；不斷的分享，將孕育出更多的夢想，並使它們都能獲得實現的機會，而這一股由眾人所架起的分享力量，將穿透到世界上的每一個角落，直到每一個夢想都被完成為止。

有關欲贊助計畫的旅行方向，目前將暫定如下：旅行區域主要鎖定在第三世界的國家，並以「公益旅行」（Volunteer Travel）的概念來進行，以自助旅行為主，但希望在旅程的安排上，能夠至少有三分之一以上的時間，是用來做第三世界國家的志工服務。

這樣一來，可以給予當地的弱勢族群帶來實際上的幫助；同時我也相信，結合當地志工服務的自助旅行，所看到的層面也會更加多元豐富，這就好像，一位外國背包客來到臺灣的偏鄉進行部落服務後，接著再到其他鄉鎮或是都市旅行時，他所觀察的角度、思考的問題、獲得的想法，應該也會較單純旅遊而有所不同。

每一位今日受助的旅行者，都將成為未來影響他人的分享者，獨自旅行是用來認識自己的最快途徑，而一次帶有分享責任的旅行，更是會讓人充滿能量，並開始慶幸，原來自己也是一位能夠分享的人。

有一天，我做了一個夢。

夢裡的世界，每一個人都樂於分享，都知足感恩，都先想到利他再來利己；世間上的貧窮、痛苦、冷漠越來越少，人與人之間總是互助關懷、互信互愛，四處充滿著對於生靈萬物的尊重，以及最重要的，人人都懷著這世界會因為自己的努力而變得更好的一份信念。

夢醒了，是否也意味著夢想的幻滅？

不，如果光只會做夢或是空想，夢想是絕無可能實現的，你必須先找到一個能夠說服自己相信的實踐方式，因為每一個夢想，都是經由每一秒的堅定相信，而聚積堆砌而成的。

回到臺灣已經十年，在這十年的歲月裡，自己從未輕言放棄，而這一本書的出版，正是見證著這一份信念，也代表著過去一段旅程的終結，並將開展出迎向這一個夢想的未來旅程。只是這一次已將有所不同，我不會再感到孤單，因為我有你們和我一起相信，一齊邁步前進。

1 塔塔汽車（Tata Motors）：印度最大的汽車公司，隸屬於印度十大集團之一的塔塔集團（Tata Group）旗下。

2 法第普西克里（Fatehpur Sikri）：又名「勝利之都」，建於十六世紀，為蒙兀兒帝國阿克巴大帝所建，位於阿格拉（Agra）西南方三十五公里處。

3 社會企業：一種新興的企業型態，透過市場機制來調動社會力量，將商業策略最大程度運用於改善人類和環境生存條件，而非為外在的利益相關者謀取最大利益。

新人間叢書294

洛卡——其實我們，一直都在路上

作　　者——LOCA（林煌彬）
執行主編——羅珊珊
校　　對——羅珊珊、LOCA、吳如惠
封面設計——兒日設計
行銷企劃——王小樨

編輯總監——蘇清霖
董 事 長——趙政岷
出 版 者——時報文化出版企業股份有限公司
10803臺北市和平西路三段二四〇號四樓
發行專線—（〇二）二三〇六—六八五八
讀者服務專線　〇八〇〇—二三一—七〇五
（〇二）二三〇四—七一〇三
讀者服務傳真　（〇二）二三〇四—六八五八
郵撥　一九三四四七二四時報文化出版公司
信箱　10899臺北華江橋郵局第99信箱

時報悅讀網　http://www.readingtimes.com.tw
思潮線臉書　https://www.facebook.com/trendage/
時報出版愛讀者　http://www.facebook.com/readingtimes.fans
法律顧問——理律法律事務所　陳長文律師、李念祖律師
印　　刷——勁達印刷有限公司
初版一刷——二〇一九年十一月二十九日
定　　價——新臺幣三九九元
（缺頁或破損的書，請寄回更換）

時報文化出版公司成立於一九七五年，
並於一九九九年股票上櫃公開發行，於二〇〇八年脫離中時集團非屬旺中，
以「尊重智慧與創意的文化事業」為信念。

洛卡 / Loca著. -- 初版. -- 臺北市 : 時報文化, 2019.11
面； 公分. --

ISBN 978-957-13-8019-3(平裝)

1.旅遊文學 2.世界地理
719 108018517